# 绿色酒店经济发展与运行管理模式

高兴 著

中国建筑工业出版社

**图书在版编目（CIP）数据**

绿色酒店经济发展与运行管理模式/高兴著. —北京：中国建筑工业出版社，2009
ISBN 978-7-112-11105-3

Ⅰ. 绿… Ⅱ. 高… Ⅲ. 饭店-企业管理-研究
Ⅳ. F719.2

中国版本图书馆 CIP 数据核字（2009）第 112337 号

**绿色酒店经济发展与运行管理模式**
高兴 著
*
中国建筑工业出版社出版、发行（北京西郊百万庄）
各地新华书店、建筑书店经销
霸州市顺浩图文科技发展有限公司制版
北京云浩印刷有限责任公司印刷
*
开本：850×1168 毫米 1/32 印张：7⅜ 字数：210 千字
2009 年 9 月第一版 2009 年 9 月第一次印刷
定价：**20.00** 元
ISBN 978-7-112-11105-3
(18346)

本书分析了我国酒店业运作管理方面存在的问题和现行绿色酒店评估体系存在的问题，认为目前酒店业主要产品服务系统属于典型的线性开放式经济发展模式，必然导致“高投入、高消耗、高污染”，而针对线性开放式经济发展模式制定出来的现行绿色酒店评估体系只能在表面上起到促进改善的作用，不能从根本上改变传统的线性开放式经济发展模式。为了使我国酒店业实现可持续发展，依据循环经济发展理论，提出绿色酒店经济发展模式和基于循环经济发展模式的绿色酒店评估体系框架原理和需要解决的理论性问题，总结出酒店节能最佳操作程序和酒店食品安全清洁生产方案，创建了绿色酒店评估体系，为完善我国绿色酒店评估体系的理论研究与实践提供参考。

* * *

责任编辑：张文胜　姚荣华
责任设计：张政纲
责任校对：兰曼利　孟　楠

# 前　言

在全世界范围内建筑能耗占国民经济生产总能耗的30%左右，建筑物排放出来的$CO_2$占所有排放总量的35%左右，建筑垃圾总量已经占到城市垃圾总量的30%～40%，建筑节能与环保已经成为全球共同关注的重要研究课题。

酒店是高能耗建筑的突出代表。20世纪90年代以来，我国酒店建筑规模发展迅速，现有建筑面积5亿多平方米，但是主要产品服务系统属于传统的线性经济发展模式，显示出“高投入、高消耗、高污染”的特点，全国各大城市的大型酒店都成为当地环保部门重点监控的对象。20世纪90年代末期，我国创建绿色酒店工作开始起步，环境保护的理念逐步渗入到酒店经营管理当中，环保部门在组织创建绿色酒店的工作中，重点针对能源管理状况、锅炉排放现状、厨房排风净化设备使用状况、厨房排水隔油池使用状况等进行检查，最后给出定性评价，授予绿色酒店称号。这种评估方法虽然对酒店的环境保护工作起到了一定的促进作用，但是不可能改变目前酒店业线性开放式的经济发展模式，这注定了发展速度越快，付出的资源环境代价就越大。酒店如何实现循环经济是解决资源环境的根本性问题，可持续节约自然资源、向循环经济发展模式转变是酒店业未来的发展方向。酒店循环经济的本质是将清洁生产和废物综合利用融为一体，应用于产品服务系统中间生产过程和最终服务过程，实现酒店内部“小循环”。因此，必须研究酒店循环经济的原理模型，建立相应的技术支撑体系和与酒店循环经济发展模式相适应的评估体系。

酒店业分为软件产品服务和硬件产品服务两大种类：1）软件产品服务设有三大产品服务项目：客房服务、餐饮服务和宴会服务，这三大项产品服务是酒店的经济支柱，其他形式的产品服务项目都是酒店辅助产品服务项目；2）硬件产品服务是指酒店环境性能和设施。

循环经济发展模式下的酒店评估体系框架应是由软件产品服务系统的清洁生产绩效和硬件产品服务系统的建筑环境性能质量两个方面的综合评估。本书分析了我国酒店业运作管理方面存在的问题和现行绿色酒店评估体系存在的问题，认为目前酒店业主要产品服务系统属于典型的线性开放式经济发展模式，必然导致“高投入、高消耗、高污染”，而针对线性开放式经济发展模式制定出来的现行绿色酒店评估体系只能表面上起到促进改善的作用，不能从根本上解决。为了使我国酒店业实现可持续发展，依据循环经济发展理论，总结出酒店业节能最佳操作程序和食品安全清洁生产方案，提出了基于循环经济发展模式的绿色酒店评估体系框架原理和需要解决的理论性问题，为完善我国绿色酒店评估体系的理论研究与实践提供参考。

本书由大连水产学院高兴编著，参与编写的还有大连水产学院张殿光、袁杰，大连理工大学张兴文。由于本书内容理论性和实践性都很强，再加上笔者水平所限，希望读者能够提出宝贵意见。

# 目　录

# 第1章　酒店业传统经济发展模式下的典型问题分析

我国在20世纪80年代初期开始发展酒店服务行业，到了90年代中期，全国各省市都有了四星或五星级酒店，酒店行业已经初见规模，达到近1500余家，目前已经发展到6000余家，建筑面积达30000万$m^2$以上。酒店业传统的经济发展模式是以线性经济发展模式为主导，主要产品服务系统以消耗自然资源为基础，生产加工服务产品，同时产生环境废物，即“资源—产品—废物”的线性经济发展模式。曾对多家五星级酒店的年能耗费用进行过统计，平均在150元/($m^2$·年)左右，即一个建筑面积为10万$m^2$的酒店平均年能耗费用在1500万元左右，平均占年总营业收入的10%以上，还有占到15%以上的。高能耗直接影响酒店的利润率，这一直是酒店经营者难以解决的难题。酒店餐饮垃圾含能损失问题、酒店餐饮排水污染水环境问题、酒店室内排风回流影响空气品质问题、酒店主风口噪声问题等等，都是目前酒店业存在的典型问题。因此，酒店业传统的线性经济发展模式已经严重制约了生产力的发展，必须寻求新的生产力发展方式。

## 1.1　能耗现状

通过调查国内有代表性的八家五星级酒店在1999～2001年期间连续3年的能耗和营业额等现状，可以了解到在传统经济发展模式下的能耗现状，详见表1-1～表1-4。

### 1.1.1　8家酒店的自然状况

### 1.1.2　1999～2001年酒店能耗及营业额现状[1]

### 1.1.3　利用目前常用的衡量指标比较八家酒店能耗情况（见表1-5）

可见，各酒店之间这3项指标的差异明显，特别是南方和北方酒店之间的差异更大。

**酒店自然状况** 表 1-1

| | 大连 A | 大连 B | 大连 C | 大连 D | 南京 E | 上海 F | 北京 G | 上海 H |
|---|---|---|---|---|---|---|---|---|
| 建筑面积($m^2$) | 43580 | 51994 | 120018 | 107424 | 67524 | 66628 | 39873 | 92439 |
| 酒店客房数(间) | 308 | 366 | 562 | 842 | 526 | 522 | 346 | 768 |
| 公寓客房数(间) | | 178 | 192 | | | | | |

**1999 年酒店能耗及营业额状况** 表 1-2

| 内　　容 | 单位 | 大连 A | 大连 B | 大连 C | 大连 D | 南京 E | 上海 F | 北京 G | 上海 H |
|---|---|---|---|---|---|---|---|---|---|
| 总用电量 | kWh | 5084800 | 8523677 | 10986933 | 9378662 | 12135710 | 11259940 | 8593072 | 19872311 |
| 总用水量 | $m^3$ | 149000 | 250000 | 284073 | 263489 | 358686 | 360237 | 220954 | 512481 |
| 总用煤气量 | $m^3$ | 18600 | 192000 | 283985 | 314222 | 377567 | 343676 | 196667 | 531660 |
| 总用蒸汽量 | t | 4680 | 18390 | 27771 | 22592 | 25491 | 16915 | 9096 | 17250 |
| 总能源费 | 万元 | 496.2560 | 969.0000 | 1334.3969 | 1103.7022 | 1336.7216 | 1455.8343 | 1031.6748 | 2296.1938 |
| 总营业收入 | 万元 | 3472.0 | 5276.44 | 13471.55 | 13964.52 | 6742.3 | 10928.46 | 6850.09 | 38801.13 |
| 年平均入客率 | % | 52.1 | 51.7 | 53.6 | 58.4 | 45.6 | 63.9 | 68.3 | 90.7 |
| 年平均房价 | 元 | 415 | 520 | 640 | 560 | 575 | 717 | 720 | 1065 |
| 总能源费/建筑面积 | 元/$m^2$ | 113.9 | 186.4 | 111.2 | 102.5 | 197.9 | 218.5 | 258.7 | 248.4 |
| 总能源费/总营业额 | % | 14.3 | 18.4 | 9.9 | 7.9 | 19.8 | 13.3 | 15.1 | 5.9 |
| 年建筑能耗<br>建筑耗能/建筑面积 | GJ<br>GJ/$m^2$ | 77237.8<br>1.77 | 150816<br>2.9 | 207686.9<br>1.73 | 171781.3<br>1.6 | 190915.3<br>2.83 | 207927.4<br>3.12 | 147347.4<br>3.7 | 327950.5<br>3.55 |
| 年空调能耗<br>空调能耗/建筑面积 | GJ<br>GJ/$m^2$ | 27295.8<br>0.626 | 74005.4<br>1.423 | 69658.2<br>0.58 | 51757.2<br>0.482 | 114721<br>1.7 | 109161.9<br>1.64 | 83733.2<br>2.10 | 202017.5<br>2.185 |
| 年建筑基本能耗 | GJ | 49942 | 76810.6 | 138028.7 | 120023.6 | 76194.3 | 98765.5 | 63614.2 | 125933 |
| 空调能耗百分比 | % | 35.34 | 49.07 | 33.54 | 30.13 | 60.09 | 52.5 | 56.71 | 61.6 |

**2000 年酒店能耗及营业额状况** 表 1-3

| 内　容 | 单位 | 大连 A | 大连 B | 大连 C | 大连 D | 南京 E | 上海 F | 北京 G | 上海 H |
|---|---|---|---|---|---|---|---|---|---|
| 总用电量 | kWh | 5176504 | 8833655 | 13012058 | 11876986 | 12768552 | 11367650 | 9420664 | 20003332 |
| 总用水量 | $m^3$ | 152436 | 258466 | 361559 | 298333 | 367774 | 369005 | 226998 | 513264 |
| 总用煤气量 | $m^3$ | 188819 | 200176 | 287345 | 381696 | 379261 | 370533 | 199617 | 532075 |
| 总用蒸汽量 | t | 4423 | 19506 | 28679 | 19815 | 23101 | 5701 | 9915 | 17093 |
| 总能源费 | 万元 | 502.2240 | 998.4300 | 1480.2603 | 1268.6550 | 1434.6853 | 1298.4673 | 1127.7650 | 2313.8707 |
| 总营业收入 | 万元 | 3694.3 | 5846.33 | 14364.43 | 16063.37 | 7133.21 | 11864.45 | 7492.09 | 38969.43 |
| 年平均入客率 | % | 53.04 | 53.2 | 53.1 | 63.5 | 48.7 | 63.3 | 69.2 | 91.1 |
| 年平均房价 | 元 | 395 | 513 | 660 | 554 | 571 | 725 | 746 | 1067 |
| 总能源费/建筑面积 | 元/$m^2$ | 115.2 | 192 | 123.3 | 118.1 | 212.5 | 194.9 | 282.8 | 250.3 |
| 总能源费/总营业额 | % | 13.6 | 17.1 | 10.3 | 7.9 | 20.1 | 10.9 | 15 | 5.9 |
| 年建筑能耗 | GJ | 78166.7 | 155396.7 | 230389.2 | 197454.8 | 204906.8 | 185451.6 | 161071.4 | 330475.2 |
| 建筑耗能/建筑面积 | GJ/$m^2$ | 1.79 | 2.99 | 1.92 | 1.84 | 3.03 | 2.78 | 4.03 | 3.58 |
| 年空调能耗 | GJ | 29859.7 | 81474.6 | 82526.6 | 61231.7 | 139234.5 | 106604.8 | 94498.9 | 205491.8 |
| 空调能耗/建筑面积 | GJ/$m^2$ | 0.685 | 1.567 | 0.688 | 0.57 | 2.06 | 1.6 | 2.37 | 2.223 |
| 年建筑基本能耗 | GJ | 48307 | 73922.1 | 147862.6 | 136223.1 | 65672.3 | 78846.8 | 66572 | 124983.4 |
| 空调能耗百分比 | % | 38.20 | 52.44 | 35.82 | 31 | 67.95 | 57.48 | 58.67 | 62.18 |

**2001 年酒店能耗及营业额状况** **表 1-4**

| 内　容 | 单位 | 大连 A | 大连 B | 大连 C | 大连 D | 南京 E | 上海 F | 北京 G | 上海 H |
|---|---|---|---|---|---|---|---|---|---|
| 总用电量 | kWh | 5099876 | 89869230 | 13802045 | 11799692 | 12679406 | 11745624 | 10188025 | 19037577 |
| 总用水量 | $m^3$ | 155332 | 256733 | 280746 | 294536 | 354365 | 337655 | 208496 | 5107622 |
| 总用煤气量 | $m^3$ | 187643 | 201464 | 294447 | 375886 | 338452 | 364265 | 196541 | 537664 |
| 总用蒸汽量 | t | 4550 | 19258 | 23893 | 20475 | 23664 | 8025 | 10419 | 25315 |
| 总能源费 | 万元 | 524.5278 | 1045.7060 | 1478.6419 | 1297.4655 | 1563.2779 | 1348.7264 | 1184.4757 | 2352.4341 |
| 总营业收入 | 万元 | 3686.74 | 5799.86 | 15142.22 | 16278.66 | 7099.89 | 12100.46 | 7784.69 | 39012.12 |
| 年平均入客率 | % | 55.6 | 54.3 | 56.7 | 62.9 | 48.1 | 63.1 | 68.1 | 91.7 |
| 年平均房价 | 元 | 390 | 511 | 657 | 583 | 565 | 764 | 775 | 1084 |
| 总能源费/建筑面积 | 元/$m^2$ | 120.4 | 201.1 | 123.2 | 120.8 | 231.5 | 202.4 | 297 | 254.5 |
| 总能源费/总营业额 | % | 14.2 | 18 | 9.8 | 7.9 | 22 | 11.1 | 15.2 | 6 |
| 一年建筑能耗 | CJ | 81637.9 | 162754.9 | 230136.8 | 201937.9 | 223272.8 | 192629.1 | 169172 | 335982.9 |
| 建筑能耗/建筑面积 | GJ/$m^2$ | 1.87 | 3.13 | 1.92 | 1.88 | 3.31 | 2.89 | 4.24 | 3.63 |
| 一年空调总能耗 | GJ | 29547.2 | 82410.5 | 78218.2 | 60479.7 | 142475.6 | 101741 | 93701.6 | 200592.7 |
| 空调能耗/建筑面积 | GJ/$m^2$ | 0.678 | 1.585 | 0.651 | 0.563 | 2.11 | 1.527 | 2.35 | 2.17 |
| 一年建筑基本能耗 | GJ | 52090.7 | 80344.4 | 151918.6 | 141458.2 | 80797.2 | 90888.1 | 75470.4 | 135390.2 |
| 空调能耗百分比 | % | 36.17 | 50.62 | 33.99 | 29.97 | 63.96 | 52.83 | 55.34 | 59.75 |

注：1. 年建筑总能耗＝年总能源费×0.01214/当地电价（1kWh＝0.01214GJ）。

2. 年建筑基本能耗＝年建筑总能耗－年空调总能耗。

3. 年空调总能耗＝年空调基本能耗＋年空调波动能耗。

4. 年空调基本能耗是指空调系统不使用额外热源，仅引入室外新风处理室内负荷的年能耗量。具体计算时，可取出该季节（这 8 家酒店大都在春、秋交替季节使用自然送风）的系统能耗量平均值×12。

5. 年空调波动能耗是指空调系统使用热源处理超出基本负荷部分的年能耗量。

**8 家酒店建筑能耗比较结果　　　　表 1-5**

| 衡量指标 | 单位 | 1999 年 | 2000 年 | 2001 年 |
|---|---|---|---|---|
| 年总能源费/建筑面积 | 元/m² | G>H>F>E>B>A>C>D | G>H>E>F>B>C>A>D | G>H>E>F>B>C>D>A |
| 年总能源费/年总营业额 | % | E>B>G>A>F>C>D>H | E>B>G>A>F>C>D>H | E>B>G>A>F>C>D>H |
| 年建筑能耗/建筑面积 | GJ/m² | G>H>F>B>E>C>A>D | G>H>E>B>F>C>D> | G>H>E>B>F>C>D>A |

用这 3 个衡量指标比较，得出的结论是不一致的，甚至是相反的，H 酒店最明显。说明这 3 个指标的应用是有条件的，不可随意作为各酒店建筑能耗横向比较的指标。过去一直这样比较，得出的结论是应该重新考虑的。目前多数酒店使用年总能源费/年总营业额这一指标，并根据本酒店历年的能耗数据制作能耗费用预算，可见这种制作预算的方法是不科学的，难以判断是否合理。

## 1.2　酒店使用水平与能耗量和营业收入的关系

以酒店入客率作为反映使用水平的客观参数，针对不同季节，统计出入客率对各种能耗的影响规律，提出了与入客率密切相关的“单位使用房间酒店日均能耗量”来反映单位使用水平的能耗指标概念，用于分析比较不同季节、不同入客率条件下酒店各种能源日均消耗量的差异和日均总能量消耗的差异。分析结果表明：1）任何季节单位使用房间酒店各种能源日均消耗量和日均总能量消耗都随入客率的提高呈现线性下降趋势，说明酒店使用水平越高，能源利用效率越高；2）相同入客率条件下，北方酒店冬季单位使用房间日均总耗能量平均为夏季的 1.5 倍左右，为春秋季节的 1.64 倍左右，冬季节能潜力很大。

能源预算与控制是酒店工程管理中的一项重要工作，而酒店使用水平直接影响能耗水平。酒店入客率是反映酒店使用水平最直接的客观参数，只有搞清不同季节酒店入客率对能耗的影响规律，才能较准确地作出能源预算、合理控制能源消耗。目前酒店工程管理者仅仅根据本酒店历年各个月份的经验数据来做能源预算及控制，预算准确程度较低，经常使用“能源费/建筑面积”和“能耗量/建筑面积”这两个指标来衡量能耗水平，由于建筑面积不能反映使用水平，所以这两个指标反映的结果会失真[1,2]。将入客率的概念引入能耗分析指标中，才能反映不同使用水平条件下的能耗水平。针对上述问题，以北方某五星级酒店开业 9 年的实际经营情况为例进行分析。

### 1.2.1 入客率对酒店各种能耗量的影响[3]

酒店通常使用电、蒸汽和燃气。考虑气候因素的影响，将 11 月、12 月、1 月、2 月、3 月划分为冬季；将 6～9 月份划分为夏季；将 4、5、10 月份划分为春、秋季节，该时期不运行冷冻机。在统计各个季节入客率时，低于 20%的情况很少出现，不作统计。以 20%作为起点，将 5%作为一个统计间隔，20%～25%的统计数据在 9 年间冬季和春秋交替季节分别出现过 37 次和 33 次，25%～30%的统计数据分别出现过 42 次和 38 次，30%以上的统计数据大幅增加。在夏季，低于 40%的统计数据没有出现过，所以用 40%作为起点。各个季节的入客率对应各种能源平均一日总用量的统计数据详见表 1-6～表 1-8，图 1-1～图 1-4 表示酒店入客率对各种能源平均一日消耗量的影响变化曲线。

**冬季（11～3 月份）入客率对应酒店各种能源平均日用量和产值**

**表 1-6**

| 入客率(%) | 平均日用电量(kWh) | 平均日用蒸汽量(t) | 平均日用水量(t) | 平均日用燃气量(t) | 平均日总营业收入(万元) |
|---|---|---|---|---|---|
| 20～25 | 19535 | 76 | 573 | 636 | 26.31 |
| 25～30 | 19679 | 79 | 580 | 678 | 29.21 |
| 30～35 | 20127 | 83 | 588 | 688 | 47.89 |

续表

| 入客率(%) | 平均日用电量(kWh) | 平均日用蒸汽量(t) | 平均日用水量(t) | 平均日用燃气量(t) | 平均日营业收入(万元) |
|---|---|---|---|---|---|
| 35～40 | 21005 | 84 | 625 | 735 | 49.37 |
| 40～45 | 21350 | 86 | 646 | 739 | 51.43 |
| 45～50 | 27356 | 89 | 704 | 811 | 55.54 |
| 50～55 | 30012 | 90 | 708 | 812 | 59.04 |
| 55～60 | 30124 | 103 | 722 | 824 | 61.08 |
| 60～65 | 31760 | 107 | 738 | 836 | 65.04 |
| 65～70 | 32676 | 111 | 740 | 838 | 68.14 |
| 70～75 | 32998 | 126 | 744 | 847 | 71.73 |
| 75～80 | 33450 | 127 | 749 | 852 | 74.71 |
| 80～85 | 35635 | 131 | 785 | 926 | 77.83 |
| 85～90 | 39058 | 135 | 807 | 982 | 83.77 |
| 90～95 | 39360 | 142 | 833 | 1023 | 88.84 |
| 95～100 | 40320 | 149 | 836 | 1046 | 92.54 |

**夏季（6～9月份）入客率对应酒店各种能源平均日用量和产值**

**表 1-7**

| 入客率(%) | 平均日用电量(kWh) | 平均日用蒸汽量(t) | 平均日用水量(t) | 平均日用燃气量(t) | 平均日营业收入(万元) |
|---|---|---|---|---|---|
| 40～45 | 40300 | 32 | 708 | 707 | 52.52 |
| 45～50 | 41005 | 34 | 774 | 789 | 54.91 |
| 50～55 | 41040 | 34 | 797 | 801 | 57.89 |
| 55～60 | 41250 | 36 | 806 | 807 | 63.06 |
| 60～65 | 41600 | 36 | 836 | 810 | 68.55 |
| 65～70 | 44400 | 40 | 854 | 821 | 74.26 |
| 70～75 | 46750 | 41 | 893 | 830 | 79.59 |
| 75～80 | 46800 | 41 | 927 | 837 | 84.22 |

续表

| 入客率(%) | 平均日用电量(kWh) | 平均日用蒸汽量(t) | 平均日用水量(t) | 平均日用燃气量(t) | 平均日营业收入(万元) |
|---|---|---|---|---|---|
| 80~85 | 47440 | 42 | 945 | 878 | 89.32 |
| 85~90 | 48160 | 43 | 996 | 894 | 92.94 |
| 90~95 | 52240 | 45 | 1097 | 982 | 96.82 |
| 95~100 | 56480 | 46 | 1140 | 1028 | 101.77 |

**春秋交替季节（4、5、10月份）入客率对应酒店各种能源平均日用量和产值　　表1-8**

| 入客率(%) | 平均日用电量(kWh) | 平均日用蒸汽量(t) | 平均日用水量(t) | 平均日用燃气量(t) | 平均日营业收入(万元) |
|---|---|---|---|---|---|
| 20~25 | 19577 | 31 | 592 | 631 | 20.45 |
| 25~30 | 20168 | 33 | 599 | 659 | 23.25 |
| 30~35 | 20289 | 35 | 606 | 669 | 51.67 |
| 35~40 | 21337 | 38 | 634 | 705 | 56.65 |
| 40~45 | 23530 | 42 | 665 | 711 | 57.57 |
| 45~50 | 29433 | 43 | 723 | 798 | 60.22 |
| 50~55 | 29520 | 43 | 738 | 803 | 64.35 |
| 55~60 | 31267 | 44 | 739 | 811 | 67.21 |
| 60~65 | 31994 | 44 | 755 | 817 | 71.07 |
| 65~70 | 33588 | 45 | 767 | 829 | 73.81 |
| 70~75 | 34765 | 46 | 769 | 836 | 78.35 |
| 75~80 | 36960 | 48 | 792 | 843 | 82.47 |
| 80~85 | 37224 | 49 | 814 | 889 | 85.02 |
| 85~90 | 39680 | 51 | 823 | 908 | 90.45 |
| 90~95 | 39895 | 54 | 856 | 996 | 94.42 |
| 95~100 | 41760 | 55 | 874 | 1039 | 98.35 |

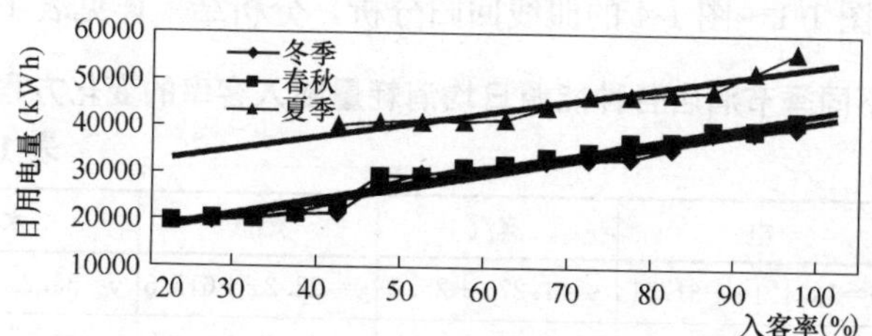


图 1-1　酒店平均日用电量随入客率的变化曲线

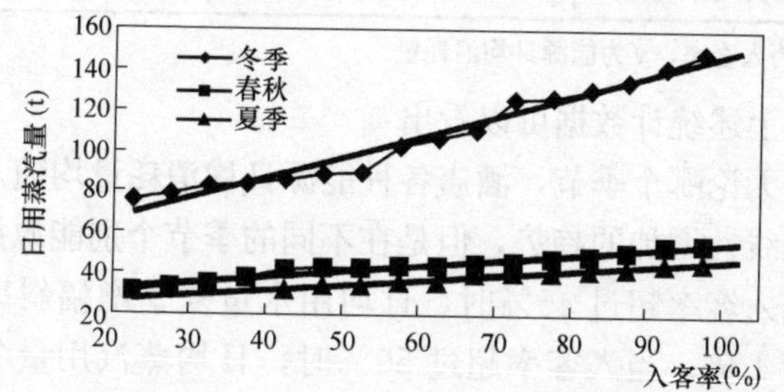


图 1-2　酒店平均日用蒸汽量随入客率的变化曲线

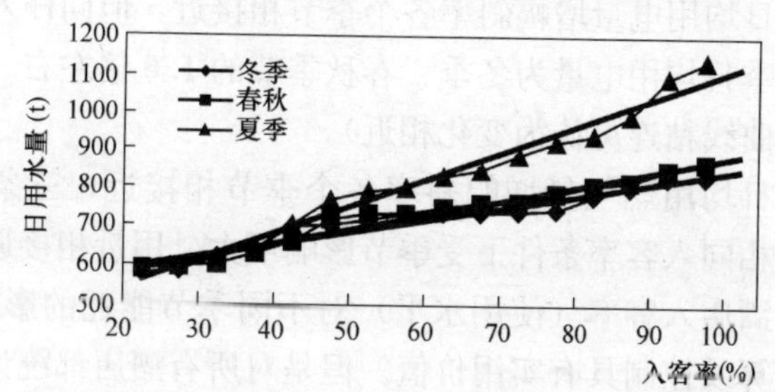


图 1-3　酒店平均日用水量随入客率的变化曲线

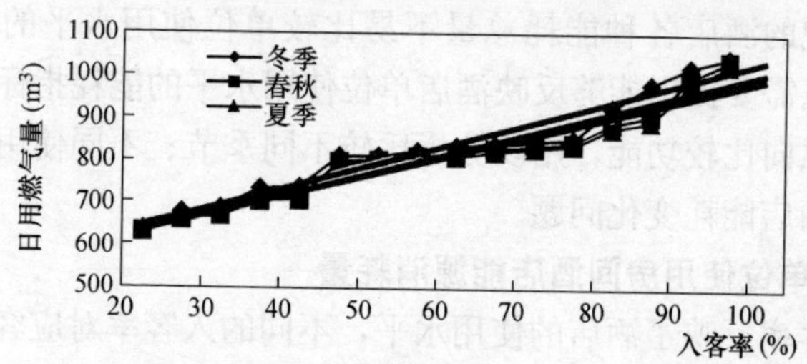


图 1-4　酒店平均日用燃气量随入客率的变化曲线

对图 1-1～图 1-4 的曲线回归分析，分析结果详见表 1-9。

**不同季节酒店各种能源日均消耗量随入客率的变化方程**

**表 1-9**

| | 电 | 蒸汽 | 燃气 | 水 |
|---|---|---|---|---|
| 夏季 | $y=1321.1x+31751$ | $y=1.27x+25.9$ | $y=22.2x+615.5$ | $y=35.2x+528.5$ |
| 春秋 | $y=1586.9x+17198$ | $y=1.43x+31.7$ | $y=23.5x+609.2$ | $y=18.8x+574.2$ |
| 冬季 | $y=1514.8x+1677.7$ | $y=5.07x+64.3$ | $y=24.5x+621.5$ | $y=15.9x+586.2$ |

注：$x$ 为入客率；$y$ 为能源日均消耗量

根据上述统计数据可以看出：

（1）无论哪个季节，酒店各种能源日均消耗量均随入客率的增加呈现线性增加的趋势，但是在不同的季节个别能源指标增幅不同：当入客率超过 45%时，日均用水量夏季增幅斜率为其他季节的近 1 倍；当入客率超过 50%时，日均蒸汽用量冬季增幅斜率为其他季节的近 4 倍。

（2）日均用电量增幅斜率各个季节相接近，但同样入客率条件下，夏季日均用电量为冬季、春秋季节的 1.6 倍左右（春秋季节和冬季曲线粘连可认为变化相近）。

（3）日均用燃气量增幅斜率各个季节相接近，三条曲线粘连，说明相同入客率条件下受季节影响不大，用量相接近。

统计酒店入客率（使用水平）对不同季节能耗的影响规律，对能源预算及控制具有实用价值。但是对所有酒店都统计出不同使用水平对应各种能耗量变化曲线是不现实的，而且上述统计规律中体现的酒店各种能耗总量不易比较单位使用水平的能耗差异。所以需要提出能够反映酒店单位使用水平的能耗指标，具有横向和纵向比较功能，用以分析比较不同季节、不同使用水平条件下的酒店能耗变化问题。

### 1.2.2 单位使用房间酒店能源消耗量

入客率反映了酒店的使用水平，不同的入客率对应客人使用房间数量也不同。将一定使用水平的酒店平均日能耗量均摊给客人使用的客房数量上，可反映出酒店单位使用水平的能耗水平，本书将这一指标称为“单位使用房间酒店能耗量”。某酒店开业9年来，夏季平均入客率为83.42%，冬季平均入客率为52.06%，春秋季节平均入客率为66.38%，依据表1-3的统计数据计算出单位使用房间各种能源的日均能耗量，详见表1-10。

**不同季节和不同入客率条件下单位使用房间酒店日能耗量**

**表1-10**

| | 平均入客率（%） | 日用电量（kWh/d） | 日用蒸汽量（kg/d） | 日用燃气量（$m^3$/d） | 日耗总能量（MJ/d） | 日用水量（$m^3$/d） |
|---|---|---|---|---|---|---|
| 冬季 | 52.06 | 102.58 | 307.6 | 2.8 | 1106.6 | 2.42 |
| 夏季 | 83.42 | 101.19 | 89.6 | 1.87 | 594.9 | 2.02 |
| 春秋季 | 66.38 | 90.03 | 120.7 | 2.22 | 630.3 | 2.06 |

注：单位换算，电1kWh=3.6MJ；蒸汽1kg=2.26MJ；燃气1$m^3$=15.05MJ。

由表1-10可知，冬季单位房间酒店日平均总能量消耗为夏季的1.86倍、为春秋季节的1.76倍，说明夏季对应83.42%入客率的情况下单位使用房间的酒店日均总能量消耗最低；同理，冬季单位使用房间酒店日均水消耗量为夏季和春秋季节的1.2倍左右，即夏季单位使用房间酒店日均水消耗量最低。这说明入客率（使用水平）越高，客区的能源利用效率就越高。为了寻求入客率对“单位使用房间酒店能耗量”的影响规律，依据表1-3的统计数据计算入客率分别为50%、60%、70%、80%、90%、100%的情况下，对应的单位使用房间各种能源日均消耗量和日均总能量消耗，计算结果见表1-11（50%以下的情况夏季出现很少，故不作统计）。

参见表1-11，可计算出冬季与其他季节单位使用房间日均总能量消耗比值，详见表1-12。

在入客率相同的条件下比较，冬季单位使用房间日平均总能量消耗总是最高，春秋季最低，从比值的均值来看，冬季比夏季要多耗能量50.6%，比春秋季节多耗能量63.5%，这一结论提

## 不同季节不同入客率对应单位使用房间酒店日能耗量

表 1-11

| 平均入客率 | 季节 | 日用电量 (kWh/d) | 日用蒸汽量 (kg/d) | 日用燃气量 ($m^3$/d) | 日耗总能量 (MJ/d) | 日用水量 ($m^3$/d) |
|---|---|---|---|---|---|---|
| 50% | 冬季 | 102.58 | 307.6 | 2.8 | 1106.6 | 2.42 |
| | 夏季 | 140.27 | 116.2 | 2.74 | 808.8 | 2.72 |
| | 春秋季 | 100.9 | 146.9 | 2.75 | 736.5 | 2.52 |
| 60% | 冬季 | 89.34 | 305.4 | 2.44 | 1048.55 | 2.14 |
| | 夏季 | 122.33 | 106.76 | 2.39 | 717.64 | 2.39 |
| | 春秋季 | 92.72 | 130.48 | 2.41 | 664.94 | 2.19 |
| 70% | 冬季 | 83.06 | 282.15 | 2.13 | 968.74 | 1.88 |
| | 夏季 | 104.86 | 101.77 | 2.09 | 638.95 | 2.17 |
| | 春秋季 | 79.48 | 114.38 | 2.11 | 576.38 | 1.95 |
| 80% | 冬季 | 74.40 | 282.47 | 1.89 | 934.66 | 1.67 |
| | 夏季 | 104.09 | 91.2 | 1.86 | 608.32 | 2.06 |
| | 春秋季 | 82.21 | 106.76 | 1.88 | 565.53 | 1.76 |
| 90% | 冬季 | 77.22 | 266.9 | 2.02 | 911.58 | 1.65 |
| | 夏季 | 95.22 | 85 | 1.77 | 561.49 | 1.97 |
| | 春秋季 | 78.45 | 100.8 | 1.80 | 537.71 | 1.63 |
| 100% | 冬季 | 71.74 | 265.2 | 1.49 | 878.8 | 1.86 |
| | 夏季 | 100.49 | 82 | 1.83 | 574.6 | 2.03 |
| | 春秋季 | 74.31 | 97.8 | 1.85 | 516.4 | 1.56 |

## 单位使用房间日均总能量消耗冬季与其他季节比值

表 1-12

| 入客率 | 50% | 60% | 70% | 80% | 90% | 100% | 均值 |
|---|---|---|---|---|---|---|---|
| 冬/夏 | 1.37 | 1.46 | 1.52 | 1.54 | 1.62 | 1.53 | 1.506 |
| 冬/春秋 | 1.5 | 1.58 | 1.68 | 1.65 | 1.7 | 1.7 | 1.635 |

示我们，北方酒店要特别控制冬季采暖耗能。依据表 1-11 的统计数据，用图 1-5～图 1-9 分别表示酒店入客率对不同季节单位使用房间酒店日均用电量、蒸汽用量、燃气用量、总能量消耗和用水量的影响变化曲线。

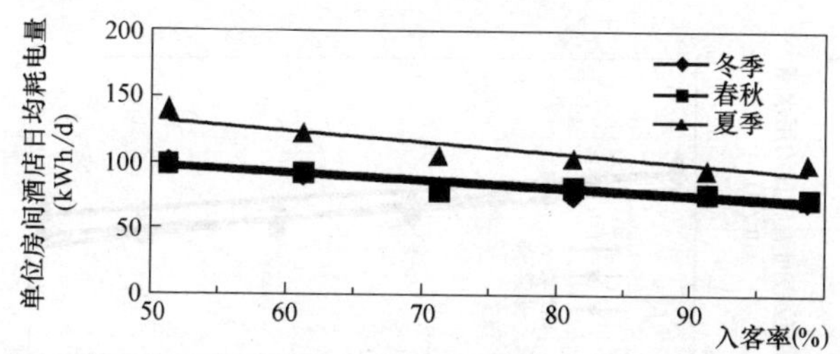


图 1-5　入客率对单位使用房间酒店日均耗电量影响曲线

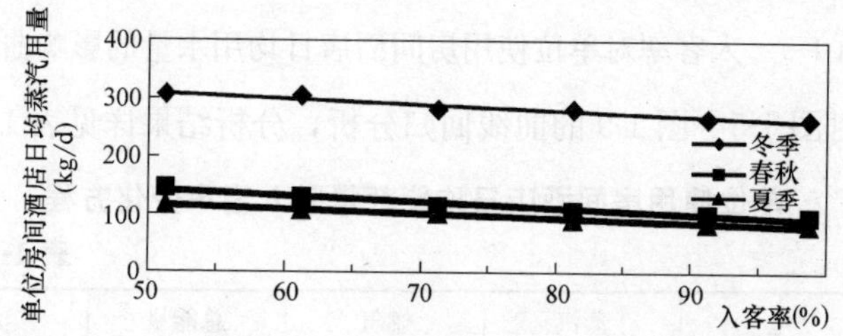


图 1-6　入客率对单位使用房间酒店日均蒸汽用量的影响曲线

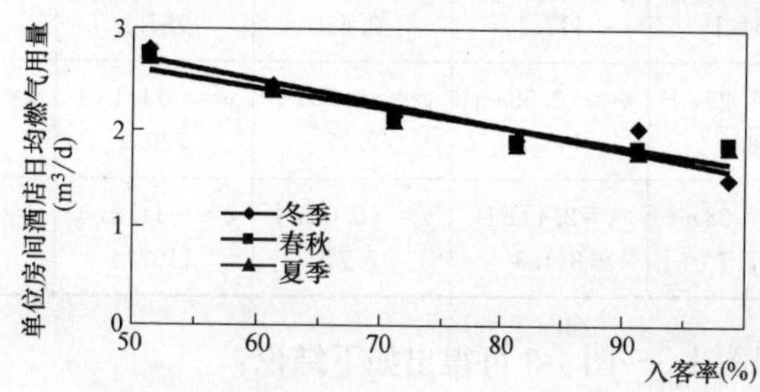


图 1-7　入客率对单位使用房间酒店日均燃气用量影响曲线

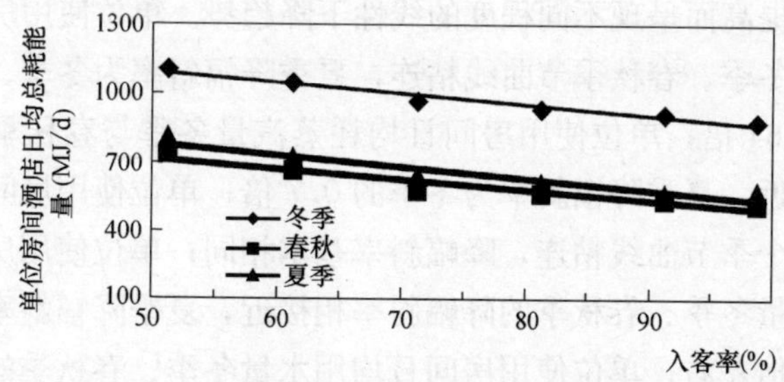


图 1-8　入客率对单位使用房间酒店日均总能量消耗影响曲线

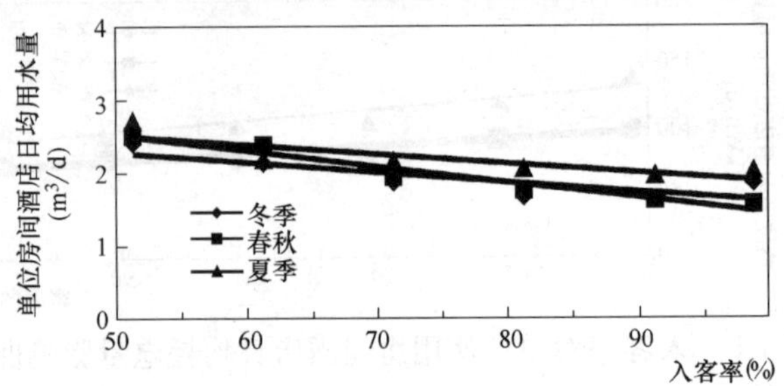


图 1-9　入客率对单位使用房间酒店日均用水量的影响曲线

对图 1-5～图 1-9 的曲线回归分析，分析结果详见表 1-13。

**单位使用房间酒店日均能耗量随入客率变化方程**

**表 1-13**

| | 电 | 蒸汽 | 燃气 | 总能量 | 水 |
|---|---|---|---|---|---|
| 夏季 | $y=-2.1x+134.1$ | $y=-1.84x+117.1$ | $y=-0.05x+2.65$ | $y=-12.5x+787.2$ | $y=-0.03x+2.53$ |
| 春秋 | $y=-1.29x+98.6$ | $y=-2.55x+143.8$ | $y=-0.06x+2.77$ | $y=-11.1x+720.2$ | $y=-0.05x+2.56$ |
| 冬季 | $y=-1.28x+97.7$ | $y=2.43x+311.3$ | $y=-0.06x+2.77$ | $y=-11.8x+1102.4$ | $y=-0.03x+2.31$ |

根据图 1-5～图 1-9 可得出如下结论：

（1）所有单位使用房间日均能耗指标值在不同的季节都随入客率的提高而呈现不同程度的线性下降趋势。单位使用房间日均耗电量冬季、春秋季节曲线粘连，夏季降幅斜率为冬季、春秋季节的 1.64 倍；单位使用房间日均耗蒸汽量冬季与春秋季的降幅斜率相近，夏季降幅斜率为冬季的 0.7 倍；单位使用房间日均燃气量各个季节曲线粘连，降幅斜率基本相同；单位使用房间日均总耗能量冬季、春秋季的降幅斜率相接近，夏季降幅斜率为冬季的 1.1 倍左右；单位使用房间日均用水量冬季、春秋季的降幅斜率相近，夏季降幅斜率为冬季的 0.6 倍左右。

（2）相同入客率的条件下，夏季单位使用房间日均用电量最高，入客率为50％时为其他季节的1.4倍左右，入客率100％时为其他季节的1.35倍左右；冬季单位使用房间日均用蒸汽量最高，为春秋季节的2.17倍左右，为夏季的2.66倍左右；单位使用房间日均用煤气量各个季节相接近，说明受季节影响不大。

（3）相同入客率条件下，单位使用房间日均用水量夏季略高于其他季节，入客率为100％时差异最大，为1.4倍，入客率50％时差异最小，为1.07倍。

（4）酒店入客率是反映酒店使用水平最直接的客观参数，在任何季节酒店各种能源日均消耗量均随入客率的提高呈现线性增加趋势，但是各种能耗指标的增幅有所区别。

（5）“单位使用房间酒店日均能耗量”能够反映酒店单位使用水平的能耗水平，可作为酒店不同使用水平条件下的能耗分析指标。在任何季节，单位使用房间酒店各种能源日均能耗量均随入客率的提高呈现线性减少趋势，但是减幅有所区别，酒店使用水平越高，能源利用效率越高。

（6）相同入客率条件下，我国北方酒店单位使用房间日均总能量消耗冬季最高，春秋季最低，冬季比夏季要多耗能50.6％左右，比春秋季节多耗能63.5％左右，这说明我们北方酒店要特别控制冬季采暖耗能。

上述入客率对单位使用房间酒店的能耗影响规律分析方法对任何酒店的能源预算及控制都有参考价值。利用各个季节入客率对单位使用房间酒店的能耗影响规律，比较各个酒店在各个季节的“单位使用房间酒店的能耗量”的差异，可以挖掘各个季节在不同使用水平条件下的节能潜力。

## 1.3 酒店排水 *COD* 浓度动态变化监测现状[5]

据调查，我国正在营业的酒店建筑中近50％没有污水处理站（只设置沉淀池），厨房排水隔油池效果不理想，直接排到市政管网。经环保部门监测，大楼总排水口的排水水质超标严重，*COD* 浓度指标普遍在 500～700mg/L 之间，每年酒店要支付数十万元的罚金。我们针对多家五星级酒店在 2003～2005 年 1 月份和 8 月份这两个有代表性月份的总排水口和厨房排水水质主要指标进行 24 小时检测。

### 1.3.1 全天检测总排水口 *COD* 浓度动态变化

#### 1.3.1.1 取样

取样时间是在连续三年的 1 月和 8 月，取样位置也是楼外总排水口，以 2h 作为取样周期，一日取 12 个样本；每周全天检测 1 次，每月检测 4 次；8 月份入客率为 94.17%～100%，1 月份入客率为 77.25%～89.66%，是正常营业状态。

#### 1.3.1.2 *COD* 浓度检测及用水量和排水量统计

主要检测夏季 8 月份和冬季 1 月份每日各个时间段大楼总排水口 *COD* 浓度；同时统计厨房总用水量、全楼总用水量、厨房总排水量、厕所总排水量和全楼总排水量。酒店各个时间段的总用水量和厨房用水量可通过各自的水表计量得出；厨房排水量按用水量的 80%估算、全楼总排水量按总用水量的 80%估算、厕所排水量按（全楼总用水量－厨房用水量）×10%估算。由于篇幅限制统计数据和总排水口的 *COD* 浓度检测数据，不列表表示，用图 1-10～图 1-19 表示相应的变化曲线。

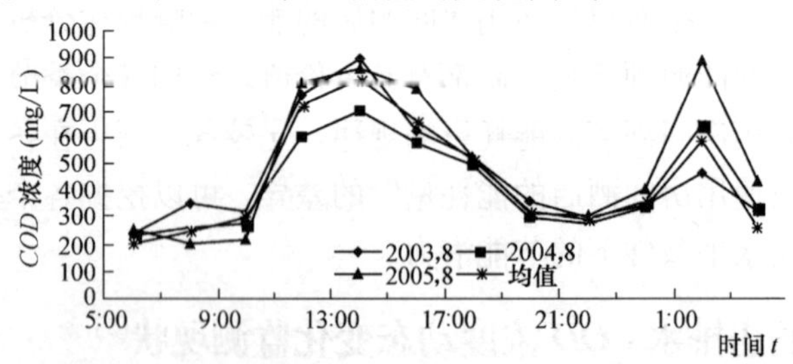


图 1-10　8 月全楼总排水 *COD* 浓度随时间变化

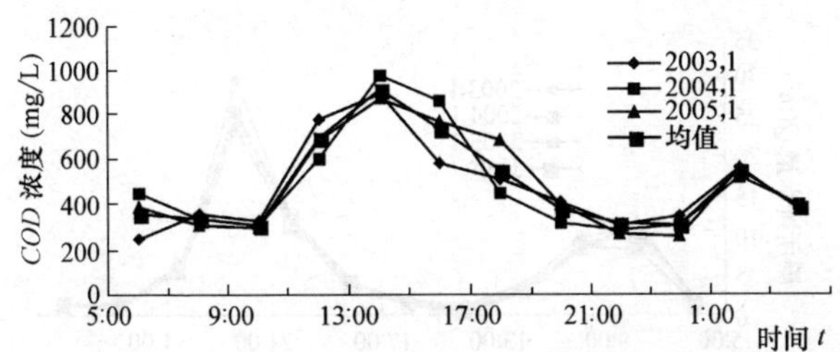


图 1-11　1 月份全楼总排水 *COD* 浓度随时间变化

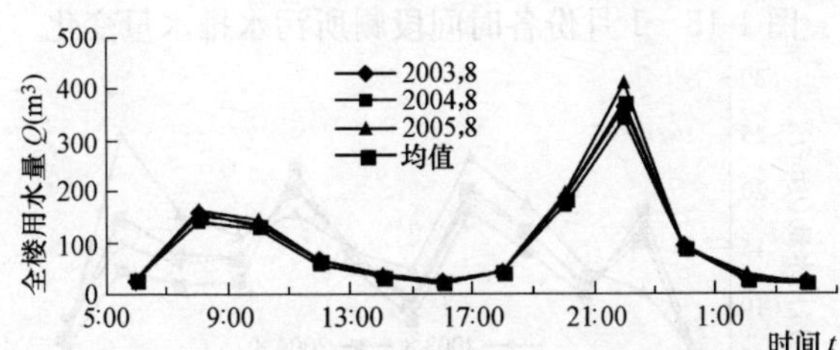


图 1-12　8 月份全楼各时间段用水量变化曲线

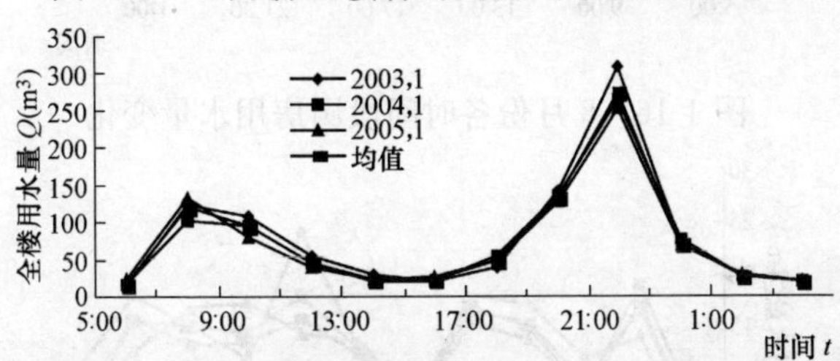


图 1-13　1 月份全楼各时间段用水量变化

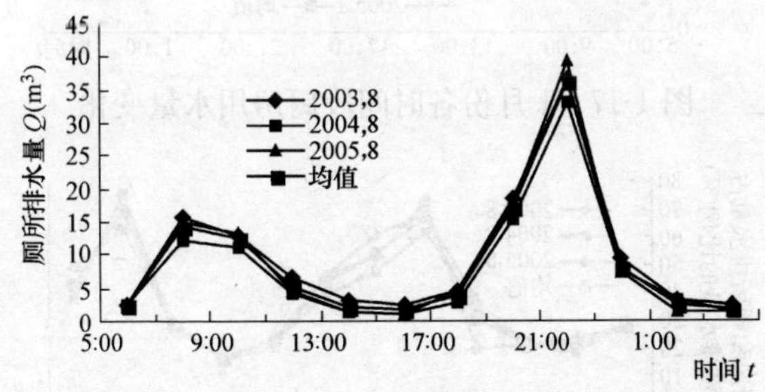


图 1-14　8 月份各时间段厕所污水排水量变化

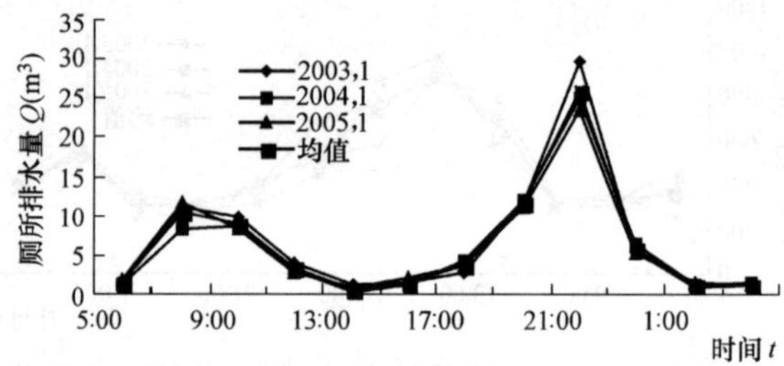


图 1-15　1 月份各时间段厕所污水排水量变化

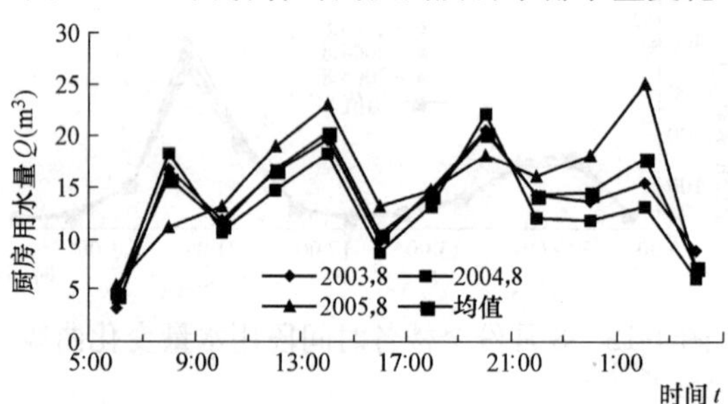


图 1-16　8 月份各时间段厨房用水量变化

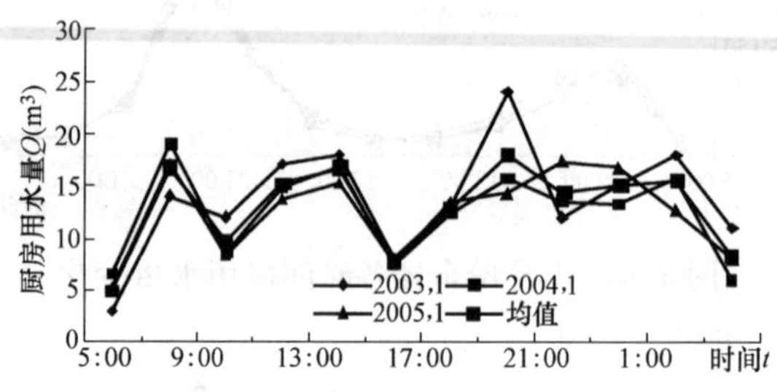


图 1-17　1 月份各时间段厨房用水量变化

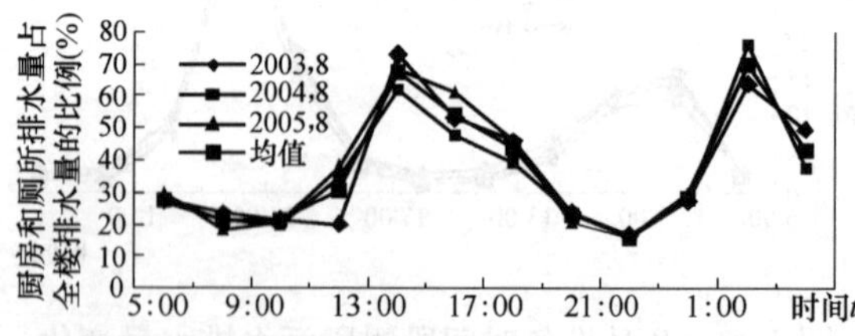


图 1-18　8 月份各时间段厨房和厕所排水量变化

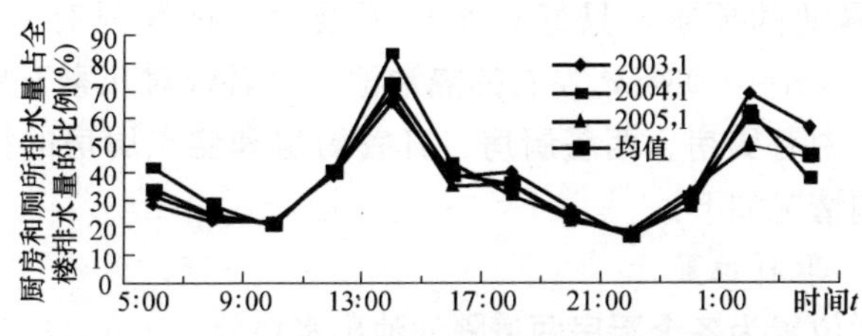


图 1-19　1 月份各时间段厨房和厕所排水量变化

1.3.1.3　检测结果分析

(1) 参见图 1-10 和图 1-11，无论是夏季 8 月份还是冬季 1 月份，酒店楼外总排水口 1 日间各时间段 *COD* 浓度在 200～1000mg/L 范围内变化，最高峰值段为 12：00～14：00，*COD* 浓度高达 700～1000mg/L；次高峰值段 0：00～2：00，*COD* 浓度高达 400～700mg/L；其他时间段 *COD* 浓度在 200～400mg/L 范围内变化。

(2) 全楼总排水口 *COD* 浓度峰值出现的两个时间段恰恰是全楼总用水量最少（参见图 1-12 和图 1-13）、厨房用水量最多（参见图 1-16 和图 1-17）、厨房和厕所排水量占全楼排水量比例最高（70%左右）的时间段（参见图 1-18 和图 1-19）。虽然厨房和厕所排水量占全楼总排水量的比例也出现于 *COD* 浓度同样的 2 个峰值时间段，但是图 1-16 和图 1-15 显示该时间段厕所用水量属于波谷时间段，主要是厨房排水占据绝对的比例，这说明厨房排水是影响总排水口 *COD* 浓度的最主要因素。

(3) 参见图 1-14 和图 1-15，厕所污水排水量高峰时间段是 6：00～8：00 和 20：00～22：00，也是沉淀池向楼外排出的高峰时间段。该时间段是全楼客房用水量高峰，厕所排水量仅占总排水量的 10%左右，而客房排水 *COD* 浓度较低（80mg/L 左右）[6]，大大稀释了全楼总排水的 *COD* 浓度，所以并没有导致总排水口 *COD* 浓度峰值的出现。

## 1.3.2　厨房排水水质检测

许多酒店原始设计只有厨房外的一级隔油池，由于不符合国家三级隔油的要求，只好在水槽下增设了体积只有 0.4m×0.4m×0.4m=0.064$m^3$ 左右的隔油池。笔者曾对几家五星级酒店检测了中餐厨房、西餐厨房、日餐厨房和糕点厨房的排水水质，检测情况如下：

1.3.2.1 取样位置

取样位置为各个厨房两道隔油池出水口处。

1.3.2.2 取样时间

取样时间为厨房用水 4 个高峰时间段：6：00～8：00，12：00～14：00，18：00～20：00，0：00～2：00。

1.3.2.3 检测结果

检测结果见表 1-14～表 1-19（注：0：00～2：00 是管事部集中清扫厨房时间）。

**糕点厨房排水水质　　表 1-14**

| 指标 | 单位 | 6：00～8：00 | 12：00～14：00 | 18：00～20：00 | 0：00～2：00 | 均值 |
|---|---|---|---|---|---|---|
| *COD* 均值 | mg/L | 108 | 105 | 114 | 155 | 120.5 |
| *SS* 均值 | mg/L | 107 | 155 | 93 | 227 | 145.5 |
| pH | | 7.6 | 7.6 | 7.7 | 8.2 | 7.8 |
| *N* 均值 | mg/L | 156 | 136 | 167 | 118 | 144.3 |
| 用水量 | $m^3$ | 0.8 | 2 | 2.5 | 0.5 | 1.45 |

**中餐厨房排水水质　　表 1-15**

| 指标 | 单位 | 6：00～8：00 | 12：00～14：00 | 18：00～20：00 | 0：00～2：00 | 均值 |
|---|---|---|---|---|---|---|
| *COD* 均值 | mg/L | 休息 | 1356 | 1237 | 1328 | 1307 |
| *SS* 均值 | mg/L | | 255 | 293 | 327 | 291.6 |
| pH | | | 7.6 | 7.7 | 8.2 | 7.8 |
| *N* 均值 | mg/L | | 286 | 217 | 168 | 223.7 |
| 用水量 | $m^3$ | | 8.7 | 9.5 | 8 | 8.7 |

西餐厨房排水水质　　表 1-16

| 指标 | 单位 | 6：00～8：00 | 12：00～14：00 | 18：00～20：00 | 0：00～2：00 | 均值 |
|---|---|---|---|---|---|---|
| *COD* 均值 | mg/L | 881 | 990 | 857 | 933 | 915.3 |
| *SS* 均值 | mg/L | 266 | 275 | 248 | 307 | 274 |
| pH | | 7.2 | 7.5 | 7.6 | 8.8 | 7.8 |
| *N* 均值 | mg/L | 182 | 168 | 186 | 107 | 160.1 |
| 用水量 | $m^3$ | 16.5 | 7.5 | 7.5 | 7 | 9.6 |

日餐厨房排水水质　　表 1-17

| 指标 | 单位 | 6：00～8：00 | 12：00～14：00 | 18：00～20：00 | 0：00～2：00 | 均值 |
|---|---|---|---|---|---|---|
| *COD* 均值 | mg/L | 休息 | 396 | 375 | 245 | 338.6 |
| *SS* 均值 | mg/L | | 227 | 196 | 208 | 210.3 |
| pH | | | 7.2 | 7.3 | 7.9 | 7.5 |
| *N* 均值 | mg/L | | 128 | 110 | 86 | 108 |
| 用水量 | $m^3$ | | 2.5 | 3 | 3.5 | 3 |

从表 1-14～表 1-17 的检测数据看出：峰值时间段，中餐厨房和西餐厨房的排水 *COD* 浓度、*SS* 均值、*N* 值都远远高于日餐厨房和糕点厨房，是恶化酒店总排水水质的最主要因素。特别是 12：00～14：00 和 0：00～2：00 这两个峰值时间段，厨房排水 *COD* 浓度最高，导致了酒店总排水口 *COD* 浓度也最高，所以应重点针对中餐厨房和西餐厨房的排水水质进行控制研究。

## 1.4　酒店餐饮垃圾现状及含能损失分析[7]

### 1.4.1　酒店垃圾分类及重量分布

酒店垃圾分为餐饮垃圾、工程垃圾和普通生活垃圾三种，其中餐饮垃圾和工程垃圾所占的比例最大。针对上述三种垃圾，通常设置综合垃圾房和工程垃圾房，由指定单位分拣运出。工程垃圾多数是固态干燥的装饰材料，而餐饮垃圾多数是食品加工产物且易污染。针对上述8家酒店连续3年实际运作过程中产生的垃圾重量作出统计，详见表1-18。

**国内8家酒店垃圾产生数量统计　　表1-18**

| 酒店名称 | 餐饮垃圾(t) | 工程垃圾(t) | 普通生活垃圾(t) | 合计(t) |
|---|---|---|---|---|
| 上海H | 496.1 | 460.7 | 46.1 | 1002.9 |
| 所占比例(%) | 49.5 | 45.9 | 4.6 | |
| 北京G | 184.1 | 350.6 | 47.2 | 581.9 |
| 所占比例(%) | 31.6 | 60.3 | 8.1 | |
| 上海F | 382.3 | 988.3 | 45.2 | 1415.8 |
| 所占比例(%) | 27 | 69.8 | 3.2 | |
| 南京E | 167.4 | 183.1 | 38.2 | 388.7 |
| 所占比例(%) | 43.1 | 47.1 | 9.8 | |
| 大连D | 365.6 | 1025.1 | 79.3 | 1470 |
| 所占比例(%) | 24.9 | 69.7 | 5.4 | |
| 大连C | 277.4 | 290.4 | 39.1 | 606.9 |
| 所占比例(%) | 45.7 | 47.8 | 6.5 | |
| 大连B | 236.9 | 580.3 | 35.2 | 852.4 |
| 所占比例(%) | 27.8 | 68 | 4.2 | |
| 大连A | 130.2 | 340.3 | 24.3 | 494.8 |
| 所占比例(%) | 26.3 | 68.8 | 4.9 | |
| 平均重量比例(%) | 34.5 | 59.6 | 5.9 | 100 |

由表1-18可知，8家酒店餐饮垃圾重量比例在26.3%～49.5%范围内，工程垃圾重量比例在45.9%～69.8%范围内，普通生活垃圾重量比例在3.2%～8.1%范围内。可见酒店之间垃圾重量比例差异很大，可控制潜力很大。

### 1.4.2 酒店餐饮服务各个过程产生的垃圾重量比例

酒店餐饮服务系统包括三个过程：原材料准备过程、食品制作过程、餐饮服务过程。

原材料准备过程包括原材料采购、入库前粗加工、入库贮存。

食品制作过程包括食品原料加工、加热、切配、装盘、打荷、存放等环节。

服务过程包括餐厅准备过程、餐中服务、餐后洗涤餐具、棉织品和场地清洗过程。

8家酒店餐饮服务各个过程产生的垃圾重量平均比例如表1-19所示。食品制作过程的原料绝大多数都是经过冷冻、冷藏的，需要的制冷量随入库食品原料重量的增加而增加。因此，该过程垃圾重量比例越高，冷冻、冷藏用能耗量越多。服务过程产生的垃圾主要集中在餐中服务和餐后清洗过程中，餐中服务过程客人残剩的食品重量比例越高，冷冻、冷藏、加热用能的耗量也越多。

**酒店餐饮服务各个过程产生的垃圾重量比例　　表1-19**

| 酒店名称 | 原材料准备过程（kg/年） | 食品制作过程（kg/年） | 餐中服务过程（kg/年） | 餐后清洗过程（kg/年） | 垃圾合计（kg/年） |
|---|---|---|---|---|---|
| 上海H | 48495 | 178345 | 248872 | 20379 | 496091 |
| 北京G | 20062 | 81504 | 70406 | 12128 | 184100 |
| 上海F | 40572 | 137428 | 183065 | 21235 | 382300 |
| 南京E | 19480 | 75046 | 61004 | 11870 | 167400 |
| 大连D | 39921 | 134300 | 170466 | 20903 | 365590 |
| 大连B | 32520 | 92539 | 83311 | 28570 | 236940 |
| 大连C | 43095 | 110018 | 91709 | 32586 | 277408 |
| 大连A | 21996 | 47234 | 45220 | 15750 | 130200 |
| 平均比例 | 12.4% | 39.1% | 40.3% | 8.2% | 100% |

表1-19显示了8家酒店在原材料准备过程产生的各种食品的外包装、食品粗加工的产生物等等约占餐饮垃圾总重量的比例在9.8%～16.9%范围内，平均比例为12.4%；食品制作过程对各种食品、水果细加工产生的垃圾占餐饮垃圾总重量的比例在

35.9%～44.8%范围内，平均比例为 39.1%；餐中服务过程客人残剩的食品、餐桌用过的卫生用品等占餐饮垃圾总重量的比例在 33.1%～50.2%范围内，平均比例为 40.3%；餐后附着于餐具表面、厨房设备及附属地带的残留食品、油渍、不用的杂品等占餐饮垃圾总重量的比例在 4.1%～12.1%范围内，平均比例为 8.2%。8 家酒店餐饮服务各个过程产生的垃圾重量比例绝对值相差最大为 17%左右，最小为 7%左右。

### 1.4.3 餐饮服务全过程能耗结构分析

#### 1.4.3.1 餐饮服务系统流程

餐饮服务系统流程为：原材料准备过程→食品制作过程→服务过程（注：原材料准备过程包括原材料采购、入库贮存、出库粗加工）。

#### 1.4.3.2 原材料准备过程的能耗

原材料准备过程的能耗为：采购运输中的能耗＋入库贮存过程的能耗＋出库粗加工过程的能耗。

#### 1.4.3.3 食品制作过程的能耗

食品制作过程的能耗为：加热用能耗＋切配、装盘、打荷、存放等环节的间接能耗＋下脚料不合格品倒掉部分的能耗＋厨房空调换气能耗。

#### 1.4.3.4 服务过程的能耗

服务过程的能耗为：餐厅准备过程的能耗＋餐中服务过程能耗＋餐后洗涤餐具、棉织品、场地清洗过程的能耗＋未用食品倒掉的能耗。

上述过程中每一个环节都要消耗能源，而且能源不是百分之百地被利用。例如，食品被倒掉，显然浪费的不仅仅是食物，还有隐含其中的全部能耗，所以必须认真分析每个环节过程的能耗，有利于进行节能调整。

### 1.4.4 餐饮服务全过程能耗现状调查

#### 1.4.4.1 原材料准备过程能耗

（1）采购过程能耗

酒店食品采购通常是采购部门委托供应商进行，食品采购过程的能耗是指在酒店外部运输到酒店收货这一过程的能耗。该能耗总量酒店难以统计出准确数据，其费用都是摊在供应商提供的食品原材料成本中。

（2）原材料贮存过程能耗

大型酒店通常设有糕点厨房、西餐厨房、中餐厨房、日餐厨房、宴会专用厨房、员工厨房、大堂酒吧厨房等。这些厨房都配置相应的冷冻库、冷藏库、冰箱、制冰机、保温柜等，大多使用电作为动力源。作者曾在 2002～2005 年对 8 家酒店厨房食品贮存设备的能耗现状作了统计。用电量的计量方法是在各个设备电源线路上安装了计时器，每日对设备工作时间记录后便可计算出耗电量。表 1-20 为 8 家酒店厨房、餐厅在 2002～2005 年的能源消耗平均值及经营状况。

酒店用于普通食品贮藏的设备大都使用冷冻库（－18℃以下）、冷藏库（4～6℃）、干品库（20℃以下）、制冰机、保温箱等。这些设备的数量因酒店餐饮规模而异，表 1-21 给出了这 8 家酒店食品贮存设备的总额定功率及年用电量现状。

从表 1-21 来看，8 家酒店厨房食品贮存设备的年耗电量平均占全楼总耗电量的 8.14％。

（3）出库粗加工过程的能耗

食品粗加工都是在厨房进行的，它与食品制作过程中的能耗是难以分开计量的，但该过程能耗所占比例很小，所以在对原材料准备过程中的能耗分析时主要针对食品贮存过程的能耗。

#### 1.4.4.2 食品制作过程的能耗

食品制作过程的能耗包括：1）对食品加热、冷却用的能耗，而切配、装盘、打荷、存放等环节的能耗比例较小，不容易单独计量，只好计算在食品加热和冷却用能中；2）厨房空调、换气系统能耗。蒸汽、水和燃气都是使用计量表，各种用电设备的用电量仍使用计时器统计时间进而计算出用电量。表 1-22 是 8 家酒店厨房食品加热、冷却用各类能源的年消耗量统计平均值。该过程中的厨房空调、换气系统能耗由表 1-24 单独给出。

表 1-20

**8 家酒店厨房和餐厅 2002～2005 年经营状况**

| 内　容 | 单位 | 大连 A | 大连 B | 大连 C | 大连 D | 南京 E | 上海 F | 北京 G | 上海 H |
|---|---|---|---|---|---|---|---|---|---|
| 酒店总建筑面积 | $m^2$ | 43580 | 51994 | 120018 | 107424 | 67524 | 66628 | 39873 | 92439 |
| 厨房总建筑面积 | $m^2$ | 1743 | 2090 | 2556 | 2248 | 2007 | 3398 | 1196 | 1731 |
| 餐厅总建筑面积 | $m^2$ | 2288 | 3025 | 3786 | 3625 | 2998 | 2832 | 2007 | 2896 |
| 全楼年总用燃气量 | $m^3$ | 197563 | 212782 | 303098 | 397823 | 381566 | 386591 | 199848 | 568994 |
| 全楼年总用电量 | $\times 10^3$kWh | 5574.48 | 8927.9 | 11889.9 | 10379.9 | 12338.8 | 12359.9 | 8985.8 | 20984.5 |
| 全楼年总用蒸汽量 | t | 14472.3 | 20635.9 | 24917.8 | 25789.2 | 13592.9 | 10832.4 | 18234.5 | 21823.7 |
| 全楼年能耗能量合计 | $\times 10^3$GJ | 60.41 | 94.07 | 110.81 | 111.05 | 89.91 | 83.96 | 81.25 | 146.93 |
| 全楼年总用水量 | $m^3$ | 157678 | 259089 | 365856 | 299667 | 363996 | 368992 | 230061 | 536330 |
| 全楼年能源费 | 万元 | 858.72 | 1318.38 | 1734.4 | 1591.9 | 1350.8 | 1731.1 | 1314.9 | 2870.2 |
| 全楼年维护保养费用 | 万元 | 208.43 | 309.56 | 725.32 | 601.75 | 399.52 | 450.08 | 229.61 | 689.96 |
| 全年餐厅总用餐人数 | 人 | 203428 | 311851 | 360078 | 403726 | 326414 | 327943 | 267354 | 471785 |
| 厨房年维护保养费用 | 万元 | 19.5 | 30.6 | 56.3 | 60.8 | 35.9 | 49.5 | 28.7 | 80.03 |
| 餐饮年总营业收入 | 万元 | 2300.05 | 3989.17 | 4280.43 | 4518.79 | 3710.52 | 4105.78 | 2975.46 | 8379.89 |
| 餐饮年营业收入/人 | 元/人 | 113 | 127.9 | 118.8 | 112 | 113.6 | 125.2 | 111.3 | 177.6 |
| 酒店年总营业收入 | 万元 | 6388.6 | 11293.9 | 18775.5 | 19964.2 | 9742.3 | 14387.6 | 9754.9 | 41899.3 |
| 酒店年平均入客率 | % | 48.8 | 59.4 | 60.9 | 63.7 | 75.7 | 79.9 | 77.2 | 92.3 |

注：表中的数据为 2002～2005 年统计平均值。

依据表1-22的统计数据计算，8家酒店食品制作过程中年总用水量占全楼总用水量的比例平均值为15.65%，但是酒店之间差异较大，最大比例值为最小比例值的1.78倍；制作设备年用蒸汽量占全楼总用蒸汽量比例平均值为15.4%，最大比例值为最小比例值的3.14倍；制作设备年用电量/全楼总电量的平均值为2.43%，最大比例值为最小比例值的1.94倍。

#### 1.4.4.3 服务过程的能耗

服务过程的能耗分为餐厅准备过程的能耗、餐中服务过程的能耗和餐后洗涤餐具、棉织品、场地清洗过程的能耗。餐厅准备过程的能耗主要是在餐前1h左右的空调和照明系统能耗；餐中服务过程的能耗主要是餐厅营业时间段空调和照明系统的能耗，而沏茶、食品保温等的能耗都计入在食品制作过程的能耗中，西餐厅营业时间平均为14h左右，其他餐厅营业时间平均为10h左右；餐后清洗过程的能耗实际上是在开餐后1h左右开始的；清洗炉台、烟罩、地沟和场地等是在餐厅营业结束后一直持续4～5h左右；清洗棉织品统一在酒店洗衣房进行，能源消耗主要包括水、蒸汽和电机能耗，按照重量比例与洗衣机房各种能源总耗量折算。清洗过程能耗统计数据见表1-23。

8家酒店餐后清洗过程用水量占全楼总用水量的平均比例为9.7%，大连A最高，上海H最低，二者相差6.3%；蒸汽用量占全楼蒸汽总用量的平均比例为12.3%，南京E最高，大连D最低，二者相差近5.5%；耗电比例很小，未做比较。值得注意的是，大连四家酒店该过程的用水比例远远高于其他四家酒店，说明该过程的工作存在严重问题。

#### 1.4.4.4 餐饮服务全过程空调系统、照明系统能耗

餐饮服务全过程空调系统、照明系统能耗主要包括：1）食品制作过程厨房空调、换气系统和照明系统能耗，该过程每日15h左右；2）服务过程餐厅和厨房空调、换气系统和照明系统能耗，该过程包含餐厅营业时间段和厨房清洗时间段的能耗。为了便于统计，表1-24给出了近四年8家酒店餐饮服务全过程空

**8 家酒店贮存设备能耗现状** **表 1-21**

| 内容 | 单位 | 大连 A | 大连 B | 大连 C | 大连 D | 南京 E | 上海 F | 北京 G | 上海 H |
|---|---|---|---|---|---|---|---|---|---|
| 设备总功率 | kW | 92 | 116 | 187.5 | 167.5 | 188.5 | 179.5 | 120.5 | 232.5 |
| 设备年总用电量 | $\times10^3$kWh | 464.1 | 726.9 | 1023.3 | 946.2 | 1007.1 | 1079.3 | 687.5 | 1347.9 |
| 设备年总用电量/全楼总用电量 | % | 8.32 | 8.14 | 8.6 | 9.11 | 8.16 | 8.73 | 7.65 | 6.42 |
| 设备年总用电量/餐厨总建筑面积 | $\times10^3$kWh/m$^2$ | 115.1 | 142.1 | 161.3 | 161.4 | 201.2 | 173.2 | 214.6 | 291.3 |

**制作过程中食品加热、冷却用的各种能源年能耗现状** **表 1-22**

| 内容 | 单位 | 大连 A | 大连 B | 大连 C | 大连 D | 南京 E | 上海 F | 北京 G | 上海 H |
|---|---|---|---|---|---|---|---|---|---|
| 总用热水量 | m$^3$ | 10718 | 15081 | 19302 | 16774 | 13446 | 12954 | 14707 | 12923 |
| 总用冷水量 | m$^3$ | 19906 | 33256 | 31866 | 33451 | 36169 | 35382 | 28551 | 45819 |
| 总用水量合计 | m$^3$ | 30624 | 48337 | 51168 | 50225 | 49615 | 48336 | 43258 | 58742 |
| 占全楼总用水量比例 | % | 19.4 | 18.6 | 14 | 16.8 | 13.6 | 13.1 | 18.8 | 10.9 |
| 总用燃气量 | m$^3$ | 197563 | 212782 | 303098 | 397823 | 381566 | 386591 | 199848 | 568994 |
| 占全楼总煤气量比例 | % | 100 | 100 | 100 | 100 | 100 | 100 | 100 | 100 |
| 总用蒸汽量 | t | 1123 | 2257 | 3063 | 2983 | 2578 | 2656 | 2581 | 4595 |
| 占全楼总蒸汽量比例 | % | 7.8 | 10.9 | 12.3 | 11.6 | 18.9 | 24.5 | 14.2 | 21 |
| 总用电量 | $\times10^3$kWh | 105.7 | 213.6 | 360.5 | 287.1 | 258.7 | 288.9 | 292.3 | 359.4 |
| 占全楼总电量比例 | % | 1.9 | 2.4 | 3 | 2.8 | 2.1 | 2.3 | 3.3 | 1.7 |

调系统、照明系统能耗统计数据平均值，再按时间比例分配给食品制作过程和服务过程。

#### 1.4.4.5 餐饮服务全过程各种能源能耗总计

前面详细统计了8家酒店餐饮服务系统各个过程的各种能源消耗量，将其按能源种类汇总，并计算占全楼总能耗量的比例，如表1-25所示。

这8家酒店餐饮区域建筑面积占全楼建筑面积的比例平均值只有8%左右，但是在餐饮服务全过程中直接耗电量占全楼总用电量的比例平均值为40.1%，用水比例平均值为25.1%，用蒸汽的比例平均值为47.4%，燃气是100%用于餐饮服务；餐饮年能耗占全楼能耗的平均比例为53.3%；餐饮年能耗总费用占全楼能源总费用的平均比例为41.9%、占餐饮总营业收入的平均比例为20.2%。可见，酒店餐饮服务全过程能耗比例是非常高的，通常说酒店是高能耗建筑的代表，而餐饮区域便是高能耗建筑中的高能耗区域，表1-26统计出均摊给每个就餐客人的各类能源消耗量，这个指标值反映了酒店餐饮的能耗水平。

由表1-26可知，餐饮服务全过程平均一位客人一次用水量为231.3L，用蒸汽量为26.8kg/(人次)，用电量为13.2kWh/(人次)，用燃气量为0.97 $m^3$/(人次)，后三者单位能耗合计平均值为145.4×$10^6$J/(人次)；但酒店之间差异很大，上海H酒店最小、大连A最大，二者相差近1.62倍，说明有些酒店具有很大的节能潜力。酒店整体的总能源费占总营业收入的比例通常在10%以下[8]，但餐饮年能源费用占餐饮总营业收入的比例平均值为20.2%，这说明酒店餐饮服务全过程能耗成本很高，是难以获利的主要原因。

#### 1.4.4.6 餐饮服务系统各个过程能耗比例结构

清洁生产的特点是以预防为主、重点控制源头。因此，搞清餐饮服务系统各个过程能耗比例结构，才能明确重点，从源头控制能耗。表1-27给出了8家酒店餐饮服务系统各个过程的能耗占餐饮服务全过程总能耗的比例。

**表 1-23**

## 清洗过程年能耗现状

| 内 容 | 单位 | 大连 A | 大连 B | 大连 C | 大连 D | 南京 E | 上海 F | 北京 G | 上海 H |
|---|---|---|---|---|---|---|---|---|---|
| 洗碗机总用冷水量 | $m^3$ | 3991 | 4688 | 573 | 6089 | 5077 | 5193 | 4106 | 6301 |
| 洗碗机总用热水量 | $m^3$ | 6479 | 9708 | 12921 | 12874 | 8927 | 10006 | 8628 | 11206 |
| 洗碗机年总用水量 | $m^3$ | 10470 | 14396 | 19494 | 18963 | 14004 | 15199 | 12734 | 17507 |
| 洗碗机年耗电量 | $\times10^3$kWh | 5.89 | 6.31 | 7.66 | 7.1 | 6.89 | 6.65 | 5.98 | 7.1 |
| 洗衣机年耗电量 | $\times10^3$kWh | 8.05 | 8.61 | 9.55 | 10.72 | 8.24 | 9.02 | 8.37 | 10.53 |
| 场地清洗用水量 | $m^3$ | 5020 | 6736 | 9496 | 9036 | 7720 | 7618 | 5208 | 9290 |
| 洗涤织物用水量 | $m^3$ | 4375 | 5995 | 7167 | 7450 | 6215 | 6193 | 4880 | 7003 |
| 该过程总用水量 | $m^3$ | 19865 | 27127 | 36157 | 35449 | 27939 | 25287 | 22822 | 33800 |
| 占全楼年总用水量比例 | % | 12.6 | 10.5 | 12.1 | 11.8 | 7.6 | 6.85 | 9.9 | 6.3 |
| 洗涤织物年用蒸汽量 | t | 1998 | 2576 | 2937 | 2778 | 2005 | 2019 | 2143 | 3006 |
| 占全楼年用蒸汽量比例 | % | 13.8 | 10.9 | 9.5 | 9.3 | 14.8 | 14.6 | 12.1 | 13.7 |

**表 1-24**

## 酒店餐饮服务全过程空调系统、照明系统能耗情况

| 内 容 | 单位 | 大连 A | 大连 B | 大连 C | 大连 D | 南京 E | 上海 F | 北京 G | 上海 H |
|---|---|---|---|---|---|---|---|---|---|
| 厨房空调、换气总用电量 | $\times10^3$kWh | 1022.6 | 1854.2 | 2077.4 | 2003.8 | 1896.4 | 1909.3 | 1525.8 | 1931.7 |
| 餐厅空调、换气总用电量 | $\times10^3$kWh | 652.6 | 990.3 | 1086.1 | 1010.5 | 932.7 | 955.4 | 767.9 | 921.6 |
| 餐厨照明总用电量 | $\times10^3$kWh | 587.7 | 696.5 | 887.4 | 851.9 | 751.7 | 754.1 | 578.2 | 892.6 |
| 用电总和 | $\times10^3$kWh | 2262.9 | 3541 | 4050.9 | 3866.2 | 3580.8 | 3619.8 | 2871.9 | 3745.9 |
| 占全楼年总用电量比例 | % | 40.6 | 39.7 | 34.1 | 37.2 | 29 | 29.3 | 32 | 17.9 |
| 厨房采暖用蒸汽量 | t | 1601.2 | 2018.1 | 3022.6 | 3107.4 | 576.2 | 433.9 | 1610.3 | 455.8 |
| 餐厅采暖用蒸汽量 | t | 1911.5 | 2388.7 | 4100.5 | 3790.2 | 761.8 | 510.7 | 2418.3 | 605.7 |
| 采暖用蒸汽量总和 | t | 3512.7 | 4406.8 | 7123.1 | 7897.6 | 1338 | 944.6 | 4028.6 | 1061.5 |

**酒店餐饮服务全过程年能耗情况** **表 1-25**

| 内　容 | 单位 | 大连 A | 大连 B | 大连 C | 大连 D | 南京 E | 上海 F | 北京 G | 上海 H |
|---|---|---|---|---|---|---|---|---|---|
| 年总用水量 | $m^3$ | 50489 | 75464 | 87325 | 85674 | 77554 | 73623 | 66080 | 92542 |
| 年用水量/全楼年用水量 | % | 32 | 29.1 | 23.8 | 28.6 | 21.3 | 20 | 28.7 | 17.3 |
| 年用蒸汽量 | t | 6633.7 | 9239.8 | 13123.1 | 13658.6 | 5921 | 5619.6 | 8752.6 | 8662.5 |
| 年用蒸汽量/全楼年用蒸汽量 | % | 45.8 | 44.8 | 52.7 | 52.9 | 43.6 | 51.8 | 48 | 39.6 |
| 年耗电量 | $\times10^3$ kWh | 2838.6 | 4487.9 | 5442.4 | 4327.9 | 4034.9 | 4994.7 | 3857.7 | 5460.3 |
| 年耗电量/全楼年耗电量 | % | 50.9 | 50.3 | 45.7 | 41.7 | 32.7 | 40.4 | 42.9 | 26 |
| 年耗燃气量 | $m^3$ | 197563 | 212782 | 303098 | 397823 | 381566 | 386591 | 199848 | 568994 |
| 年能耗能量 | $\times10^3$ GJ | 39.34 | 52.4 | 61.01 | 61.92 | 42.75 | 45.72 | 41.42 | 61.38 |
| 占全楼能耗的比例 | % | 65.12 | 55.71 | 55.06 | 55.76 | 47.55 | 54.45 | 50.97 | 41.77 |
| 年能源费用 | 万元 | 387.55 | 635.49 | 806.79 | 734.34 | 785.33 | 780.27 | 786.75 | 1355.75 |
| 年总营业收入 | 万元 | 2300.05 | 3989.17 | 4280.43 | 4518.79 | 3710.52 | 4105.78 | 2975.46 | 8379.89 |
| 能源费占总营业收入的比例 | % | 16.8 | 15.93 | 18.85 | 16.25 | 21.16 | 19 | 26.44 | 16.17 |

**餐饮服务全过程人均能耗** **表 1-26**

| 内　容 | 单位 | 大连 A | 大连 B | 大连 C | 大连 D | 南京 E | 上海 F | 北京 G | 上海 H |
|---|---|---|---|---|---|---|---|---|---|
| 餐饮年总用水量/就餐人数 | L/人 | 248.2 | 241.9 | 242.5 | 212.2 | 237.6 | 224.5 | 247.2 | 196.2 |
| 排序 | | 8 | 5 | 6 | 2 | 4 | 3 | 7 | 1 |
| 餐饮年用蒸汽量/就餐人数 | kg/人 | 32.6 | 29.8 | 32.5 | 33.8 | 18.1 | 17.1 | 32.7 | 18.4 |

续表

| 内容 | 单位 | 大连 A | 大连 B | 大连 C | 大连 D | 南京 E | 上海 F | 北京 G | 上海 H |
|---|---|---|---|---|---|---|---|---|---|
| 餐饮年耗电量/年就餐人数 | kWh/人 | 13.9 | 14.4 | 15.1 | 10.7 | 12.4 | 15.2 | 14.4 | 11.6 |
| 餐饮年耗煤气量/就餐人数 | $m^3$/人 | 0.97 | 0.68 | 0.84 | 0.99 | 1.16 | 1.18 | 0.75 | 1.2 |
| 年能耗总能量/年就餐人数 | MJ/人 | 193.4 | 124.9 | 189.6 | 159.9 | 151 | 134.6 | 159.4 | 119.2 |
| 排序 | | 8 | 2 | 7 | 6 | 4 | 3 | 5 | 1 |
| 全年用餐人数 | 人 | 203428 | 311851 | 360078 | 403726 | 326414 | 327943 | 267354 | 471785 |

**餐饮服务各个过程能耗比例统计** 表 1-27

| 内容 | | 大连 A | 大连 B | 大连 C | 大连 D | 南京 E | 上海 F | 北京 G | 上海 H |
|---|---|---|---|---|---|---|---|---|---|
| 准备过程 | 用水量比例(%) | 0 | 0 | 0 | 0 | 0 | 0 | 0 | 0 |
| | 用电量比例(%) | 16.35 | 16.19 | 18.8 | 21.87 | 24.96 | 21.6 | 17.82 | 24.69 |
| | 用蒸汽量比例(%) | 0 | 0 | 0 | 0 | 0 | 0 | 0 | 0 |
| 制作过程 | 用水量比例(%) | 60.65 | 64.05 | 58.59 | 58.62 | 63.97 | 65.66 | 65.46 | 63.48 |
| | 用电量比例(%) | 40.08 | 44.2 | 43.85 | 43.42 | 40.77 | 42.02 | 44.8 | 40.88 |
| | 用蒸汽量比例(%) | 43.41 | 48.27 | 50.48 | 50.75 | 54.84 | 55.66 | 52.5 | 59.17 |
| 服务过程 | 用水量比例(%) | 39.35 | 35.95 | 41.41 | 41.38 | 36.03 | 34.34 | 34.54 | 36.52 |
| | 用电量比例(%) | 43.57 | 39.61 | 37.35 | 34.71 | 34.27 | 36.38 | 37.38 | 34.43 |
| | 用蒸汽量比例(%) | 56.59 | 51.73 | 49.52 | 49.25 | 45.16 | 44.34 | 47.5 | 40.83 |

8家酒店餐饮服务系统原材料准备过程平均用电量比例为20.28%，用水量、用蒸汽量很小，可以忽略不计；制作过程平均用电量比例为44.89%，平均用水量比例为62.56%，平均用蒸汽量比例为51.89%；服务过程平均用电量比例为34.83%，平均用水量比例为37.44%，平均用蒸汽量比例为48.11%。但是酒店之间餐饮服务系统各个过程的各种能耗比例都存在5%～10%左右的差异，虽然目前还不能说最小的比例就是标准比例，但是至少可供酒店作为一个参考来实施。

### 1.4.5 餐饮垃圾含能损失分析

结合各个酒店的就餐人数，给出餐饮服务系统各个过程人均垃圾产量，详见表1-28。它反映了一定使用水平条件下的垃圾产生数量，可进行横向比较。

**酒店餐饮服务各个过程人均垃圾产生数量　　表1-28**

| 酒店名称 | 原材料准备过程(kg/人) | 食品制作过程(kg/人) | 餐中服务过程(kg/人) | 餐后清洗过程(kg/人) | 合计(kg/人) |
|---|---|---|---|---|---|
| 上海H | 0.1 | 0.38 | 0.53 | 0.04 | 1.05 |
| 北京G | 0.08 | 0.31 | 0.26 | 0.05 | 0.7 |
| 上海F | 0.12 | 0.42 | 0.56 | 0.06 | 1.16 |
| 南京E | 0.06 | 0.23 | 0.19 | 0.04 | 0.52 |
| 大连D | 0.1 | 0.33 | 0.42 | 0.05 | 0.9 |
| 大连B | 0.1 | 0.3 | 0.27 | 0.09 | 0.76 |
| 大连C | 0.14 | 0.3 | 0.25 | 0.09 | 0.78 |
| 大连A | 0.11 | 0.23 | 0.22 | 0.05 | 0.41 |
| 平均值 | 0.09 | 0.275 | 0.337 | 0.0475 | 0.749 |
| 比例数 | 12.4% | 36.7% | 44.9% | 6% | 100% |

服务过程由餐中服务过程和餐后清洗过程组成，其中餐中服务过程产生的垃圾数量所占平均比例最高，为44.9%，人均

0.337kg，主要是残剩未食用而倒掉的食品；其次是食品制作过程产生的垃圾数量所占平均比例为36.7%，人均0.275kg，主要是水果处理、用过的烹饪油和鱼、家禽等被处理下来的下脚料等；原材料准备过程产生的垃圾数量所占比例为12.4%，人均0.09kg，主要是固体垃圾；清洗过程产生的垃圾数量所占比例为6%，0.0475kg，主要是厨具附着食品和当日不食用需要扔掉的食品和油积物。

#### 1.4.5.1　原材料准备过程的垃圾含能

该过程产生的垃圾来源于入库前对食品原材料的粗加工，能源消耗主要在采购运输方面，但是这部分成本都计入供应商的成本中，所以不考虑垃圾含能损失问题。

#### 1.4.5.2　食品制作过程垃圾含能损失

食品制作过程的垃圾主要是原料经过冷冻、冷藏后取出细加工的下脚料、内脏等等。其含能损失=冷冻、冷藏的耗电量×该过程垃圾重量/所有冷冻、冷藏食品重量。经统计，8家酒店该过程垃圾重量/所有冷冻、冷藏食品重量约为19.5%，则该过程垃圾含能损失计算平均值为0.525kWh/(人次)，见表1-29。

**食品制作过程垃圾含能损失**　　　　**表1-29**

| 内　　容 | 单位 | 大连A | 大连B | 大连C | 大连D |
|---|---|---|---|---|---|
| 年耗电量 | $\times10^3$kWh | 2838.6 | 4487.9 | 5442.4 | 4327.9 |
| 用电量比例 | % | 16.35 | 16.19 | 18.8 | 21.87 |
| 垃圾含能损失 | $\times10^3$kWh | 90.5 | 141.7 | 199.5 | 184.6 |
| 人均含能损失 | kWh/(人次) | 0.44 | 0.45 | 0.55 | 0.46 |
| 内　　容 | 单位 | 南京E | 上海F | 北京G | 上海H |
| 年耗电量 | $\times10^3$kWh | 4034.9 | 4994.7 | 3857.7 | 5460.3 |
| 用电量比例 | % | 24.96 | 21.6 | 17.82 | 24.69 |
| 垃圾含能损失 | $\times10^3$kWh | 196.4 | 210.4 | 134.1 | 262.9 |
| 人均含能损失 | kWh/(人次) | 0.60 | 0.64 | 0.50 | 0.56 |

#### 1.4.5.3 酒店餐饮未食用食品垃圾含能

(1) 未食用食品成为垃圾废物重量比例

这些垃圾产生于餐中服务过程和餐后清洗过程，这 8 家酒店每天都对整个酒店的垃圾数量进行分类统计，称其重量记录，见表 1-30。

**未食用食品成为垃圾数量　　　　表 1-30**

| 名　称 | 餐饮总垃圾(kg/年) | 未食用倒掉垃圾(kg/年) | 人均未食用倒掉垃圾(kg/人) | 人均未食用倒掉/餐饮总垃圾(%) |
|---|---|---|---|---|
| 上海 H | 496100 | 220082 | 0.19 | 44.4 |
| 北京 G | 184100 | 67576 | 0.22 | 36.1 |
| 上海 F | 382300 | 176673 | 0.23 | 46.22 |
| 南京 E | 167400 | 62792 | 0.21 | 37.51 |
| 大连 D | 365590 | 153278 | 0.19 | 41.93 |
| 大连 C | 277400 | 125967 | 0.19 | 45.41 |
| 大连 B | 236940 | 72015 | 0.20 | 30.4 |
| 大连 A | 130200 | 43018 | 0.17 | 33.1 |
| 平均值 | 280004 | 115175 | 0.2 | 39.38 |

这 8 家酒店餐饮未食用食品成为垃圾废物的重量占餐饮垃圾总重量的平均比例为 39.38%，人均 0.2 kg。

(2) 未食用食品垃圾含能

据统计，就餐客人平均每人每餐的购餐重量为 1.25kg 左右，所以可认为有 0.2/1.25＝16%的未食用食品倒掉，成为垃圾。由于在餐饮服务全过程中最终的营业额都是从最后提供给客人的食品销售收入获得，能耗费用是销售收入的一部分，所以平均每位客人一餐将 231.3×0.16＝37L 的水、26.8×0.16＝4.3kg 的蒸汽、13.2×0.16＝2.1kWh/的电、0.97×0.16＝0.159 $m^3$/的燃气（后三者合计成焦耳约为 $24\times10^6$J）作为垃圾倒掉。按照年平均就餐总人数计算，年平均倒掉食品的能耗损失和水的损失，详见表 1-31。

**餐饮服务全过程未食用食品垃圾年能耗损失统计**

**表 1-31**

| 内　容 | 单位 | 大连 A | 大连 B | 大连 C | 大连 D |
|---|---|---|---|---|---|
| 年水量损失 | $m^3$ | 7526.8 | 11538.5 | 13322.9 | 14937.9 |
| 年蒸汽量损失 | t | 874 | 1340.9 | 1548.3 | 1736 |
| 年燃气量损失 | $m^3$ | 32345 | 49584 | 57252.4 | 64192.4 |
| 年燃电量损失 | $\times 10^3$kWh | 427.2 | 654.9 | 756.2 | 847.8 |
| 合计 | GJ | 4882.2 | 7484.4 | 8641.8 | 9689.4 |
| 占餐饮总能耗能量比例 | % | 12.41 | 14.28 | 14.16 | 15.65 |
| 内　容 | 单位 | 南京 E | 上海 F | 北京 G | 上海 H |
| 年水量损失 | $m^3$ | 12077.3 | 12134 | 9892.1 | 17456.1 |
| 年蒸汽量损失 | t | 1403.6 | 1410.1 | 1149.6 | 2028.7 |
| 年燃气量损失 | $m^3$ | 51900 | 52143 | 42509 | 75013.8 |
| 年燃电量损失 | $\times 10^3$kWh | 685.5 | 688.7 | 561.4 | 990.7 |
| 合计 | GJ | 7833.9 | 7870.6 | 6416.5 | 11322.8 |
| 占餐饮总能耗能量比例 | % | 18.32 | 17.21 | 15.49 | 18.45 |

这 8 家酒店客人未食用食品作为垃圾倒掉的能耗能量占餐饮总能耗能量的平均比例为 15.75%，平均每人每次就餐未食用倒掉的食品能耗费用为 4.08 元，再加上食品制作过程的电能损失，则 8 家酒店中该费用每年少则 70 多万人民币，多则 260 多万人民币。

### 1.4.6 结论

(1) 酒店垃圾分为餐饮垃圾、工程垃圾和普通生活垃圾。我国酒店餐饮垃圾平均重量比例为 34.5%左右，工程垃圾平均重量比例为 59.6%左右，普通垃圾平均重量比例为 5.9%左右。8 家酒店在原材料准备过程产生的各种食品的外包装、食品粗加工的产生物等等约占餐饮垃圾总重量的比例在 9.8%～16.9%范围内，平均比例为 12.4%；食品制作过程对各种食品、水果细加工产生的垃圾占餐饮垃圾总重量的比例在 35.9%～44.8%范围内，平均比例为 39.1%；餐中服务过程客人残剩的食品、餐桌用过的卫生用品等占餐饮垃圾总重量的比例在 33.1%～50.2%范围内，平均比例为 40.3%；餐后附着于餐具表面、厨房设备及附属地带的残留食品、油渍、不用的杂品等占餐饮垃圾总重量的比例在 4.1%～12.1%范围内，平均比例为 8.2%；8 家酒店餐饮服务各个过程产生的垃圾重量比例绝对值相差最大为 17%左右，最小为 7%左右。可见，酒店之间三种垃圾重量比例差异很大，可控制潜力很大。

（2）大型酒店餐饮服务系统从原材料采购、入库贮存、食品加工与制作直到服务过程，年能耗量占全楼能耗量的平均比例为 53.3%左右；食品制作过程的垃圾损失冷冻、冷藏用电能平均约为 0.525kWh/(人次)；未食用食品被倒掉的含能损失约 37L/(人次）的水、4.3kg/(人次）的蒸汽、2.1kWh/(人次）的电，0.159$m^3$/(人次）的燃气，占餐饮总能耗能量的 15.75%左右。需要针对酒店餐饮服务全过程制定系统性的清洁生产方案，有效控制垃圾产生数量及含能损失。

## 1.5 酒店建筑主风口风量对楼外声环境的影响[8]

笔者曾对 3 家较大规模的五星级酒店主风口侧 1 m 处进行了噪声实测，都远远超出国家规范要求。这反映出大型酒店的空调、通风换气系统对主风口侧楼外噪声的控制设计方面存在问题。为保证较高的室内空气品质，各个局部区域的空调、通风换气系统都有相应的风量要求[9～12]。为满足这个要求，需要在外墙设计开口。要求尽量少影响营业区域位置和面积，保证相应附属机房总占地面积小。所以设计人员应尽量将空调、通风换气用风道引到一侧形成主风口，一般主风口大都设在低层裙楼部分。在现有的设备水平条件下，如何控制该侧传出的噪声符合国家规范要求，在设计上还缺少主风口侧各个支风口对应约束条件的参数。该侧主要动力设备发生的噪声在 60～100dB 范围内，虽然安装了消声装置，但是继续强化隔声消音受到安装施工空间的限制。

### 1.5.1 三家酒店正常运作状态下主风口侧噪声实测

#### 1.5.1.1 测试条件和方法

三家酒店的建筑状况参见表 1-32。距主风口侧 1m、高 1.2m 处平行间隔 3m 作为一个测点；测试仪器为普通噪声测量仪，有国产系列和日本系列两种，两种测试仪事先预测比较，具有相同的精度。实测距主风口侧 1m 处交通噪声时，主风口楼内相应设备处于停机状态。其他所有测试都是在各酒店正常运作状态下进行的。

**酒店的建筑状况** **表 1-32**

| | 酒店客房面积($m^2$) | 楼群及地下面积($m^2$) | 公寓面积($m^2$) | 写字间面积($m^2$) | 总建筑面积($m^2$) |
|---|---|---|---|---|---|
| A | 35170 | 6232 | 33080 | | 120018 |
| B | 30838 | 48300 | 26800 | 19665 | 125603 |
| C | 48957 | 58467 | | | 107424 |

#### 1.5.1.2 噪声评价标准（见表 1-33）

**噪声评价标准** **表 1-33**

| 类别 | 白天(dB) | 夜间(dB) | 深夜(dB) |
|---|---|---|---|
| 1 类(居民区) | 50 | 45 | 40 |
| 2 类(商用区) | 60 | 55 | 50 |
| 特类(疗养区) | 45 | 40 | 35 |

注：本表摘自 GB 3096—93。

#### 1.5.1.3 测试结果

3 家酒店连续 3 天测试结果见图 1-20～图 1-22，3 天的曲线基本吻合。

距主风口侧 1m 处实测交通噪声结果见图 1-23。由于在半夜个别时间未测到真实状态下的数据，所以在时间坐标上是按实际发生的时间做表的，个别时间有差异。

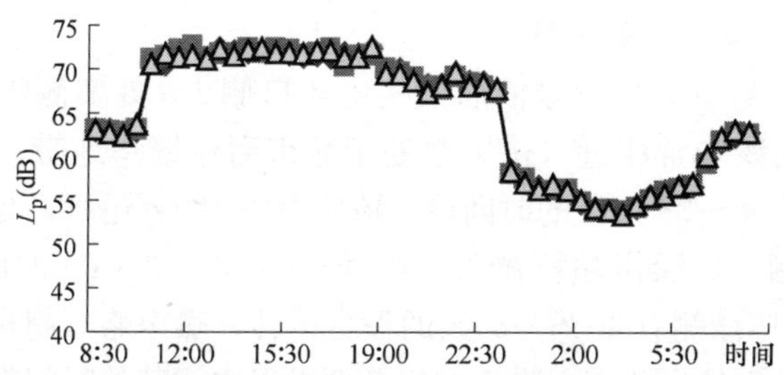


图 1-20　A 楼主风口侧距墙 1m 处噪声一日变化曲线

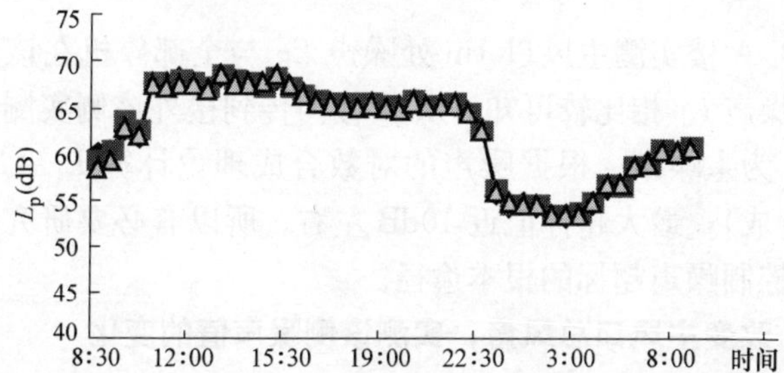


图 1-21　B 楼主风口侧距墙 1m 处噪声一日变化曲线

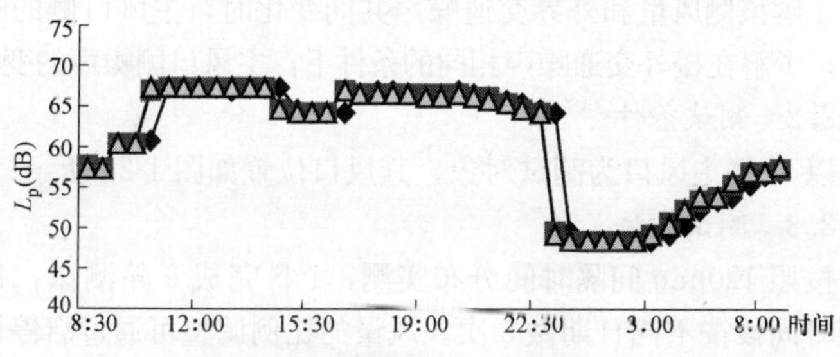


图 1-22　C 楼主风口侧距墙 1m 处噪声一日变化曲线

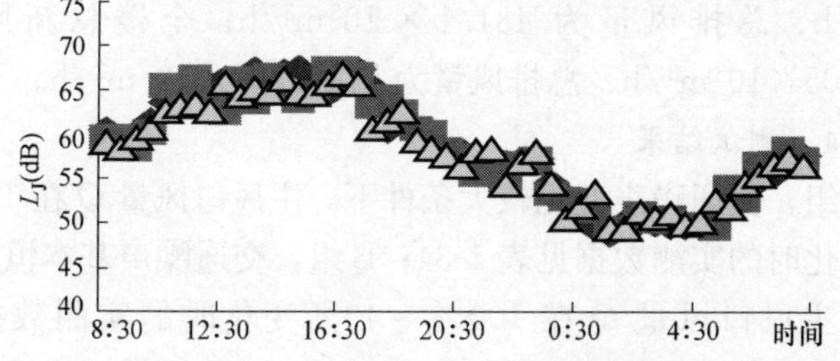


图 1-23　A 楼距主风口外墙 1m 处交通噪声随时间变化曲线

1.5.1.4 测试结果分析

(1) A，B，C 三家酒店大楼主风口侧 1m 处实测噪声随时间变化曲线非常相近（位置都处于城市商业繁华地带，规模相近）10：00～23：00 的时间段，该侧设备 100%运行，与国家规范要求相比，噪声超标严重。夜间 23：00～3：00 的时间段，A，B 酒店该侧有 40%～60%的设备运转，噪声略有超标，C 酒店几乎处于停机状态，噪声在规范要求以内。其他时间都超出规范要求。

(2) A 楼实测主风口 1m 处噪声 $L_P$ 与全部停机在该处实测的交通噪声 $L_J$ 相比较可知：从 A 楼内传到楼外该侧实测点的总噪声 $L_t$ 为主噪声。根据噪声的对数合成理论计算 $L_t = L_P - L_J$（对数合成），最大超标值近 10dB 左右。所以有必要研究超标的原因和控制噪声超标的根本途径。

### 1.5.2 改变主风口总风量，实测该侧噪声值的变化

1.5.2.1 测试目的

了解该侧风量和外界交通噪声共同变化时，主风口侧的噪声变化；了解在楼外交通噪声相同的条件下，主风口侧噪声的变化。

1.5.2.2 测试条件

以 A 楼主风口为测试对象，其风口位置如图 1-24 所示。

1.5.2.3 测试方法

按照 120min 间隔时间分布实测，1 日完成 9 轮测试，每个相同时间段按不同日期做 5 次。风量的比例调整可通过启停该主风口侧空调送、排风机来实现。该侧总新风量为 $485.25\times10^3 m^3/h$、总排风量为 $431.1\times10^3 m^3/h$；全楼总新风量为 $1100.305\times10^3 m^3/h$、总排风量为 $1110.303\times10^3 m^3/h$。

1.5.2.4 测试结果

A 组，交通噪声变化较大条件下，主风口风量 $Q$ 在 100%～60%变化时的实测数据见表 1-34；B 组，交通噪声基本恒定的条件下，主风口风量 $Q$ 在 100%～40%变化时的实测数据见表 1-35。

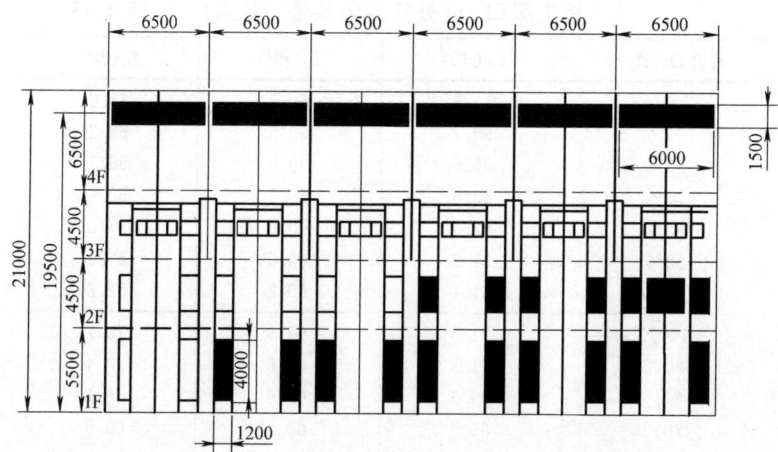


图 1-24　A 楼主风口新风、排风口设置示意图

**距主风口 1m 处实测值均值（A 组）　　表 1-34**

| 风量 $Q$(m³/h) | $L_P$(dB) | $L_J$(dB) | $L_t$(dB) |
|---|---|---|---|
| 100% | 71.7 | 60.5 | 71.4 |
| 90% | 71.5 | 61.4 | 71.1 |
| 80% | 68.8 | 61.6 | 68.0 |
| 70% | 66.7 | 64.4 | 62.9 |
| 60% | 65.4 | 64.5 | 58.5 |
| 100% | 71.6 | 63.5 | 71 |
| 90% | 72.3 | 65.5 | 71.4 |
| 80% | 70.8 | 67.5 | 68.0 |
| 70% | 67.7 | 66.3 | 62.3 |
| 60% | 67.9 | 67.4 | 58.6 |
| 100% | 71.6 | 60.6 | 71.3 |
| 90% | 70.5 | 60.0 | 70.1 |
| 80% | 66.4 | 58.1 | 65.7 |
| 70% | 61.9 | 57.6 | 60.0 |
| 60% | 60.6 | 56.5 | 58.5 |
| 100% | 70.9 | 53.3 | 70.7 |
| 90% | 69.5 | 53.3 | 69.3 |
| 80% | 66.4 | 50.5 | 66.2 |
| 70% | 62.2 | 49.9 | 61.9 |
| 60% | 58.0 | 49.6 | 57.3 |

**距主风口1m处实测值均值（B组）　　表1-35**

| 风量 $Q$(m³/h) | $L_P$(dB) | $L_J$(dB) | $L_t$(dB) |
|---|---|---|---|
| 100% | 71.5 | 60.5 | 71.2 |
| 90% | 69.7 | 60.5 | 69.2 |
| 80% | 67.5 | 60.5 | 66.7 |
| 70% | 63.6 | 60.5 | 60.6 |
| 60% | 62.3 | 60.5 | 57.5 |
| 50% | 61.2 | 60.5 | 53.1 |
| 40% | 61.1 | 60.5 | 52.8 |
| 100% | 71.5 | 63.5 | 70.7 |
| 90% | 71.3 | 63.5 | 70.4 |
| 80% | 69.5 | 63.5 | 68.1 |
| 70% | 65.3 | 63.5 | 60.5 |
| 60% | 64.6 | 63.5 | 56.8 |
| 50% | 64.2 | 63.5 | 53.2 |
| 40% | 64.1 | 63.5 | 53.1 |
| 100% | 70.7 | 53.3 | 70.5 |
| 90% | 70.6 | 53.3 | 70.4 |
| 80% | 67.7 | 53.3 | 67.5 |
| 70% | 62.5 | 53.3 | 61.9 |
| 60% | 59.4 | 53.3 | 58.5 |
| 50% | 56.3 | 53.3 | 53.2 |
| 40% | 56.1 | 53.3 | 52.6 |
| 100% | 70.7 | 53.3 | 70.5 |
| 90% | 70.6 | 53.3 | 70.4 |
| 80% | 67.7 | 53.3 | 67.5 |
| 70% | 62.5 | 53.3 | 61.9 |
| 60% | 59.4 | 53.3 | 58.5 |
| 50% | 56.3 | 53.3 | 53.2 |
| 40% | 56.1 | 53.3 | 52.6 |
| 100% | 71.8 | 67.5 | 70.0 |
| 90% | 71.5 | 67.5 | 69.7 |
| 80% | 70.9 | 67.5 | 68.1 |
| 70% | 68.4 | 67.5 | 61.5 |
| 60% | 67.9 | 67.5 | 57.5 |
| 50% | 67.6 | 67.5 | 53.4 |
| 40% | 67.6 | 67.5 | 53.2 |

续表

| 风量 $Q(m^3/h)$ | $L_P$(dB) | $L_J$(dB) | $L_t$(dB) |
|---|---|---|---|
| 100% | 70.8 | 49.9 | 70.7 |
| 90% | 70.3 | 49.9 | 70.2 |
| 80% | 65.7 | 49.9 | 65.5 |
| 70% | 61.4 | 49.9 | 60.0 |
| 60% | 58.3 | 49.9 | 57.6 |
| 50% | 54.8 | 49.9 | 53.1 |
| 40% | 54.5 | 49.9 | 52.8 |

对应表1-34的数据的曲线如图1-25所示；对应表1-35的数据曲线如图1-26所示。图1-25和图1-26的图例相同。

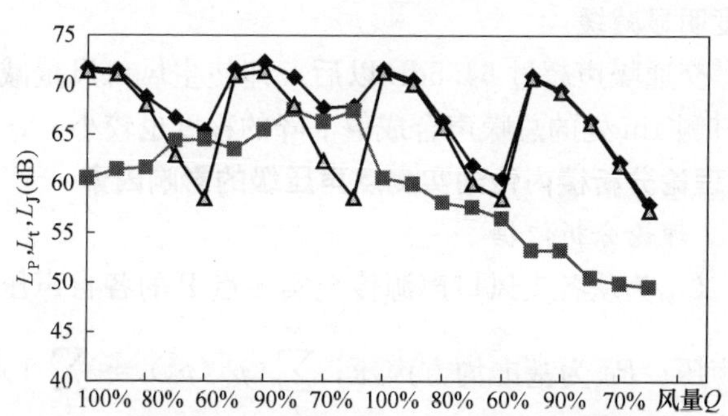


图1-25　A楼距主风口侧1m处实测噪声值变化曲线

◆—噪声合成值；■—交通噪声值；▲—楼内传出噪声计算值

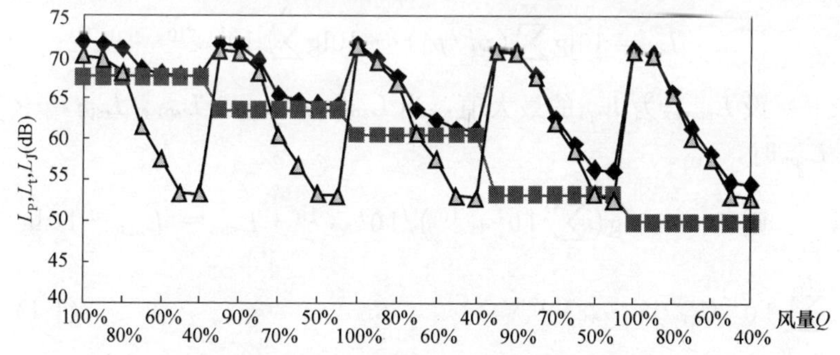


图1-26　在交通噪声大体恒定的条件下A楼距主风口1m处实测噪声及楼内传向实测点噪声计算值变化曲线

1.5.2.5 测试结果分析

（1）A楼主风口侧楼外1m处噪声合成值在交通噪声小于64.5dB的条件下，随主风口侧风量的减少而降低。特别是交通噪声呈下降趋势的时间段，随着主风口风量减少，总噪声值下降更加明显（与交通噪声呈上升趋势时间段相比），如图1-25和图1-26所示。该侧总风量降至现有量的60%左右时，楼外噪声基本满足规范要求。此时总风量约为550000m³/h（风口面积77m²），约占全楼空调用（新风+排风）总风量的25%。

（2）楼内向楼外主风口侧1m处（实测点）传出的噪声合成值随主风口的风量减少而减小，但主风口风量降到50%以后，减小程度明显减缓。

（3）交通噪声超过64.5dB以后，即使主风口风量减少，楼外主风口侧1m处的总噪声合成值下降的程度也较小。

### 1.5.3 理论分析楼内传到实测点声压级的影响因素

1.5.3.1 理论分析依据

设：$L_{spi}$为从各支风口声源传至实测点P的各自声压级；$P_i$为均方声压；$P_0$为基准均方声压；$\sum_{i}^{N}(p_i^2/p_0^2)=\sum_{i}^{N}10^{L_{spi}/10}$为总均方声压与基准声压的比值；

则P点的总声压级为：

$$L_t=10\lg\sum_{i}^{N}(p_i^2/p_0^2)=10\lg\sum_{i}^{N}10^{L_{spi}/10}$$

设$L_{spmax}$为$L_{spi}$的最大值，当$L_{spmax}=L_{spn}\geqslant L_{sp1}$，$L_{sp2}$，… $L_{spn}$时，

$$L_t=10\lg\left(\sum_{i}^{N}10^{L_{spi}/10}\right)/10^{L_{spn}/10}+L_{spn}=L_{spn}+10\lg\sum_{i}^{N}10^{-(L_{spn}/10-L_{spi}/10)} \tag{1-1}$$

当$L_{spmax}=L_{spn}=L_{spi}$时，$L_t$的最大值$L_{tmax}=L_{spn}+10\lg N$ (1-2)

$L_{spi}=L_{swi}-20\log r-8$[6]　　　（点声源，地上半自由声场）；

$L_{spi}=L_{swi}-10\log S_S+10\log\phi+3$（面声源，地上半自由声场）；

式中　$R$——支风口与实测点的距离；

$S_s$——支风口面积；

$\phi$——支风口中心与实测点夹角；

$L_{swi}$——$L_{spi}$对应主风口中支风口处的声压级，$L_{swi}=A_i+10\log Q_i$（$A_i=20\log p+PWL+T$）

式中　$p$——风压；

$PWL$ 和 $T$——设备自身特性所决定；

当设备一定时 $A_i$ 便确定；

$Q_i$——$L_{swi}$对应支风口风量。

### 1.5.3.2　理论分析结论

由式（1-1）和式（1-2）看出，$L_t$ 的大小取决于以下两个因素：

（1）风口中传到实测点的最大声压级 $L_{spmax}$（它取决于对应的支风口风量 $Q_i$、对应的设备自身特性 $A_i$ 和对应支风口的位置尺寸）；

（2）主风口侧所有支风口的数量 $N$。

### 1.5.3.3　理论分析结论与实测结果比较

使用上述公式计算了前面试验中改变主风口风量从各支风口传到实测点总的声压级 $L_t$（见表 1-36），将表 1-34 和表 1 35 中实测得到的总的合成值与交通噪声的对数差平均值列入比较。

**风量变化时 $L_t$的理论计算值与实测值比较　　表 1-36**

| 风量 $Q$(%) | 100 | 90 | 80 | 70 | 60 | 50 | 40 |
|---|---|---|---|---|---|---|---|
| $N$ | 30 | 28 | 26 | 22 | 20 | 18 | 15 |
| $L_{swmax}$(dB) | 90 | 86.5 | 82 3 | 76.7 | 75.4 | 69.7 | 68.9 |
| $L_{spmax}$(dB) | 60 | 59.3 | 56.2 | 51.9 | 50.3 | 46.9 | 46.8 |
| $10\log\Sigma10-(L_{spn}/10-L_{spi}/1)$ | 9.86 | 9.18 | 8.51 | 7.15 | 6.47 | 5.79 | 4.77 |
| $L_{tt}$(dB) | 69.8 | 68.5 | 65.3 | 59.1 | 56.8 | 52.8 | 51.6 |
| $L_{tc}$(dB) | 70.9 | 70.1 | 66.4 | 60.9 | 57.9 | 53.2 | 52.9 |

注：$L_{tt}$为理论值；$L_{tc}$为实测值；$L_{swi}$为实测值与设备说明书提供的数据基本相同；支风口位置尺寸在现场实测得到。

理论计算值与实测值相比，数值略小但变化规律相同，证明了A楼减少主风口风量时 $L_t$ 随之减小，当风量比例为60%时，噪声基本不超标的结论。虽然楼内空调系统风管上均安装了消声装置（消声弯头，消声风道及风口等），但因空间的限制，不宜过大，其潜力受到限制。在现有的设备水平和主风口位置大多设在低层裙楼的条件下，控制各支风口风量（特别是噪声的支风口风量）和支风口个数来减少主风口风量，是减小噪声的根本途径。

### 1.5.4 主风口侧支风口数量 N 的确定

由式（1-2）变换得：$N \leqslant 10^{(L_{tmax}-L_{spn})/10}$。

$L_{tmax}$ 应符合国家规范要求，显然 $L_{spn}=L_{spmax}$ 不可大于 $L_{tmax}$。

商住区的场合 $l_{tmax} \leqslant 60$dB，所以有：

$$N \leqslant 10^{(60-L_{spn})/10} \tag{1-3}$$

不同 $L_{spn}$ 对应 N 的取值　　表 1-37

| $L_{spn}$ | 60 | 58 | 56 | 54 | 52 | 50 | 48 | 46 | 44 | 42 | 40 |
|---|---|---|---|---|---|---|---|---|---|---|---|
| N | 1 | 2 | 3 | 4 | 6 | 10 | 16 | 25 | 40 | 63 | 100 |

可见，支风口数量 $N$ 的确定受支风口声源传至实测点 $P$ 的最大声压级 $L_{spn}=L_{spmax}$ 的影响。但是目前实际设计时，并没有按照式（1-3）的要求去做。例如A楼主风口侧共30个支风口，当对应21个支风口的设备运行时，实测点噪声达60.9dB，已超标。所以要求从这21个支风口处传到实测点的声压级最大值 $L_{spn} \leqslant 47$dB。A楼在现有的设备条件下，主风口侧支风口数量过多，风量过大是主风口侧噪声超标的根本原因。

### 1.5.5 支风口声压级最大值约束

大型酒店的主营业时间较长，A、B、C三家酒店在10：00～23：00期间的主风口风量约为100%。白天将超出规范要求10dB左右，夜间将超出规范要求15dB左右，所以 $L_{spmax} \leqslant 50$dB 是不超标的必要条件。则有：

$L_{\text{swmax}} \leqslant 58 + 20\log r$　　　　点声源的场合；

$L_{\text{swmax}} \leqslant 47 + 10\log S_S - 10\log\phi$　　面声源的场合。

由 A 楼实测点对应的支风口位置尺寸 $S_S = 4 \times 1.3\text{m}^2$，$\phi = 0.175$，$r = 19.5$，计算得到，

面声源支风口处 $L_{\text{swmax}} \leqslant 61.76\text{dB}$；

点声源支风口处 $L_{\text{swmax}} \leqslant 83.8\text{dB}$。

由表 1-36 可知，实测的 $L_{\text{swmax}}$ 值中多数大于理论最大值（点声源最大超出 10dB，面声源最大超出 14.94dB）。A 楼主风口侧在现有的支风口位置尺寸和对应设备条件下，有些支风口风量偏大、支风口数量偏多，由此造成的主风口风量过大，使噪声超标。因此，大型酒店楼外噪声控制设计时，一定要考虑 20：00～23：00 这段时间内该侧设备的实际运行率和支风口处声压级最大值的约束条件。

### 1.5.6　噪声约束条件下主风口总风量最大值

由式（1-3）可知，主风口的最大风量 $Q_{\text{zfkmax}} \leqslant N \times Q_i$　　(1-4)

$\log Q_i \leqslant 5.8 + 2\log r - 2\log p + (PWL + T)/10$　　（点声源）

$\log Q_i \leqslant 4.7 + \log S_S - \log\phi - 2\log p + (PWL + T)/10$　（面声源）

### 1.5.7　结论

（1）实测主风口设在裙楼三家大型酒店，楼内传至主风口侧标准实测点 1 m 处的噪声值均超标，超标值可达 10～15dB。

（2）支风口传到实测点最大声压级和支风口数量 $N$（或支风口风量 $Q$）和支风口的位置尺寸是影响噪声超标的 3 个主要因素。

（3）单纯从控制噪声的角度来看，按目前的设备水平和设计方法，主风口总风量要小于 $550000\text{m}^3/\text{h}$，支风口数量 $N$ 不超过 21 个。

## 1.6　酒店建筑主风口排风对新风吸入口空气品质的影响[13、14]

讨论该问题的主要目的是要搞清室内排风混入新风吸入口的影响因素及变化规律；在保证新风吸入口空气品质的条件下所允

许的主风口最大通风换气量。

依据现行的设计标准，大型综合性酒店全楼整体空调、通风换气所需新风量（按平均建筑面积计算）至少在 $10m^3/(m^2 \cdot h)$ 以上[15~18]。同理，排风量平均也在 $10m^3/(m^2 \cdot h)$ 以上。一栋建筑面积达 10 万 $m^2$ 的大楼，该部分的总新风量在 100 万 $m^3/h$ 以上，总排风量也在 100 万 $m^3/h$ 以上。如何开口引入、排出如此大的风量，是设计人员感到非常困难的事情。由于设计条件的限制，难以将部分排风口和新风吸入口彻底分开，只好设计在同一侧。我们曾对三家大型综合性酒店建筑物主营业时间段，楼外主风口侧新风吸入口环境指标进行实测，发现个别环境指标超标，室内部分排风混入新风吸入口的现象比较严重。这说明传统的空调、通风换气系统单纯使用新风稀释楼内污染物浓度的物理处理方法，存在着改善室内空气品质的同时，在一定程度上也破坏了楼外环境，恶化了该侧新风吸入口部位空气品质的矛盾。本章针对大型酒店建筑物楼外主风口侧排风的环境状态，定量分析了主风口排风是如何影响该侧新风吸入口空气品质的问题。笔者认为主风口侧排风量的确定缺少科学的理论依据，设计上的错误导致室内排风混入新风吸入口的现象严重。

### 1.6.1　主风口侧排风口和新风引入口部位空气品质的实测调查

#### 1.6.1.1　测试方法

为分析主风口侧排风口和新风引入口部位的空气品质，选择了 A、B、C 三家酒店大楼为实测调查对象进行对比。在距风口 100mm 的断面上，以 1000mm×1000mm 作为一个测量单位进行 5 点均匀采样，采样频率以 2h 作为周期分布。

测试仪器：CO 测试仪型号为美国 TSI model 8330-m-GB 和 8762-m-NA 一套；

$CO_2$ 测试仪型号为美国 TSI Q-Trak；吸入尘 $PM_{10}$、菌落数、甲醛、$NO_2$ 和 $SO_2$ 测试仪用日本 JIS 系列。

三家酒店大楼的空调、通风换气系统概况如表 1-38 所示。

**三家大楼主风口空调、通风换气量　　表 1-38**

| 大楼 | 建筑面积($m^2$) | 主风口面积($m^2$) | 空调换气用设计总风量 | | 主风口设计总风量 | |
|---|---|---|---|---|---|---|
| | | | 新风量($m^3$/h) | 排风量($m^3$/h) | 新风量($m^3$/h) | 排风量($m^3$/h) |
| A | 120018 | 123 | 1100305 | 1110303 | 485250 | 431100 |
| B | 107424 | 108 | 988610 | 1027700 | 481100 | 472970 |
| C | 125603 | 131 | 1300250 | 1365200 | 511420 | 566300 |

1.6.1.2　测试结果

三家酒店大楼主营业时间段主风口侧排风口部位的空气品质（5 日的平均值）如表 1-39 所示。

**三家大楼主营业时间段，主风口侧排风口部位空气品质　表 1-39**

| 排风口位置 | $CO_2$ (ppm) | CO (ppm) | $PM_{10}$ ($\mu g/m^3$) | $\phi$9cm 皿菌数 (cfu/皿·h) | 甲醛 (ppb) | $NO_2$ (ppb) | $SO_2$ (ppb) |
|---|---|---|---|---|---|---|---|
| 厨房 | 1190 | 6.3 | 未测 | 未测 | 19.6 | 24.8 | 7.7 |
| 其他 | 895 | 2.7 | 78 | 325 | 47.2 | 16.8 | 6.1 |
| 均值 | 1042.5 | 4.5 | 78 | 325 | 33.4 | 20.8 | 6.9 |

按照我国的室内空气品质标准上限建议值，其中 $CO_2$ 为 1000ppm；CO 为 10ppm；$NO_2$ 为 50ppb；$SO_2$ 为 25ppb；甲醛 100ppb；菌落数为 30cfu/($\phi$9cm. 5min)；吸入尘（$PM_{10}$）为 150$\mu g/m^3$。要求主风口侧新风吸入口部位的品质指标值必须小于上述标准值才能起到稀释作用。表 1-39 的数据表明，三家酒店大楼的主排风口部位除菌落数和吸入尘小于标准值之外，其他指标均远远超过标准值。如果混入的排风达到一定的比例，引入新风的稀释作用将大大降低，所以对此问题需要用试验作出定量分析。

三家酒店大楼主风口侧新风吸入口与远离主风口处空气品质实测值比较（5 日平均值）如表 1-40 所示。

**三家酒店大楼主风口侧新风吸入口与远离主风口处空气品质实测值比较　　表 1-40**

| 时　间 | 位置 | $CO_2$ 浓度 (ppm) | CO 浓度 (ppm) | $PM_{10}$ 浓度 ($\mu g/m^3$) | $\phi$9cm 皿菌落数 [cfu/(皿·h)] | 甲醛 (ppb) | $NO_2$ (ppb) | $SO_2$ (ppb) | 不新鲜味 | 烹调味 |
|---|---|---|---|---|---|---|---|---|---|---|
| 8：00 | A 楼 | 345 | 1.78 | 91 | 954 | 14.2 | 6.6 | 3.2 | 有 | 无 |
|  | B 楼 | 352 | 1.78 | 90 | 956 | 14.4 | 6.4 | 3.1 | 有 | 无 |
|  | C 楼 | 351 | 1.79 | 92 | 947 | 14.4 | 7.1 | 3.4 | 有 | 无 |
|  | 远离风口 | 323 | 1.72 | 95 | 957 | 14.2 | 5.6 | 3.1 | 无 | 无 |
| 10：00 | A 楼 | 404 | 2.17 | 97 | 923 | 16.3 | 8.5 | 3.9 | 有 | 略有 |
|  | B 楼 | 407 | 2.05 | 97 | 919 | 16.6 | 8.3 | 3.7 | 无 | 无 |
|  | C 楼 | 396 | 1.94 | 99 | 939 | 17.1 | 8.2 | 3.6 | 有 | 有 |
|  | 远离风口 | 346 | 1.81 | 113 | 1016 | 14.3 | 5.9 | 3.3 | 无 | 无 |
| 12：00 | A | 416 | 2.38 | 97 | 930 | 17.4 | 8.7 | 4.1 | 有 | 明显有 |
|  | B | 422 | 2.24 | 99 | 938 | 17.2 | 8.6 | 4.1 | 无 | 无 |
|  | C | 454 | 2.16 | 93 | 923 | 17.7 | 8.4 | 3.9 | 明显有 | 明显有 |
|  | 远离风口 | 359 | 1.87 | 119 | 1027 | 14.6 | 6.1 | 3.6 | 无 | 无 |
| 14：00 | A 楼 | 482 | 2.49 | 96 | 928 | 17.7 | 8.7 | 4.3 | 明显有 | 明显有 |
|  | B 楼 | 479 | 2.36 | 98 | 918 | 17.6 | 8.7 | 4.3 | 无 | 无 |
|  | C 楼 | 489 | 2.29 | 95 | 913 | 17.1 | 8.6 | 4.1 | 略有 |  |
|  | 远离风口 | 375 | 1.95 | 122 | 1031 | 14.9 | 6.7 | 3.5 | 无 | 无 |

续表

| 时　间 | 位置 | $CO_2$ 浓度 (ppm) | CO 浓度 (ppm) | $PM_{10}$ 浓度 ($\mu g/m^3$) | $\phi$9cm 皿菌落数 [cfu/(皿·h)] | 甲醛 (ppb) | $NO_2$ (ppb) | $SO_2$ (ppb) | 不新鲜味 | 烹调味 |
|---|---|---|---|---|---|---|---|---|---|---|
| 16:00 | A楼 | 497 | 2.46 | 98 | 935 | 17.6 | 9.1 | 4.3 | 明显有 | 明显有 |
| | B楼 | 488 | 2.35 | 97 | 927 | 18.4 | 8.7 | 4.1 | 无 | 无 |
| | C楼 | 496 | 2.30 | 94 | 929 | 18.1 | 8.8 | 4.1 | 有 | 明显有 |
| | 远离风口 | 384 | 1.96 | 118 | 1114 | 14.8 | 6.4 | 3.5 | 无 | 无 |
| 18:00 | A楼 | 487 | 2.25 | 91 | 927 | 17.5 | 8.7 | 3.9 | 明显有 | 明显有 |
| | B楼 | 474 | 2.23 | 92 | 923 | 18.2 | 8.4 | 3.9 | 无 | 无 |
| | C楼 | 455 | 2.26 | 90 | 918 | 18.1 | 8.9 | 3.8 | 有 | 明显有 |
| | 远离风口 | 372 | 1.85 | 105 | 1105 | 14.8 | 5.9 | 3.4 | 无 | 无 |
| 20:00 | A楼 | 466 | 1.92 | 91 | 974 | 17.3 | 8.2 | 3.7 | 有 | 有 |
| | B楼 | 459 | 2.04 | 91 | 968 | 17.1 | 8.1 | 3.7 | 无 | 无 |
| | C楼 | 454 | 1.98 | 88 | 983 | 17.1 | 8.3 | 3.8 | 有 | 有 |
| | 远离风口 | 368 | 1.85 | 94 | 965 | 13.7 | 5.2 | 3.3 | 无 | 无 |
| 22:00 | A楼 | 375 | 1.78 | 82 | 949 | 13.7 | 5.9 | 3.3 | 略有 | 无 |
| | B楼 | 378 | 1.74 | 88 | 953 | 13.6 | 5.6 | 3.2 | 无 | 无 |
| | C楼 | 388 | 1.74 | 80 | 944 | 13.7 | 5.8 | 3.3 | 无 | 无 |
| | 远离风口 | 353 | 1.63 | 83 | 959 | 13.4 | 4.8 | 3.1 | 无 | 无 |

主风口侧新风口与远离主风口处的 $CO_2$、CO、甲醛、$NO_2$ 和 $SO_2$ 等 5 项指标随时间的变化曲线如图 1-27 所示。

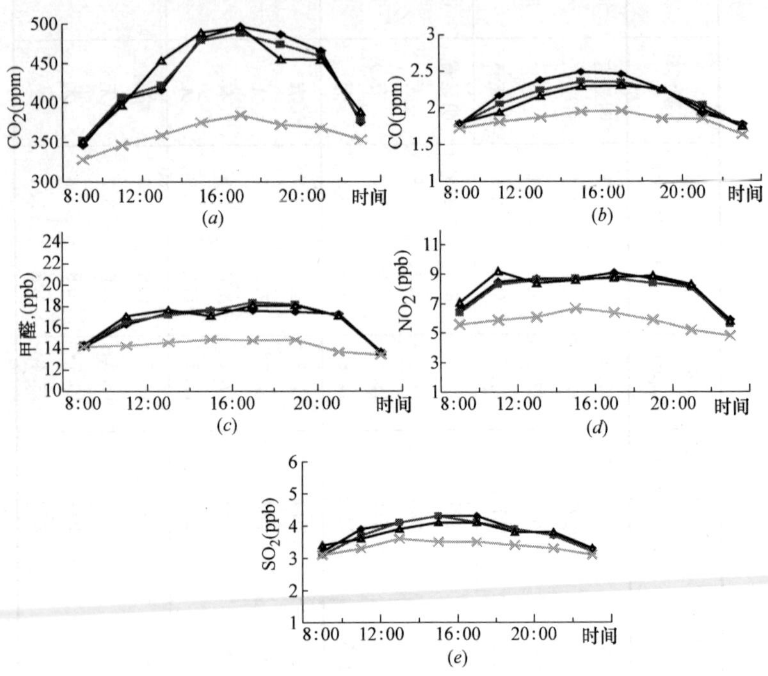


图 1-27 主风口侧新风口与远离主风口处五项指标随时间的变化曲线

(a) $CO_2$ 浓度随时间变化；(b) CO 浓度随时间变化；(c) 甲醛浓度随时间变化；(d) $NO_2$浓度随时间变化；(e) $SO_2$浓度随时间变化

◆—A 楼主风口侧新风口；■—B 楼主风口侧新风口

▲—C 楼主风口侧新风口；×—远离主风口

从表 1-40 的数据可以看出：

(1) 在主营业时间段，10：00～20：00 时间段内，新风吸入口部位 $CO_2$、CO、甲醛、$NO_2$ 和 $SO_2$ 等 5 项指标，均比远离主风口部位的实测值大（见图 3.1）；14：00～16：00 时间段的差值最大，而且新风吸入口部位异味明显。排风的五项指标实测值比新风吸入口和远离主风口处的实测值都大许多，说明有部分排风混进了新风吸入口。

(2) 8：00 和 22：00，新风吸入口和远离主风口部位的各项指标实测值相差很小，这是因为不在主营业时间段以内，该侧风机多数停机。

(3) 排风口部位 $PM_{10}$ 和 $\phi$9cm 皿菌落数两项指标，新风吸入口比远离主风口处的实测值小，说明经空调系统过滤吸附后 $PM_{10}$ 和 $\phi$9cm 皿菌落数明显减少，即使混入也无影响。

1.6.1.3　依据测试数据计算排风中污染物的混入比例

设：某污染物混入所占比例为 $y_i$(%)，

则：$C_{xi}=C_{0i}(1-y_i\%)+C_{pi}y_i\%$

式中　$C_{xi}$——主风口侧新风吸入口部位某污染物浓度；

$C_{pi}$——主风口侧排风口部位某污染物浓度；

$C_{0i}$——远离主风口某污染物浓度。

则：$y_i=(C_{xi}-C_{0i})/(C_{pi}-C_{0i})$

**三家酒店大楼污染物最大混入比例平均值**

**表 1-41**

| 指标 | $CO_2$ | CO | 甲醛 | $NO_2$ | $SO_2$ | 平均比例(%) |
|---|---|---|---|---|---|---|
| $i$ | 1 | 2 | 3 | 4 | 5 | |
| $C_{xi}-C_{0i}$ | 110 | 0.42 | 3.23 | 2.46 | 0.66 | |
| $C_{pi}-C_{0i}$ | 658 | 2.58 | 18.6 | 14.1 | 3.4 | |
| $y_i$% | 16.7 | 16.3 | 17.4 | 17.4 | 19.7 | 17.5 |

表 1-41 中的数据是以三家酒店大楼 16：00 左右的实测值计算出的平均值，这五项污染物所占比例的平均值为 17.5%，反映了该时间段排风混入的程度。

## 1.6.2　理论分析排风中污染物向新风口扩散的影响因素

1.6.2.1　理论分析的依据

将排风口当作酒店主营业时间段内连续、稳定的污染物的排放点源。排风口和新风口同在一侧时，它们之间存在正负压差，会使该区域的速度场分布不均匀，形成湍流。

由空间连续点源高斯模式[19]，扩散到新风口某污染物浓度为：

$$C_{pxi}=q[\exp-(y^2/2\sigma_y^2+z^2/2\sigma_z^2)]/2\pi\bar{u}\sigma_y\sigma_z \quad (g/m^3)$$

式中 $q$——某污染物源强，g/s，$q=QC_{pi}$；

$Q$——主风口侧排风口总排风量，$m^3/s$；

$C_{pi}$——主风口侧排风口部位某污染物浓度，$g/m^3$；

$\bar{u}$——平均风速，m/s；

$\sigma_y$ 和 $\sigma_z$——分别为污染物在 $y$、$z$ 方向分布的标准差，可查 Sutton 的扩散参数值[4]来计算 $\sigma_y$ 和 $\sigma_z$。

令排风口中心为三维坐标的原点，排风向同侧新风吸入口扩散方向为 $x$ 轴，平行于风口面、垂直 $x$ 轴朝下方向为 $y$ 轴，垂直于风口面、朝楼外方向为 $z$ 轴。

主风口侧新风吸入口部位某污染物的总质量浓度为：

$$C_{xi}=C_{0i}+C_{pxi} \quad (g/m^3)$$

令， $K=[\exp-(y^2/2\sigma_y^2+z^2/2\sigma_z^2)]/2\pi\bar{u}\sigma_y\sigma_z$

则：$C_{xi}=C_{0i}+QC_{pi}K$ (1-5)

式中 $C_0$——无排风扩散影响时，新风口部位某污染物质量浓度，($g/m^3$)，它等于远离主风口处某污染物质量浓度)。

$K$ 值的大小取决于平均风速$\bar{u}$（受气象因素的影响）及排风口与新风口的相对位置。

可见，影响排风污染物向新风口扩散量的主要因素是排风量 Q、排风中污染物浓度 $C_{pi}$、排风口与新风口的相对位置和气象因素。

1.6.2.2 理论分析的结论

设计主风口时，在无法将新风吸入口和排风口彻底分开的条件下，应尽量减少该侧的排风量 Q 和排风中污染物浓度 $C_{pi}$。在空调、通风换气系统中加装各类污染物控制装置会比单纯用新风稀释法节省新风使用量，相应地可减少排风量及排风中污染物浓度。这就要求科研人员去详细调查大型建筑物中各个区域存在的污染物现状，研究解决的方法和途径。在假设排风中污染物浓度

和系数 $K$ 一定的条件下，由式（1-5）可看出，排风量 Q 减少，污染物扩散量成线性比例减少。在正常气象条件下，$K$ 值已定的大楼主风口排风量的变化对同侧新风口部位的空气品质影响程度问题需要试验分析。

### 1.6.3 改变主风口排风量，实测该侧新风口部位空气品质的变化

#### 1.6.3.1 测试条件和测试方法

测试条件：以 A 楼为测试对象，按新风量和排风量基本上等比例启动或停止主风口侧对应的空调、通风换气用送风机（AC 机）和排风机来完成的，实际的风量比例并非整数，但大体接近表 1-42 给出的数值。A 楼主风口中新风口 13 个、排风口 17 个，主风口新风量/全楼空调用总新风量＝44.1％，主风口排风量/全楼空调用总排风量＝38.82％。

测试方法：在各种风量比例条件下的测试数据为每天 14：00～17：00 时间段内 10 次实测的平均值。

#### 1.6.3.2 测试结果

以 A 楼为测试对象，主风口排风量变化时新风口部位污染物浓度实测值如表 1-42 所示。

**A 楼主风口排风量变化时新风口部位污染物浓度实测值**

**表 1-42**

| 风量比例（%） | 位置 | $CO_2$（ppm） | CO（ppm） | 甲醛（ppb） | $NO_2$（ppb） | $SO_2$（ppb） | PM10（μg/m³） | φ9cm 皿菌数［cfu/（皿·h）］ | 不新鲜味 | 烹调味 |
|---|---|---|---|---|---|---|---|---|---|---|
| 100 | 新风口 | 491 | 2.49 | 18.7 | 9.4 | 4.7 | 96 | 918 | 明显有 | 明显有 |
| | 远离主风口 | 386 | 1.95 | 14.9 | 6.7 | 3.9 | 102 | 1023 | 无 | 无 |
| 90 | 新风口 | 478 | 2.47 | 18.5 | 9.1 | 4.7 | 97 | 925 | 明显有 | 明显有 |
| | 远离主风口 | 381 | 1.93 | 14.9 | 6.7 | 4.0 | 104 | 1033 | 无 | 无 |
| 80 | 新风口 | 462 | 2.29 | 17.1 | 8.6 | 4.6 | 96 | 927 | 明显有 | 明显有 |
| | 远离主风口 | 386 | 1.94 | 14.8 | 6.8 | 4.0 | 102 | 1031 | 无 | 无 |

续表

| 风量比例（%） | 位置 | $CO_2$（ppm） | CO（ppm） | 甲醛（ppb） | $NO_2$（ppb） | $SO_2$（ppb） | PM10（$\mu g/m^3$） | $\phi$9cm皿菌数[cfu/（皿·h）] | 不新鲜味 | 烹调味 |
|---|---|---|---|---|---|---|---|---|---|---|
| 70 | 新风口 | 456 | 2.13 | 16.3 | 7.9 | 4.4 | 99 | 995 | 略有 | 略有 |
| | 远离主风口 | 385 | 1.94 | 14.9 | 6.8 | 4.0 | 101 | 1030 | 无 | 无 |
| 60 | 新风口 | 429 | 2.08 | 16.0 | 7.6 | 4.2 | 100 | 1031 | 无 | 无 |
| | 远离主风口 | 386 | 1.92 | 14.9 | 6.7 | 4.0 | 101 | 1038 | 无 | 无 |
| 50 | 新风口 | 408 | 1.97 | 15.2 | 7.1 | 4.1 | 99 | 1036 | 无 | 无 |
| | 远离主风口 | 386 | 1.91 | 14.7 | 6.7 | 3.9 | 100 | 1038 | 无 | 无 |
| 40 | 新风口 | 401 | 1.96 | 15.1 | 6.9 | 4.1 | 99 | 1036 | 无 | 无 |
| | 远离主风口 | 385 | 1.91 | 14.8 | 6.7 | 3.9 | 101 | 1038 | 无 | 无 |

#### 1.6.3.3 测试结果分析

由表 1-36 和图 1-28 可以看出，随着主风口排风量的减少，新风吸入口部位空气的 $CO_2$、CO、甲醛、$NO_2$ 和 $SO_2$ 五项指标比远离主风口处的实测值明显减小；当风量比例为 60%时，人的嗅觉基本闻不到异常味道。

### 1.6.4 改变主风口排风量，实测室内污染物浓度变化

#### 1.6.4.1 测试方法

笔者在做上述试验的同时，实测了从该新风吸入口引入新风的 4 个商用多功能厅室内污染物浓度。这 4 个商用多功能厅在标准设计条件下可供 60 人使用，测试时各个功能厅仅有不到半数人使用了 35min。测试位置是风机盘管的两个回风口处（属顶棚内回风），两个回风口尺寸相同（1800mm×600mm）。在每个回风口长方向均匀测 3 个位置，取其均值。

#### 1.6.4.2 测试结果

A 楼多功能厅污染物浓度实测平均值如表 1-43 所示。当排风量变化到 60%时，室内已闻不到异味；除 $CO_2$ 浓度略大于 1000ppm 以外，其他都满足了规范要求。此时排风的混入量对

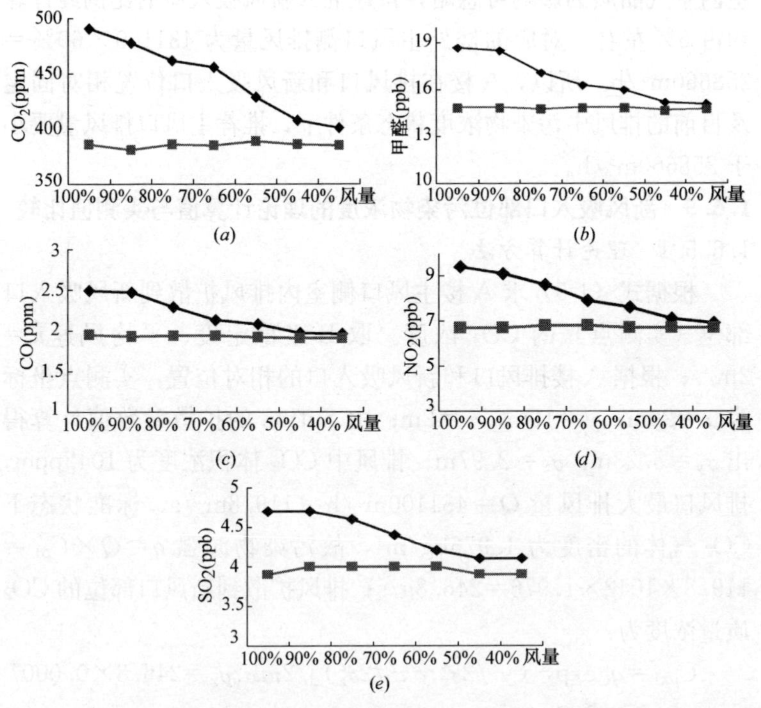


图 1-28 A 楼主风口排风量变化时与远离主风口处五项空气指标随时间的变化曲线

(*a*) CO2 浓度随风量变化；(*b*) 甲醛浓度随风量变化；(*c*) CO 浓度随风量变化；(*d*) $NO_2$浓度随风量变化；(*e*) $SO_2$浓度随风量变化

◆—A 楼主风口侧新风口；■—远离主风口

**A 楼室内污染物浓度实测值　　　表 1-43**

| 风量比例(%) | $CO_2$(ppm) | CO(ppm) | 甲醛(ppb) | $NO_2$(ppb) | $SO_2$(ppb) | 异味 |
|---|---|---|---|---|---|---|
| 100 | 1130 | 3.58 | 48.8 | 23.3 | 7.1 | 有 |
| 90 | 1115 | 3.36 | 47.2 | 21.7 | 6.4 | 有 |
| 80 | 1088 | 3.17 | 45.3 | 20.5 | 5.8 | 有 |
| 70 | 1057 | 2.98 | 42.9 | 19.3 | 5.2 | 略有 |
| 60 | 1010 | 2.77 | 38.2 | 17.6 | 4.3 | 无 |

室内空气品质的影响可忽略，排风混入新风吸入口的比例经计算约占6%左右。对应的楼外主风口侧排风量为431100×60%=258660m³/h。所以，A楼在排风口和新风吸入口位置相对固定及目前的排风中污染物浓度状态条件下，推荐主风口排风量要小于258660m³/h。

### 1.6.5 新风吸入口部位污染物浓度的理论计算值与实测值比较

#### 1.6.5.1 理论计算方法

根据式（1-5）求A楼主风口侧室内排风扩散到新风吸入口部位（实测点）的$CO_2$浓度。取B级稳定度、平均风速$\bar{u}=2m/s$；根据A楼排风口和新风吸入口的相对位置，实测点坐标为$x=20m$，$y=10m$，$z=2m$；由Sutton的扩散参数值计算得出$\sigma_y=5.23m$，$\sigma_z=2.97m$；排风中$CO_2$体积浓度为1042ppm，排风口最大排风量$Q=431100m^3/h=119.8m^3/s$，标准状态下$CO_2$气体的密度为1.976kg/m³，故污染物源强$q=Q\times C_{p1}=119.8\times1042\times1.976=246.8g/s$；排风扩散到新风口部位的$CO_2$质量浓度为：

$$C_{px1}=q[\exp-(y^2/2\sigma_y^2+z^2/2\sigma_z^2)]/2\pi\bar{u}\sigma_y\sigma_z=246.8\times0.0007=0.173g/m^3;$$

无排风扩散影响时，新风吸入口处$CO_2$质量浓度为：

$$C_{x1}=C_{01}=386\times1.976=0.763g/m^3;$$

当排风量为100%时，新风吸入口处总的$CO_2$质量浓度为：

$C_{x1}=C_{01}+C_{px1}=0.936g/m^3$，转化为体积浓度为474ppm。

#### 1.6.5.2 理论计算结果与实测值比较

同理，排风量成比例减小变化时，$CO_2$浓度计算数值列入表1-44，并以图1-29表示。

**$CO_2$浓度的理论计算值和实测值　　表1-44**

| 风量变化(%) | 100 | 90 | 80 | 70 | 60 | 50 | 40 |
|---|---|---|---|---|---|---|---|
| 实测值(ppm) | 491 | 478 | 462 | 456 | 429 | 408 | 401 |
| 计算值(ppm) | 474 | 459 | 456 | 446 | 441 | 430 | 420 |

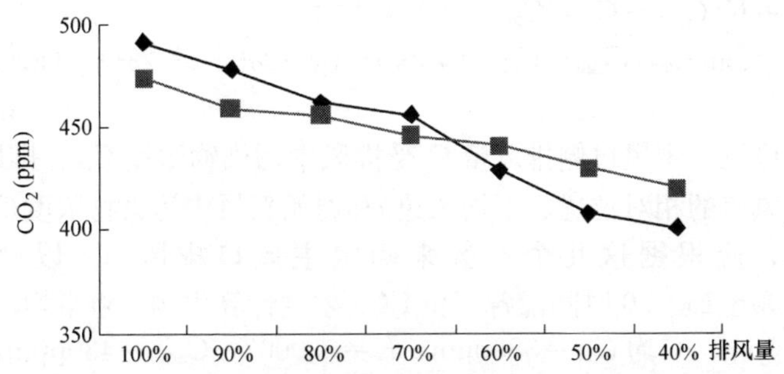


图 1-29　A 楼主风口侧排风量变化时，新风吸入口处 $CO_2$ 浓度变化理论曲线和实测曲线比较

◆—实测值；■—理论计算值

由于气象因素的影响，$CO_2$ 浓度实测值与理论计算值略有差异，但变化规律基本相同。经比较，其他 4 项指标也有同样的变化规律（因篇幅所限不全部列出）。所以式（1-5）可作为主风口排风向同侧新风吸入口部位扩散时，污染物浓度近似性理论计算公式。

### 1.6.6　大型酒店建筑物主风口侧排风量的确定方法

#### 1.6.6.1　确定新风吸入口部位某污染物浓度的上限值

由于空调、通风换气系统是使用室外新风稀释室内污染物浓度的，所以新风吸入口部位污染物浓度越高，其稀释能力越低。在试验中发现，$CO_2$ 浓度、异味是影响室内空气品质最突出的指标，其他指标在室内并未超标。特别指出：在目前空调、通风换气系统的处理能力下，为保证室内 $CO_2$ 体积浓度小于 1000ppm，新风吸入口部位 $CO_2$ 体积浓度要小于 430ppm（这是排风量在 60％时的试验实测值，见表 1-44）。

#### 1.6.6.2　确定最大允许混入量

$$最大允许混入量=C_{xmi}-C_{0i}\quad (g/m^3)$$

式中　$C_{xmi}$——新风吸入口部位允许的某污染物最大浓度。

#### 1.6.6.3　主风口排风量最大值 $Q_{max}$ 的确定。

由式（1-5）得出：

$$Q_{max}=K(C_{xmi}-C_{0i})/C_{pi} \quad (m^3/s)$$
$$=2\pi\bar{u}\sigma_y\sigma_z(C_{xmi}-C_{0i})/C_{pi}\exp-(y^2/2\sigma_y^2+z^2/2\sigma_z^2) \quad (m^3/s) \tag{1-6}$$

可见，主风口侧排风量 Q 受排风中污染物浓度 $C_{pi}$、排风口和新风口的相对位置、平均风速$\bar{u}$和原始新风中污染物浓度$C_{0i}$的影响，应根据这几个参数来确定主风口排风量。以 A 楼 14：00～16：00 时间段各部位 $CO_2$ 浓度计算为例，将平均$C_{p1}$=1042ppm，平均 $C_{01}$=380ppm，$K$=0.0007，$C_{xm1}$=430ppm，代入式（1-6）得：

$$Q_{max}=68.68m^3/s=247253m^3/h$$

这个结果与 A 楼 60%的排风量是接近的。

### 1.6.7 结论

（1）实测发现，有些大型酒店建筑物主风口侧排风混入同侧新风吸入口部位，在主营业时间段混入比例高达 17.5%，导致室内个别污染物浓度超标、出现异味。说明传统的设计方法在这方面存在问题。

（2）影响排风污染物向新风吸入口扩散浓度的主要因素是排风量、排风中污染物浓度、排风口与新风口的相对位置和气象因素。

（3）主风口最大排风量的确定应保证同侧新风吸入口处的空气中污染物浓度不超过上限值要求，可采用式（1-5）计算求出；

$$Q_{max}\leqslant(C_{xmi}-C_{0i})/C_{pi}K$$
$$=2\pi\bar{u}\sigma_y\sigma_z(C_{xmi}-C_{0i})/C_{pi}\exp-(y^2/2\sigma_y^2+z^2/2\sigma_z^2) \quad (m^3/s)$$

从主风口侧新风口引入的最大新风量与最大排风量是相接近的，所以这也可以当作最大新风量的约束条件。

（4）针对大楼各区域存在的各类污染物，应将环境污染控制技术应用于空调、通风换气系统中，尽量节省新风使用量、减少排风量及排风中污染物的浓度。

## 1.7 厨房污染物浓度分布[19]

大型酒店厨房普遍使用城市燃气，工作时将产生燃烧产物。

因此，厨房的空调换气系统要满足燃气充分燃烧需氧量的要求，稀释燃烧产物，保证室内空气品质的要求。

欧美国家重点考虑作业者的舒适性、安全性、作业效率，提出了细致的设计要求[20~23]。但过去国内和日本设计要求相接近，只根据燃气的理论燃烧需氧量要求确定换气次数。设室外空气含氧量为21%，厨房内空气含氧量保证在20.5%以上，即要求室内新风量占97.6%以上，燃烧产物量占2.4%以下，新风量/燃烧产物量＝40.67倍，所以笼统地将燃烧产物平均分散到厨房整个空间，取最小换气次数为40次/h[24]，实际的换气次数在40～60次/h[25]，使用定风量全新风空调系统。通常大型酒店厨房总的建筑面积约占整体建筑的3%～5%，但厨房空调系统能耗竟占全楼空调系统能耗的30%左右[26]。特别是国内有些设计人员担心燃气质量，为慎重起见而选择近70次/h的换气次数。例如大连香格里拉酒店中厨房的换气次数为68次/h，能源消耗太大。由于燃烧产物并非均匀分散到整个厨房，所以这样确定换气次数的理论依据是不科学的。过去国内酒店旧厨房空调换气系统大多是这样设计的，实际使用时造成酒店能源费用很高[27]，需要改进。

### 1.7.1 厨房空调换气系统在不同换气量条件下污染物浓度分布实测

2003年3月，在某五星级酒店中餐厨房进行了实测。厨房面积约330m$^2$，顶棚高度为2.4m，容积约800m$^3$；燃气设计最大用量80m$^3$/h（最大发热量3600kcal/m$^3$）；使用运水排烟罩；送风系统为空调机处理新风送风＋直接室外新风；送风方式为传统的顶棚送风，空调处理新风送风口使用圆形散流器，直接室外新风送风口使用普通网格风口。每次试验期间炉台燃气全部打开烧水，每天连续使用10h，实测各点氧气含量和CO、$CO_2$浓度值。

#### 1.7.1.1 炉台附近含氧量和CO、$CO_2$浓度测试方法

CO测试仪型号为美国TSImodel 8330-m-GB和8762-m-NA一套；

$CO_2$测试仪型号为美国TSI Q-Trak。

图 1-30～图 1-38 是在连续 10h 使用最大量燃气的条件下，每隔 1h 实测 1 次的 10 次平均值。每次实测一个数据需等读数稳定，平均约 1～2min 读取一个数据，在 1h 内完成 36 个点的测试。

### 1.7.1.2 试验 1 测试结果

总换气量为 54800m³/h（换气次数为 68 次/h），是原设计换气量，新风量占总换气量的 90%。空调处理机送新风为 29300m³/h；室外直接送新风 20000m³/h；炉台附近 $O_2$、CO、$CO_2$ 浓度分布如图 1-30、图 1-31 和图 1-32 所示。

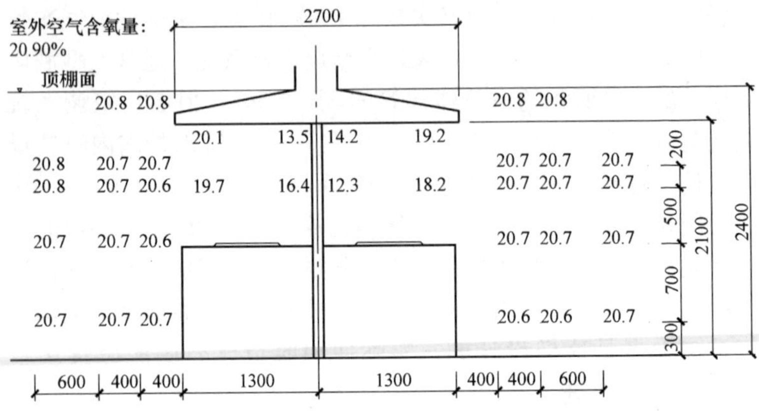


图 1-30 炉台附近位置空气含氧量分布（%）

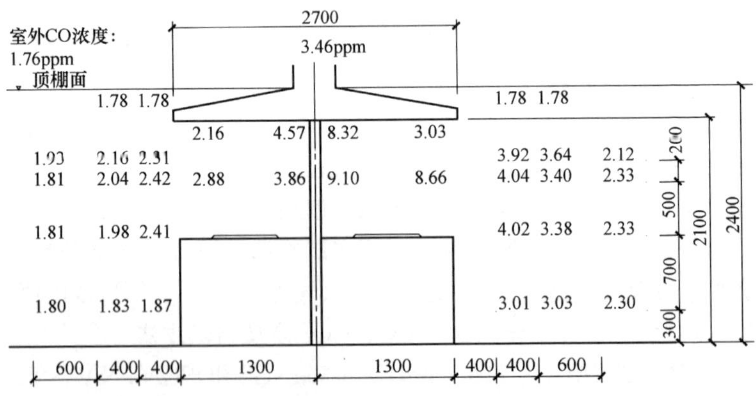


图 1-31 炉台附近位置 CO 平均浓度分布（ppm）

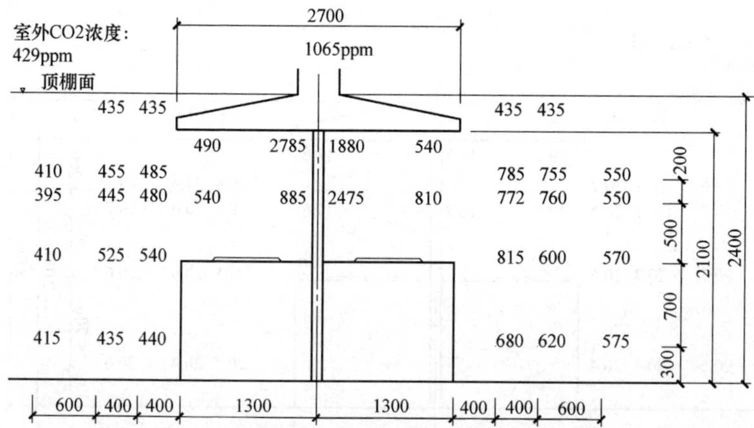


图 1-32 炉台附近位置 $CO_2$ 平均浓度分布（ppm）

该试验过程中，炉子燃烧状况一直很好，补给燃气燃烧用的空气含氧量均大于 20.5%，厨师呼吸区各位置 CO、$CO_2$ 浓度均不超标。

### 1.7.1.3 试验 2 测试结果

总换气量为 32000m³/h（换气次数为 40 次/h），新风量占总换气量的 100%，空调处理机送新风为 17000m³/h，室外直接送新风 15000m³/h；左侧为闭式炉，右侧为开式炉。炉台附近 $O_2$、CO、$CO_2$ 浓度分布如图 1-33、图 1-34 和图 1-35所示。

该试验过程中，炉子燃烧状况也一直很好，供给燃气燃烧用的空气含氧量大于 20.5%；开式炉一侧厨师呼吸区个别位置空气含氧量小于 20.5%，$CO_2$ 浓度超标，但是炉台两侧 CO 浓度不超标。

### 1.7.1.4 试验 3 测试结果

总换气量为 24000m³/h（换气次数为 30 次/h），新风量占总换气量的 100%，空调处理机送新风为 4000m³/h，室外直接送新风 20000m³/h，左侧为闭式炉，右侧为开式炉。炉台附近 $O_2$、CO、$CO_2$ 浓度分布如图 1-36、图 1-37 和图 1-38 所示。

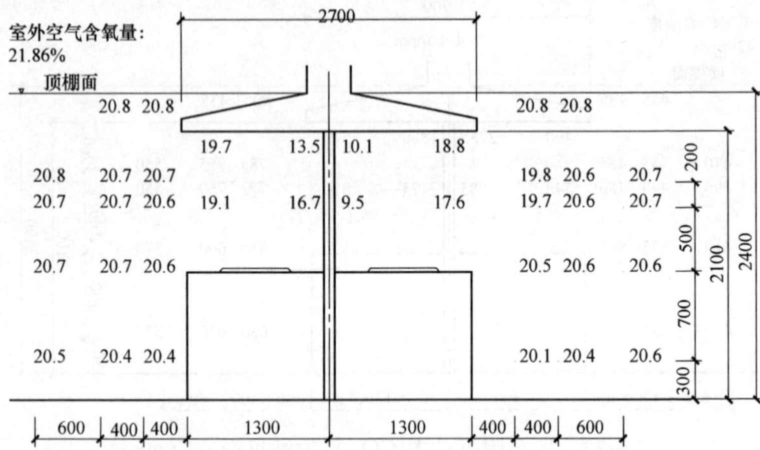


图 1-33 炉台附近位置空气含氧量%分布（%）

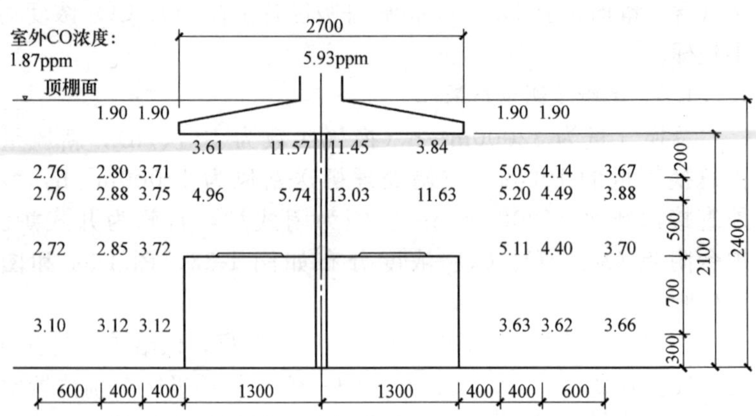


图 1-34 炉台附近位置 CO 平均浓度分布（ppm）

试验中，开式炉一侧距炉台 400～800mm、高 1500～1700mm 的厨师呼吸区各位置空气含氧量明显小于 20.5%，$CO_2$ 浓度超标严重；但炉台两侧 CO 浓度均不超标。从距炉台 400～800mm、高 1000mm 的区域供给开式炉燃气燃烧用的空气平均含氧量为 20.4%左右，厨师认为炉子燃烧状况良好，满足要求。

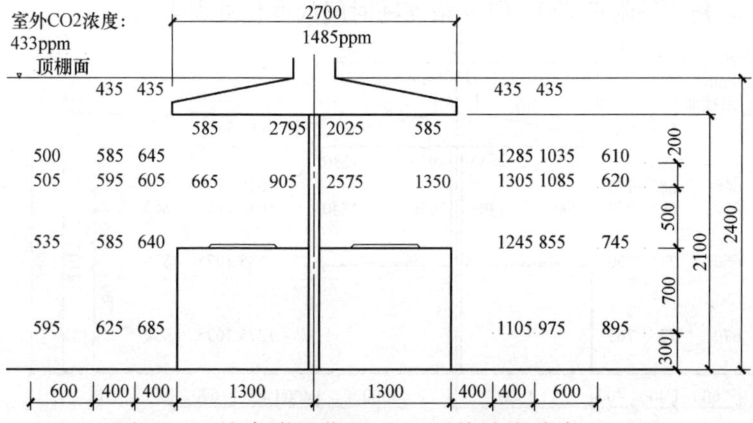


图 1-35 炉台附近位置 $CO_2$ 平均浓度分布（ppm）

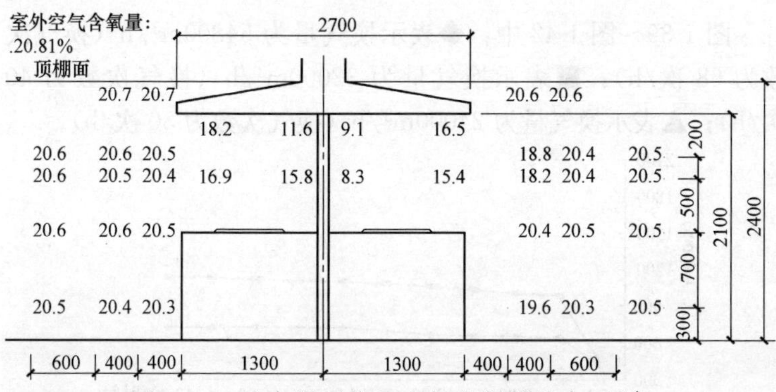


图 1-36 炉台附近位置空气含氧量分布（%）

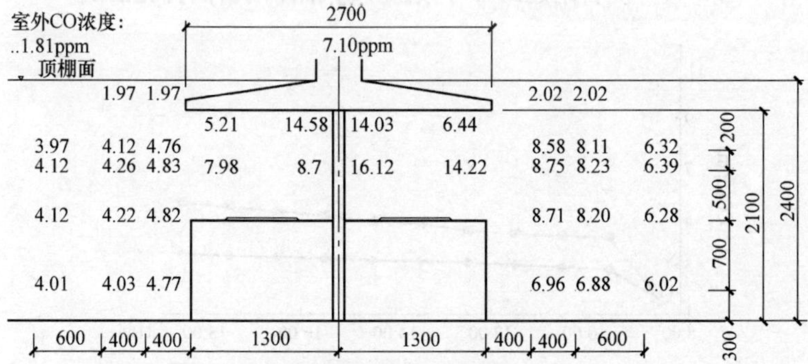


图 1-37 炉台附近位置 CO 平均浓度分布（ppm）

开式炉附近 CO、$CO_2$ 浓度随时间的变化见表 1-45。

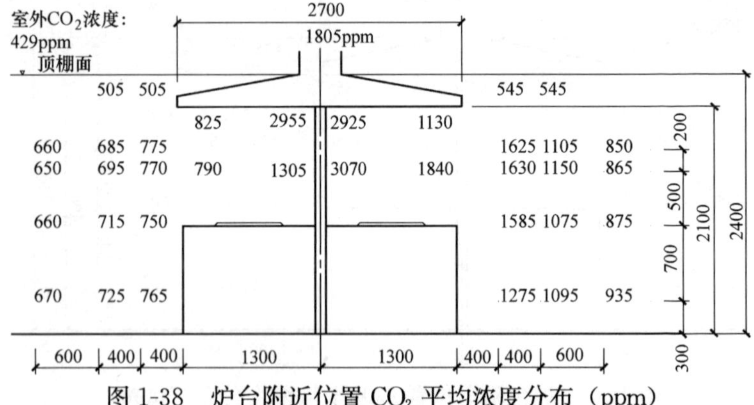

图 1-38　炉台附近位置 $CO_2$ 平均浓度分布（ppm）

图 1-39～图 1-42 中：◆表示换气量为 54800m³/h（换气次数为 68 次/h）；■表示换气量为 32000m³/h（换气次数为 40 次/h）；▲表示换气量为 24000m³/h（换气次数为 30 次/h）。

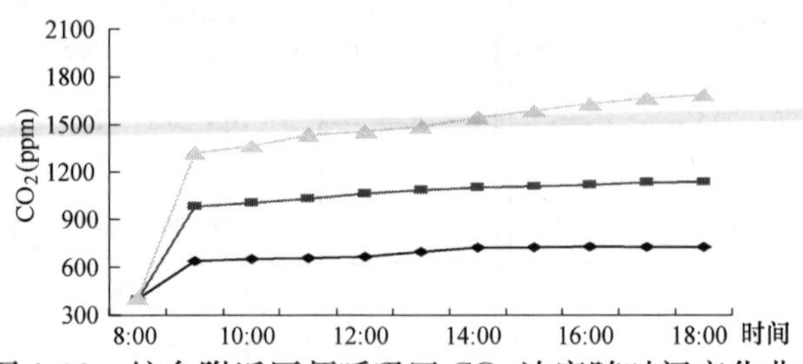

图 1-39　炉台附近厨师呼吸区 $CO_2$ 浓度随时间变化曲线

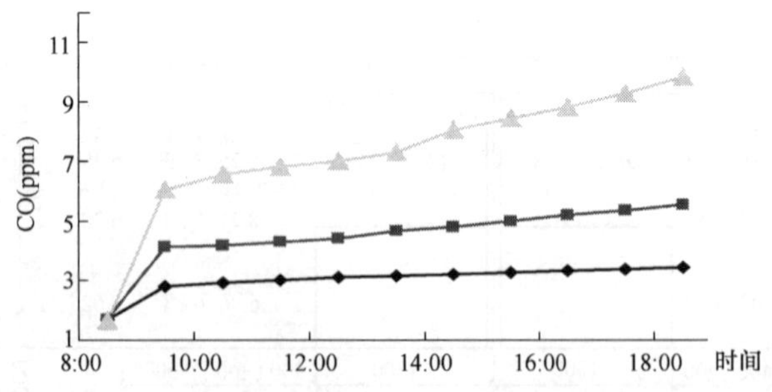

图 1-40　炉台附近厨师呼吸区 CO 浓度随时间变化曲线

## 开式炉台附近 CO、$CO_2$ 浓度随时间变化实测值

表 1-45

| 换气量 | 浓度指标(ppm) | | 9：00 | 10：00 | 11：00 | 12：00 | 13：00 | 14：00 | 15：00 | 16：00 | 17：00 | 18：00 | 均值 | 方差 | CV% |
|---|---|---|---|---|---|---|---|---|---|---|---|---|---|---|
| 54800 ($m^3/h$) | CO | a | 3.41 | 3.67 | 3.82 | 3.96 | 4.03 | 4.10 | 4.24 | 4.33 | 4.41 | 4.52 | 4.04 | | |
| | | b | 2.87 | 2.89 | 2.94 | 2.97 | 3.06 | 3.10 | 3.14 | 3.21 | 3.27 | 3.31 | 3.31 | | |
| | | c | 2.14 | 2.19 | 2.24 | 2.30 | 2.37 | 2.39 | 2.39 | 2.43 | 2.44 | 2.45 | 2.33 | | |
| | | 均值 | 2.80 | 2.92 | 3.00 | 3.10 | 3.15 | 3.20 | 3.26 | 3.32 | 3.37 | 3.43 | 3.16 | 0.04 | 6.3 |
| | $CO_2$ | a | 705 | 720 | 730 | 740 | 785 | 805 | 805 | 810 | 810 | 810 | 772 | | |
| | | b | 700 | 720 | 725 | 730 | 765 | 790 | 790 | 795 | 795 | 790 | 760 | | |
| | | c | 510 | 515 | 515 | 525 | 540 | 575 | 580 | 575 | 580 | 580 | 550 | | |
| | | 均值 | 638 | 652 | 657 | 665 | 697 | 723 | 725 | 727 | 727 | 727 | 694 | 15538 | 17.9 |
| 32000 ($m^3/h$) | CO | a | 5.03 | 5.07 | 5.14 | 5.36 | 5.74 | 5.97 | 6.30 | 6.65 | 6.84 | 6.92 | 5.20 | | |
| | | b | 3.92 | 3.98 | 4.11 | 4.20 | 4.46 | 4.57 | 4.71 | 4.84 | 4.96 | 5.15 | 4.49 | | |
| | | c | 3.44 | 3.50 | 3.62 | 3.69 | 3.80 | 3.88 | 3.97 | 4.12 | 4.24 | 4.57 | 3.88 | | |
| | | 均值 | 4.13 | 4.18 | 4.29 | 4.42 | 4.67 | 4.80 | 5.00 | 5.20 | 5.35 | 5.55 | 4.52 | 3.3 | 41.3 |
| | $CO_2$ | a | 1265 | 1280 | 1310 | 1345 | 1355 | 1375 | 1380 | 1395 | 1430 | 1430 | 1357 | | |
| | | b | 975 | 990 | 1030 | 1075 | 1100 | 1115 | 1135 | 1135 | 1145 | 1150 | 1085 | | |
| | | c | 705 | 735 | 750 | 765 | 795 | 810 | 810 | 815 | 820 | 820 | 783 | | |
| | | 均值 | 982 | 1002 | 1030 | 1062 | 1083 | 1100 | 1108 | 1115 | 1132 | 1133 | 1075 | 58545 | 22.5 |
| 24000 ($m^3/h$) | CO | a | 6.83 | 7.38 | 7.60 | 7.86 | 8.14 | 9.13 | 9.56 | 9.87 | 10.24 | 10.85 | 8.75 | | |
| | | b | 6.22 | 7.06 | 7.15 | 7.23 | 7.61 | 8.57 | 8.93 | 9.34 | 9.80 | 10.35 | 8.23 | | |
| | | c | 5.07 | 5.24 | 5.72 | 5.89 | 6.17 | 6.44 | 6.82 | 7.26 | 7.74 | 8.26 | 6.39 | | |
| | | 均值 | 6.04 | 6.56 | 6.82 | 7.00 | 7.30 | 8.05 | 8.44 | 8.82 | 9.28 | 9.82 | 7.79 | 2.72 | 21.2 |
| | $CO_2$ | a | 1655 | 1675 | 1725 | 1745 | 1790 | 1855 | 1880 | 1925 | 1955 | 1980 | 1820 | | |
| | | b | 1405 | 1460 | 1530 | 1550 | 1585 | 1640 | 1695 | 1730 | 1765 | 1785 | 1615 | | |
| | | c | 890 | 955 | 1045 | 1075 | 1085 | 1135 | 1190 | 1235 | 1275 | 1290 | 1120 | | |
| | | 均值 | 1316 | 1363 | 1433 | 1457 | 1487 | 1543 | 1588 | 1630 | 1665 | 1685 | 1518 | 97655 | 20.58 |

注：1. a 为高 1500mm、距炉台 400mm 处；
2. b 为高 1500mm、距炉台 800mm 处；
3. c 为高 1500mm、距炉台 1600mm 处。

远离炉台区域 CO、$CO_2$ 浓度随时间变化见表 1-46（本次实测时间与在炉台附近实测时间不是在同一天完成的）。

**距炉台 3m 以外厨师呼吸区 CO、$CO_2$ 浓度随时间变化实测值**

**表 1-46**

| 换气量 ($m^3$/h) | 指标 (ppm) | 8:00 | 9:00 | 10:00 | 11:00 | 12:00 | 13:00 | 14:00 | 15:00 | 16:00 | 17:00 | 18:00 | 均值 | 方差 | CV (%) |
|---|---|---|---|---|---|---|---|---|---|---|---|---|---|---|---|
| 54800 | CO | 1.68 | 1.92 | 2.01 | 2.06 | 2.07 | 2.10 | 2.12 | 2.14 | 2.17 | 2.18 | 2.20 | 2.097 | 0.001 | 3.98 |
| | $CO_2$ | 401 | 432 | 437 | 443 | 455 | 467 | 475 | 494 | 516 | 524 | 525 | 477 | 979 | 16.56 |
| 32000 | CO | 1.70 | 2.32 | 2.56 | 2.60 | 2.66 | 2.74 | 2.81 | 2.84 | 2.94 | 3.13 | 3.44 | 2.80 | 0.112 | 11.30 |
| | $CO_2$ | 396 | 445 | 485 | 490 | 525 | 530 | 555 | 560 | 575 | 580 | 585 | 533 | 1986 | 8.36 |
| 24000 | CO | 1.63 | 3.46 | 3.71 | 3.96 | 4.27 | 4.49 | 4.96 | 5.54 | 6.17 | 6.38 | 6.70 | 4.96 | 1.275 | 22.58 |
| | $CO_2$ | 405 | 625 | 660 | 705 | 730 | 755 | 785 | 795 | 815 | 830 | 840 | 754 | 4799 | 9.20 |

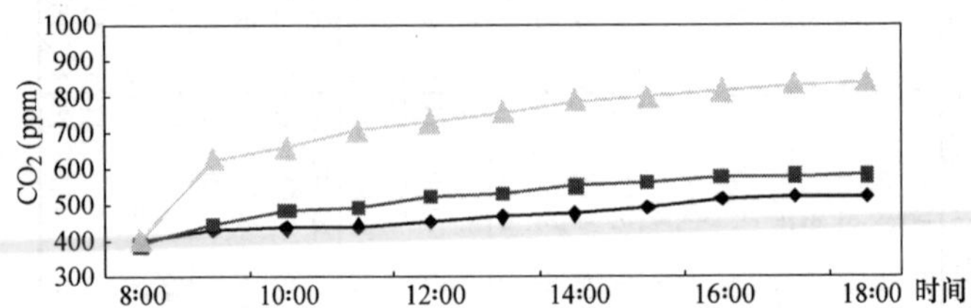


图 1-41　距炉台 3m 以外 $CO_2$ 浓度随时间变化曲线

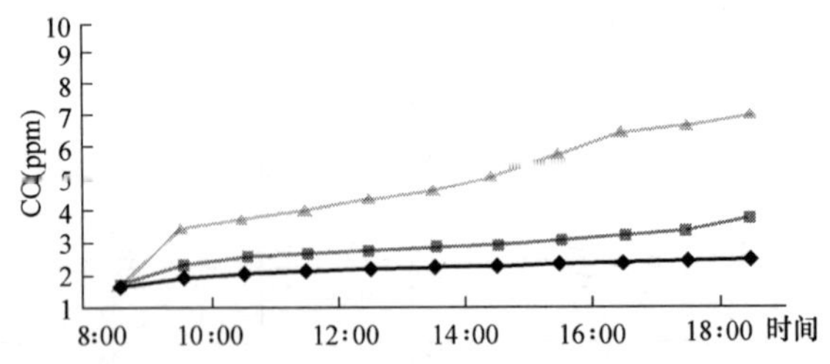


图 1-42　距炉台 3m 以外 CO 浓度随时间变化曲线

## 1.7.1.5　试验结论

（1）在试验 1 和试验 2 的条件下，供给炉具附近燃烧用的空气含氧量平均都在20.5%以上，满足燃气充分燃烧的需氧量要求；在试验3的条件下，供给炉具附近燃烧用的空气含氧量平均为20.4%，炉子燃烧状况良好，满足厨师要求。

(2) 在三种试验条件下，厨房内CO、$CO_2$浓度分布不均匀。炉台正上方（人不在该区域呼吸）浓度最高；在厨师工作地带a点部位，浓度是呼吸区中最高部分，离炉台越远浓度越低。

(3) 各点浓度随着使用时间的延长而增大，说明污染物没有完全被排出、残留在室内。换气量越小，浓度积累增大越明显。当换气量为32000$m^3$/h（换气次数为40次/h）时，开式炉一侧距炉台800mm以内的厨师呼吸区$CO_2$浓度超标，但CO浓度不超标；当换气量为24000$m^3$/h（换气次数为30次/h）时，厨师呼吸区$CO_2$浓度超标严重，8h前CO浓度均小于10ppm，8h后CO浓度大于10ppm。在正常营业的条件下连续8h使用燃气最大量的场合几乎不存在，所以可认为在正常营业时间段换气次数为30次/h的条件下，厨师呼吸区CO浓度不超标。

(4) 在三种试验条件下，距炉台3m以外的工作区域，CO、$CO_2$浓度均不超标。

### 1.7.2 污染物浓度随使用时间变化的数学模型的建立

#### 1.7.2.1 数学模型的建立

厨房内某污染物浓度随使用时间变化将满足式：

$$\mathrm{d}C_i/\mathrm{d}t = HC_0 + r_iS/V - C_i(H+R) \tag{1-7}$$

式中 $\mathrm{d}C_i/\mathrm{d}t$——时间间隔d$t$内污染物浓度的增分；

$C_i$——厨房污染物某时刻的平均浓度，mg/$m^3$；

$C_0$——厨房污染物最初平均浓度，mg/$m^3$；

$H$——换气次数，次/h；

$S$——厨房燃烧产物污染物生成量，mg/h；

$V$——厨房容积，$m^3$；

$R$——厨房污染物处理设备吸收率，目前在厨房内几乎都没有特殊的污染物处理设备的条件下 $R=0$；

$r$——厨房污染物平均残留率，$r=\Sigma r_i/n$　$r_i$ 为厨房污染物瞬时残留率，$i=1，2，3\cdots n$。

由于厨房换气次数不随时间变化，是确定的，而且每次换气时污染物未被排净而残留累积，所以计算 $C_t$ 时使用数值积分法，$\Delta t$ 为固定步长（本试验步长相等 $\Delta t=1h$，$i$ 最大值＝10），则有：

$$\Delta C_i/\Delta t=(\mathrm{d}C_i/\mathrm{d}t+\mathrm{d}C_{i-1}/\mathrm{d}t)/2 \quad (1\text{-}8)$$

由式（1-7）和式（1-8）得：

$$C_i=C_0+ir_iSV^{-1}\Delta t/1+H\Delta t \quad (1\text{-}9)$$

1.7.2.2　利用数学模型分析试验结论

因 $\Delta C_i/\Delta t>0$，则 $C_i$ 随时间的延长而递增。当其他条件不变时，$H$ 越大，$C_i$ 越小，二者成反比关系。当 $C_0$、$V$、$\Delta t$、$S$ 和 $H$ 一定时，$C_i$ 与残留率 $r_i$ 成线性正比例关系。试验结论与理论分析完全符合。$S$ 可根据表 1-47 所示的人工燃气的燃烧化学方程式求出，例如国内厨房使用的人工燃气发热量不超过 3600kcal/$m^3$；$1m^3$ 燃气完全燃烧时，$CO_2$ 的生成量为 0.485$m^3$；该厨房使用最大燃气用量时 $CO_2$ 生成量 $S=80\times0.485\times1.976=76.7\times10^6$ mg/h，标准状态下 $CO_2$ 的密度为 1.976kg/$m^3$。

1.7.2.3　污染物残留率 $r_i$ 对换气次数 $H$ 的影响

要求 $C_i\leqslant$ 国家规范标准值 $C_{标}$，由式（1-9）得：

$$H\geqslant ir_iS/V(C_{标}-C_0)-1 \quad (1\text{-}10)$$

该式表达了厨房污染物残留率 $r_i$ 对换气次数 $H$ 的影响。残留率 $r_i$ 越高，则要求换气次数 $H$ 越大。假设 $r_i$ 不变，但 $ir_i$ 是随时间增大的，所以设法减少厨房污染物残留率 $r_i$ 才能降低换气次数、减少换气量。燃气燃烧生成物计算如表 1-47 所示。

**3600kcal/m³ 的燃气燃烧生成物计算[28]　　表 1-47**

| 成分 | 1m³ 燃气含有量（m³） | 燃烧的化学方程式 | 生成物 | | | | |
|---|---|---|---|---|---|---|---|
| | | | $CO_2$ | | $H_2O$ | | $N_2$（m³） |
| | | | 生成比 | 生成量（m³） | 生成比 | 生成量（m³） | |
| CO | 0.095 | $2CO+O_2=2CO_2$ | 1 | 0.095 | | | |
| $H_2$ | 0.305 | $2H_2+O_2=2H_2O$ | | | 1 | 0.305 | |
| $N_2$ | 0.280 | | | | | | 0.280 |
| $CH_4$ | 0.150 | $CH_4+2O_2=CO_2+2H_2O$ | 1 | 0.150 | 2 | 0.30 | （空气中的 $N_2$ 325×0.79=2.568） |
| $CO_2$ | 0.105 | | | | | | |
| $O_2$ | 0.020 | | | | | | |
| $C_mH_n$ | 0.045 | $2C_2H_4+9O_2=6CO_2+6H_2O$ | 3 | 0.135 | 3 | 0.135 | |
| 小计 | 1.000 | | | 0.485 | | 0.740 | 2.848 |

合计：0.485+0.740+2.848=4.073m³

### 1.7.3　旧厨房空调系统改进的着眼点

根据前面的试验结论可知，在旧厨房空调换气系统条件下使用 30 次/h 的换气次数时，正常营业时间段厨师呼吸区 CO 浓度并不超标。据调查，酒店厨房工作时间为 11～15h 左右，燃气设计用量为 100%时的使用时间仅为 1～2h 左右，80%左右的使用时间仅有 2～3 小时左右，80%～50%的使用时间为 4～5 小时左右，50%以下的使用时间为 4～5 小时左右。所以在大部分工作时间内不需要总保持最大的换气量和新风量。这说明旧系统用大于 40 次/h 的换气次数来控制 CO 浓度超标问题是不科学的；旧系统的改进潜力是很大的。

根据旧厨房空间内 CO、CO2 浓度分布状况及其随时间的变化规律，应重点对旧厨房空调换气系统中的送风位置和送风方式进行改进：

（1）将一定数量的新风直接引到厨师呼吸区 $CO_2$ 浓度超标的部位，进行快速高效稀释。

（2）再将一定数量的新风直接引到炉台燃气燃烧部位，高效率地满足燃气充分燃烧需氧量的要求（补给炉子附近燃气燃烧用的空气含氧量保证在 20.5%以上）。

（3）设法利用新风形成的空气动力来推动污染物被吸入烟罩，减小其残留率。例如采用补风罩、炉台前风幕等都是解决问题的有效办法。同时应研究对应的污染物处理装置结合厨房空调、通风换气系统使用。

（4）排风系统也应改进。厨房内含有烹饪、炒菜、蒸柜、洗碗机等部分，但是这些部分的使用时间经常是错开的，在大部分时间不是 100%地使用燃气。例如，每餐后洗碗机只工作 2 小时左右，排气量相对很小，但总的排风机却要一直运转，能源浪费严重。应该根据厨房设备的使用特点，考虑设置主、副排风机。

### 1.7.4 送风和排风系统的改进

厨房面积约 330m²，顶棚高度为 2.4m，容积为 800m³；燃气设计最大用量为 80m³/h，最大发热量为 3600kcal/m³。

#### 1.7.4.1 改进前后的空调、换气系统示意图比较

旧空调、换气系统为全新风定风量系统，送风口是在顶棚均匀布置的，排风口为排烟罩，如图 1-43 所示。总排风量为 54800m³/h（换气次数为 68 次/h），新风量占总换气量的 90%，为 49300m³/h。

改进后的空调、换气系统中增加了排烟罩两侧上风幕送风，

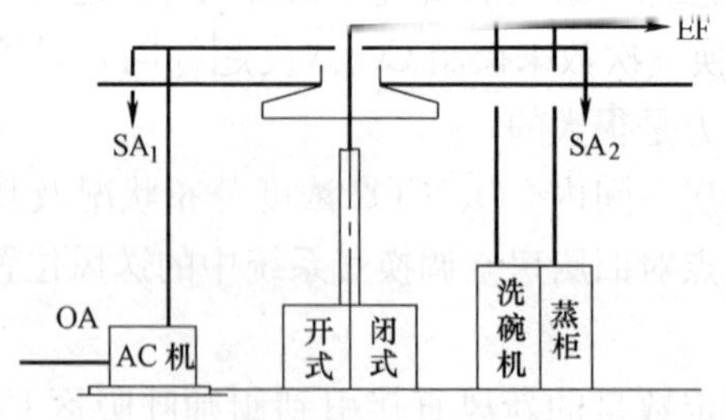


图 1-43 旧厨房空调、换气系统示意图

用于稀释厨师呼吸区污染物浓度和依靠风幕空气动力抑制污染物溢出；增加了炉台四周下风幕送风，将含氧量最高的室外空气直接引到炉台附近，用于燃气燃烧；上、下组合风幕送风由单独一台 AC 机 2 供给。还增加了补给闭式炉的未经处理的室外新风 $OA_3$；增加了洗碗机和蒸柜各自单独的排风系统，当不使用燃气，厨师、洗碗工及清扫工工作时，仅使用 AC 机 1 送新风和各自的局部排风机。$SA_3$ 和 $SA_4$ 为排烟罩两侧上风幕送风量；$SA_5$ 和 $SA_6$ 为炉灶四周下风幕送风量；$SA_1$、$SA_2$ 为远离炉台，3m 以外的顶棚送风口送风量；$OA_3$ 为补给闭式炉的未经处理的室外新风量，如图 1-44 所示。

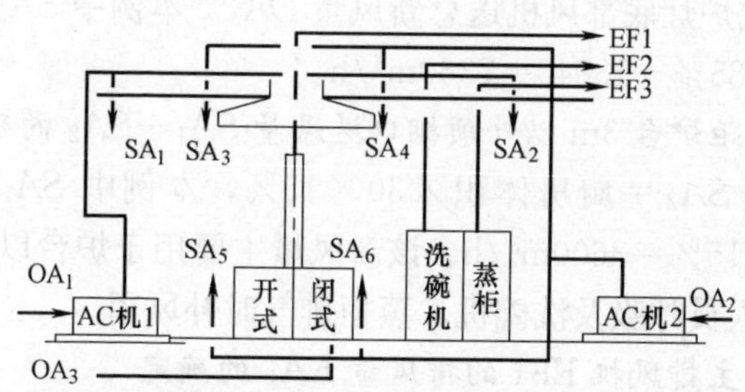


图 1-44　改进后厨房空调、换气系统示意图

1.7.4.2　厨房燃气充分燃烧用的最小新风量 $Q_{min}$

要求炉灶四周供给燃气燃烧用的空气含氧量在 20.5%以上，则有：

$$Q_{min}=G\times R\times O_1/(O_2-O_1)\quad (m^3/h)$$

$G$——厨房每小时煤气消耗量，$m^3$；

$R$——$1m^3$ 燃气完全燃烧生成的燃烧产物理论值，即 $4.073m^3$；

$O_1$——满足燃气充分燃烧的空气含氧量要求，20.5%；

$O_2$——室外空气含氧量，21%。

本例 $Q_{min}=80\times 4.073\times 20.5\%/(21\%-20.5\%)=13040m^3/h$。

1.7.4.3　下风幕用新风量 $SA_5+SA_6$ 的确定

为满足燃气充分燃烧，要求 $SA_5+SA_6$＋闭式炉灶底部风机送新风量 $OA_3 \geqslant Q_{min}$。

所以，下风幕用新风量 $SA_5+SA_6 \geqslant Q_{min}$－闭式炉灶底部风机送新风量 $OA_3$。

其中，闭式炉灶底部风机送新风量 $OA_3$ 为每 3 个炉头由一个风机供新风，平均每个炉头的新风量为 800m³/h，本例中 $OA_3$＝4000m³/h，$SA_5+SA_6$＝13040－4000＝9040m³/h。

1.7.4.4　上风幕用新风量 $SA_3+SA_4$ 的确定

$SA_3+SA_4$＝厨房体积×30×85％－下风幕用新风量 $SA_5+SA_6$－闭式炉灶底部风机送总新风量 $OA_3$。本例中 $SA_3+SA_4$＝800×30×85％－13040＝7360m³/h。

1.7.4.5　距炉台 3m 以外顶棚口送风量 $SA_1+SA_2$ 的确定

$SA_1+SA_2$＝厨房体积×30×15％，本例中 $SA_1+SA_2$＝800×30×15％＝3600m³/h。该新风量主要用于炉台以外区域厨师等工作人员呼吸及洗碗机、蒸柜排气时补风用。

1.7.4.6　主排风机 EF1 的排风量 $EA_1$ 的确定

$EA_1$＝厨房体积×30－洗碗机用排风量 $EA_2$－蒸柜用排风量 $EA_3$。洗碗机用排风量 $EA_2$ 和蒸柜用排风量 $EA_3$ 由设备说明书提供，本例中 $EA_2$＝1800m³/h，$EA_3$＝2000m³/h。

### 1.7.5　上、下风幕出口尺寸及设置位置

下风幕出口平均风速为 0.8m/s，尺寸为 7800mm×150mm×2 个＋2800mm×150mm×2 个的长方形，炉台尺寸为 7000mm×2600mm；上风幕只设置在排烟罩长边两侧，出风口尺寸为 7800mm×150mm×2 个，上风幕的出风口速度 $v$＝0.87m/s。

### 1.7.6　试验测试

改造完毕后，在燃气设计最大用量（80m³/h）下连续开放，换气次数为 30 次/h，1h 作为一个测试周期、每天测 10 次，每种试验在不同的日期，重复 3 次，取平均值。每相隔 3 个月左右，在正常营业状态下，又重复测试了两次，测试的 $CO$、$CO_2$

浓度平均值都比燃气最大用量 80m³/h 连续开放条件下的数值略低，各点的空气含氧量同前基本相同。工作人员认为，工作条件正常，炉灶燃气燃烧状况良好，运行稳定。

### 1.7.6.1 实测厨房空气氧气含量和 CO、$CO_2$ 浓度分布

实测结果详见图 1-45、图 1-46、图 1-47。

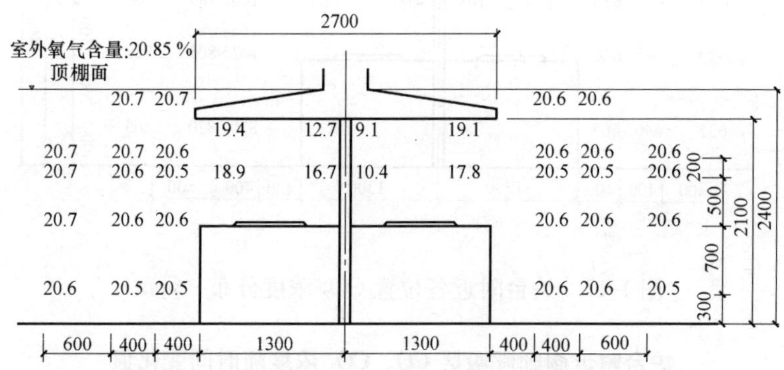


图 1-45 厨房炉台附近空气含氧量分布（%）

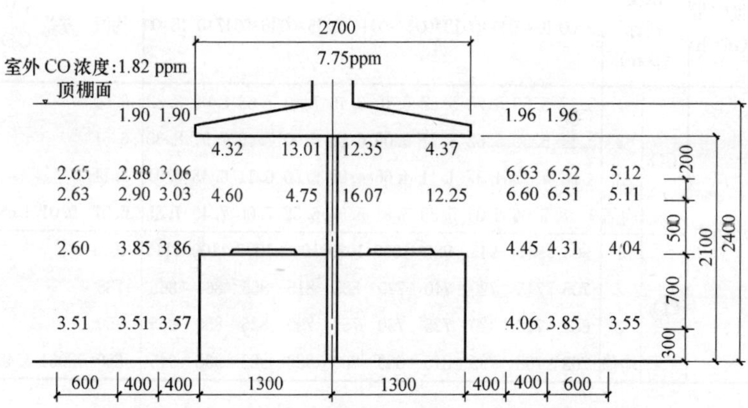


图 1-46 炉台附近各位置 CO 浓度分布（ppm）

### 1.7.6.2 炉台附近厨师呼吸区 CO、$CO_2$ 浓度随时间变化

实测结果详见表 1-48。

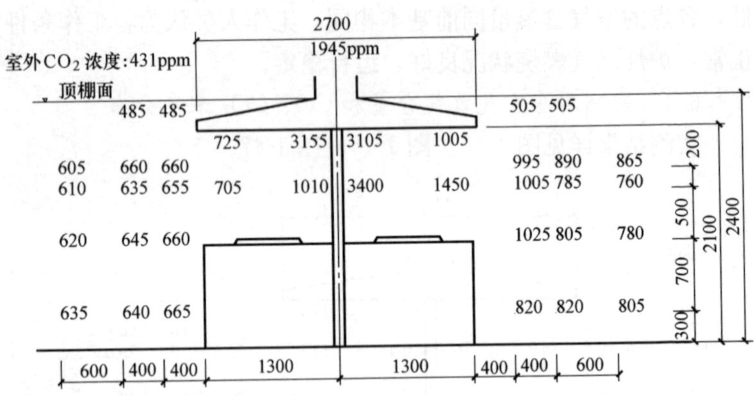


图 1-47　炉台附近各位置 $CO_2$ 浓度分布（ppm）

**炉台附近厨师呼吸区 CO、$CO_2$ 浓度随时间变化值**

**表 1-48**

| 换气量 ($m^3$/h) | 浓度指标 (ppm) | | 9:00 | 10:00 | 11:00 | 12:00 | 13:00 | 14:00 | 15:00 | 16:00 | 17:00 | 18:00 | 均值 | 方差 | CV (%) |
|---|---|---|---|---|---|---|---|---|---|---|---|---|---|---|---|
| 24000 | CO | 1 | 5.17 | 5.53 | 5.78 | 5.87 | 6.10 | 6.46 | 7.10 | 7.63 | 8.09 | 8.32 | 6.60 | | |
| | | 2 | 5.11 | 5.50 | 5.62 | 5.77 | 6.09 | 6.38 | 6.90 | 7.49 | 7.97 | 8.30 | 6.51 | | |
| | | 3 | 4.05 | 4.15 | 4.37 | 4.41 | 4.65 | 4.98 | 5.56 | 6.11 | 6.43 | 6.91 | 5.11 | | |
| | | 均值 | 4.78 | 5.06 | 5.25 | 5.35 | 5.61 | 5.94 | 6.52 | 7.08 | 7.49 | 7.85 | 6.07 | 0.01 | 1.65 |
| | $CO_2$ | 1 | 905 | 940 | 945 | 980 | 1000 | 1020 | 1060 | 1090 | 1100 | 1115 | 1015 | | |
| | | 2 | 705 | 715 | 720 | 740 | 770 | 805 | 815 | 855 | 860 | 865 | 705 | | |
| | | 3 | 680 | 710 | 720 | 725 | 730 | 755 | 790 | 825 | 850 | 855 | 760 | | |
| | | 均值 | 763 | 788 | 795 | 815 | 833 | 860 | 888 | 923 | 936 | 945 | 850 | 3061 | 6.49 |

1.7.6.3　距炉台 3m 以外 CO、$CO_2$ 浓度随时间变化

实测结果详见表 1-49。

依据表 1-48 和表 1-49 数据，绘制 CO、$CO_2$ 浓度随时间变化图，如图 1-48～图 1-51 所示。

**距炉台 3m 以外 CO、$CO_2$ 浓度随时间变化测试值**

**表 1-49**

| 换气量 ($m^3$/h) | 指标 (ppm) | 8:00 | 9:00 | 10:00 | 11:00 | 12:00 | 13:00 | 14:00 | 15:00 | 16:00 | 17:00 | 18:00 | 均值 | 方差 | CV (%) |
|---|---|---|---|---|---|---|---|---|---|---|---|---|---|---|---|
| 24000 | CO | 1.68 | 3.21 | 3.42 | 3.63 | 3.84 | 4.03 | 4.27 | 4.58 | 4.92 | 5.31 | 5.52 | 4.27 | 0.6 | 18 |
| | $CO_2$ | 395 | 595 | 605 | 620 | 625 | 640 | 670 | 695 | 705 | 710 | 715 | 658 | 1931 | 6.68 |

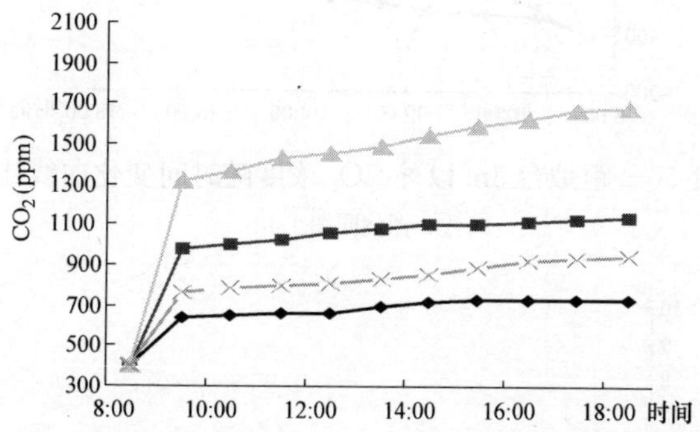


图 1-48 炉台附近厨师呼吸区 $CO_2$ 浓度随时间变化曲线比较

■—换气次数 40 次/h；◆—换气次数 68 次/h；

▲—换气次数 30 次/h；×—风幕

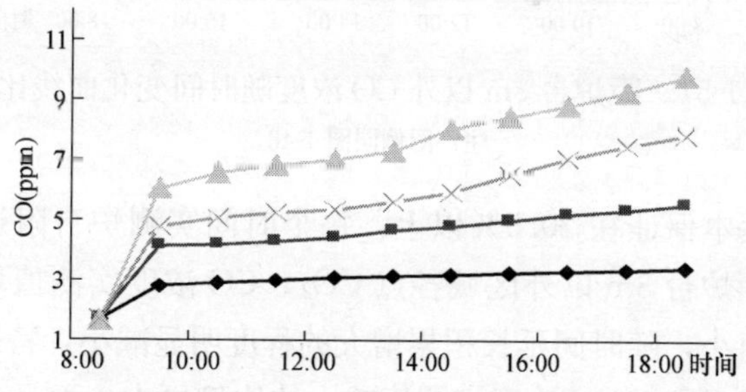


图 1-49 炉台附近厨师呼吸区 CO 浓度随时间变化曲线比较

注：图例同图 1-48。

在使用这种风幕、换气量为 24000m³/h（换气次数为 30 次/h）条件下，实测结果表明炉台附近供给燃气燃烧的空气的

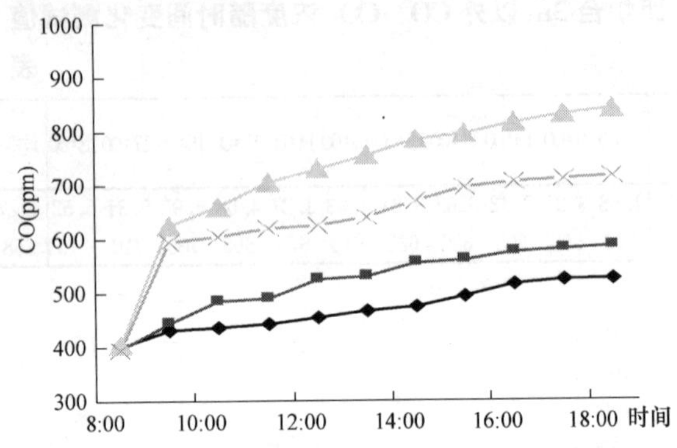


图 1-50　距炉台 3m 以外 $CO_2$ 浓度随时间变化曲线比较

注：图例同图 1-48。

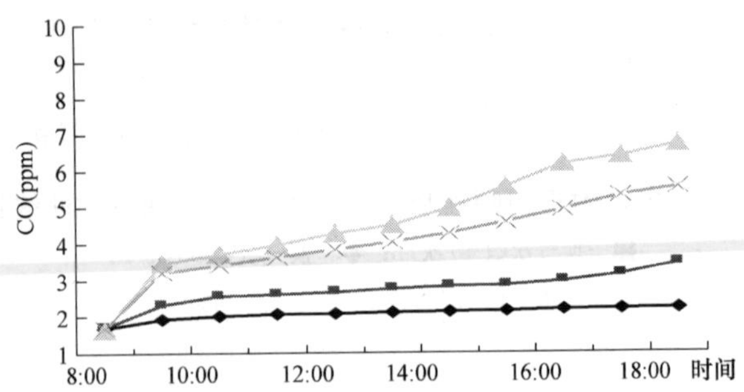


图 1-51　距炉台 3m 以外 CO 浓度随时间变化曲线比较

注：图例同图 1-48。

含氧量基本保证在 20.5%以上；每个时间实测炉台附近厨师呼吸区和距炉台 3m 以外区域各点 $CO_2$、CO 浓度实测值均比无风幕时数值小，随时间延长积累增大的程度明显减小，特别是厨师呼吸区的 $CO_2$、CO 浓度实测值减小的比例更大，而且基本保证在国家规范要求的标准值以内。

### 1.7.7　厨房污染物平均残留率 *r*

根据厨房内污染物浓度随时间变化的数学模型，瞬时残留率为：

$$r_i=(C_i-C_0)(1+H\ \varDelta t)V/iS\ \varDelta t \tag{1-11}$$

平均残留率为：

$$\begin{aligned} r &=\Sigma r_i/n \\ &=[\Sigma(C_i-C_0)(1+H\ \varDelta t)V/iS\ \varDelta t]/n \end{aligned} \tag{1-12}$$

$i=1，2，3\cdots n$。

式中 $C_i$——污染物平均浓度；

$C_0$——初始浓度；

$H$——换气次数；

$V$——厨房容积；

$S$——污染物发生量；

以 $CO_2$ 为例，当时间延长时，利用已知条件进行计算（见表 1-50 所示），有：

$H=54800m^3/h$，$32000m^3/h$，$24000m^3/h$；

$C_0$＝开煤气前 1 小时的实测值，取平均值 $C_0=400ppm$；

$CO_2$ 的理论发生量 $S$ 为 $80\times0.485\times1.976\times10^6=7667\times10^4mg/h$；

$V=800m^3$；

$\varDelta t=1h$。

**厨房 $CO_2$ 气体残留率随时间变化　　　表 1-50**

| 换气量($m^3/h$) | $r_1$ | $r_2$ | $r_3$ | $r_4$ | $r_5$ | $r_6$ | $r_7$ | $r_8$ | $r_9$ | $r_{10}$ | $r$ 均值 |
|---|---|---|---|---|---|---|---|---|---|---|---|
| 54800 | 4.60 | 2.65 | 2.03 | 2.01 | 1.90 | 1.80 | 1.91 | 2.10 | 1.96 | 1.80 | 2.28 |
| 32000 | 4.14 | 3.76 | 2.65 | 2.73 | 2.26 | 2.24 | 1.98 | 1.89 | 1.73 | 1.60 | 2.50 |
| 24000 | 14.1 | 8.14 | 6.39 | 5.19 | 4.47 | 4.05 | 3.56 | 3.27 | 3.02 | 2.78 | 5.49 |
| 24000(有风幕) | 13.8 | 7.28 | 5.20 | 3.98 | 3.40 | 3.18 | 2.97 | 2.69 | 2.43 | 2.22 | 4.72 |

注：$r$ 的数据均为百分比；$CO_2$ 浓度值取距炉台 3m 以外的区域。

由图 1-52 可见，换气次数越高，残留率 $r$ 越小，但耗能太大；残留率 $r$ 随时间的延长而呈现减小趋势，但开始 4h 以后减小的趋势平缓；有风幕的条件下各时间段的 $CO_2$ 气体残留率大多比无风幕时要小，总平均值小于 16.3%；从实测的污染物浓度和污染物残留率来看，明显优于传统的送风方式，说明这种型

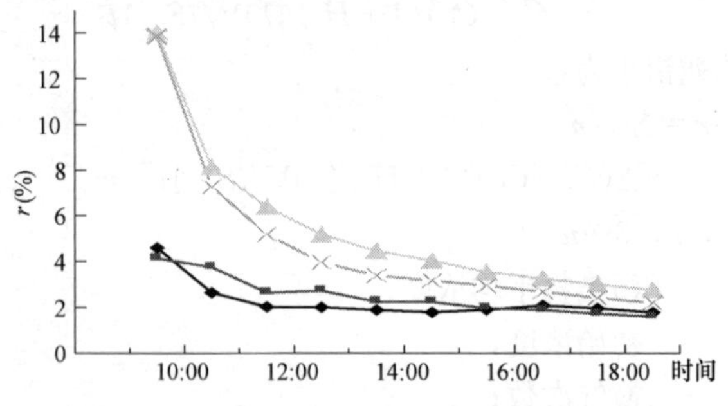


图 1-52　厨房 $CO_2$ 残留率随时间变化曲线

注：图例同图 1-48。

式的风幕送风对总的污染物的溢出起到了一定的抑制作用。

### 1.7.8　结论

（1）在传统的旧厨房空调换气系统条件下，厨房内各位置含氧量、CO、CO2 浓度分布不均匀。在炉台正上方（人不在该区域呼吸）浓度最高；在厨师工作地带呼吸区 a 点部位，浓度是呼吸区中最高部分，离炉台越远浓度越低；各点浓度随着使用时间的延长而增大，说明污染物残留在室内。换气次数越低，上述特征越明显。

（2）在传统的旧厨房空调换气系统条件下，用 30 次/h 的换气次数试验，开式炉侧炉台附近厨师呼吸区 $CO_2$ 浓度超标严重，但 CO 浓度并不超标；局部供给炉具燃气燃烧用的空气平均含氧量为 20.4％，炉子燃烧状况良好，满足厨师使用要求。

（3）在三种试验条件下，距炉台 3m 以外的工作区域，CO、$CO_2$ 浓度均不超标。

（4）旧系统的改进潜力很大。应根据厨房污染物浓度分布和随时间的变化规律，来确定新风的送风位置、送风方式和使用量，抑制污染物溢出，减小污染物残留率以及设置主、副排风机是系统改进的重点。

（5）针对降低换气次数时，厨房污染物浓度随使用时间延长而明显增大的问题，应研究对应的污染物处理装置，结合空调换气系统使用，有助于减少总换气量和系统节能。

(6) 使用炉台周围下风幕和排烟罩周围上风幕这种送风方式，厨房污染物浓度分布得到改善，厨师呼吸区 CO、$CO_2$ 浓度不超标，其残留率可减小 16%以上；炉灶燃气燃烧状况良好。

(7) 根据酒店厨房的运作特点，采用主、副送风和排风系统配置，是节能的一项有效措施。

(8) 试验性系统改进后，厨房正常营业运行 6 个月，跟踪测试 CO、$CO_2$ 浓度，都略低于最初的测试结果，说明系统运行稳定且符合要求。该厨房空调换气系统的改进，使换气次数从 68 次/h 降到 30 次/h，提高换气效率近 130%。

## 1.8 本章总结

列举出了目前我国酒店业在传统经济发展模式下存在的典型问题，说明酒店业的“经济-能源-环境”系统存在严重的不平衡问题，严重制约了生产力的发展水平。如何提高酒店业服务系统的生产力发展水平，其本质问题是需要改变酒店业服务系统的经济发展模式，即由传统的线性经济发展模式向循环经济发展模式转变。因此，在后续章节中首先对创建绿色酒店工作及其研究进展作出综述；针对绿色酒店经济发展模式急需解决的理论性问题进行论述。

参考文献

[1] 高兴. 酒店建筑能耗和空调系统能耗合理性评价 [J]. 暖通空调，2005，35 (4)：34～38

[2] 高兴. 大型酒店能耗消耗合理性评价及预算控制 [J]. 能源工程，2003，103 (2)：58～62

[3] Xing Gao. Analysis of the rule of influence of hotel occupancy ratio on energy consumption [C]. The 22 nd IIR Internutional congress of refrigeration

[4] Xing Gao. The countermeasure research for hotel production service system's sustainable energy conservation [C]. The 22 nd IIR Internutional congress of refrigeration
[5] 高兴. 酒店排水 *COD* 浓度动态监测分析 [J]. 建筑科学, 2007, 23 (6): 49~52
[6] 张捍民, 高兴. 酒店中水系统 MBR 设计与应用 [J]. 给水排水, 2003, 38 (3): 76~78
[7] 高兴. 酒店餐饮垃圾含能损失分析 [J]. 建筑热能通风空调, 2007, 26 (4): 76~79
[8] 高兴. 大型酒店主风口风量对楼外噪声的影响 [J]. 大连理工大学学报, 2004, 44 (3): 383~387
[9] 篠原隆政. 空気調和、衛生設備の実務の知識 [M]. 東京: オーム社, 1991
[10] 陆耀庆. 供暖通风设计手册 [M]. 北京: 中国建筑工业出版社, 1979
[11] 三建工業. 設計ノート [M]. 東京: 秀研社, 1983, 7
[12] 殷平. 空调设计 [M]. 长沙: 湖南大学出版社, 1997, 12
[13] 高兴. 酒店建筑主风口侧新风口污染控制研究 [J]. 建筑科学, 2003, 19 (6): 49~53
[14] Xing gaoxing. Study on controling the max-mixing scale of exhaust in the building [C]. EERB-BEPH2009
[15] James A Reese . How it could affect segments of the air conditioning industry [J]. ASHRAE standard 62R , 1997, 1: 30~36
[16] Taylor S T. Determining ventilation rates: revisions to standard 62-1989 [J]. ASHRAEJ, 1996, 38 (2): 52~57
[17] Xing Gao. Coefficient of mean deviation of indoor pollutant concentration and indoor quality evaluation [C]. EERB-BEPH2004, 557~571
[18] Xing Gao. Commitment analyses on ventilation amount in all-around hotel buildings [C]. EERB-BEPH2004, 206~218
[19] 高兴. 厨房空调换气系统改进潜力分析 [J]. 暖通空调,

2005，35（5）：88～92

［20］ 高兴．厨房空调换气系统改进及测试分析［J］．建筑热能通风空调，2004，23（5）：53～57

［21］ Xing Gao. Commitment analyses on ventilation amount in all-around hotel buildings［J］. International Journl on Architectural science，2005，6（1）：7～14

［22］ 荻田．業務用厨房における“置換式換気”空調方式の有効性に関する研究．日本建築学会大会空調、衛生学術講演梗概集［C］，1999，9：639～650

［23］ ASHRAE. ASHRAE Handbook 1999 HVAV Application：SI Edition Chapter 30. Kitchen Ventilation.

［24］ VDI：VDI 2052 June 1999：Ventilation Equipment for Kitchens.

［25］ 近藤端史．業務用厨房におけるエネルギー消費量と換気、空調システム［J］．空気調和衛生工学，2001. 75（9）：1～9

［26］ 李斌．补风式排风罩研究．暖通空调．1998，28（5）：34～36

［27］ 端木琳．公共厨房空气品质的控制．沈阳：沈阳建筑工程学院学报，2001. 1（1）：50～52

［28］ 井上宇市编著．建築設備ポケットブック［M］．東京：オーム社，1993. 357

# 第 2 章　创建绿色酒店工作及研究进展

国际标准化组织 ISO 在 1987 年成功制定了 ISO 9000 质量管理系列标准之后，欧洲一些酒店在执行该标准的同时，意识到应对环境进行保护，但它们仅仅是根据本酒店的管理经验制定了一些有利于环境保护的操作要求，例如内陆酒店和雅高酒店制定的“酒店环保指南”等[1~3]，只是针对部分产品单项指标提出的标准，例如客房减少牙刷、香皂等一次性用品，鼓励循环使用，回收废旧电池，建立化学危险品仓库等等。这些都是各个酒店自发的行为，制定的评估标准仅限于本酒店使用[4~7]，可以说该阶段属于绿色酒店概念的萌芽时期，但取得了显著的成效。例如，1985～1995 年，内陆酒店集团通过开展绿色活动，减少能源成本 27%；雅高酒店管理集团曾经营、管理过 2400 家酒店，为每一家酒店都制定了“酒店环保指南”，全面开展环境管理工作[8~11]。

1991 年，由世界 11 个著名的酒店管理集团创建了“国际酒店环境倡议”机构，指导酒店业实施环保计划，改善生态环境，促进酒店可持续发展。这些酒店共同倡议成立国际酒店环境管理协会 IHEI (International Hotels Environment Initiative)[12~16]，标志着酒店环境管理不是一家饭店、一个集团的行为，而是全球酒店行业的共同行为准则，创建绿色酒店是全球商贸旅游业可持续发展的需要。1992 年在联合国环境与发展大会上，创建绿色建筑被明确提出，引起全球各个国家政府的高度重视。

1996 年，ISO 14000 环境管理系列标准出台之后，北欧的瑞典、挪威、芬兰、丹麦等国的白天鹅、加拿大的枫叶、德国蓝色天使等环境组织，以色列、美国、英国等国家的酒店管理组织和绿色环保机构开始制定本国或区域性的绿色酒店所要求的管理项目[17~19]，介绍了上述国家对酒店运作过程的主要产品、服务方面的质量管理和环境管理的具体操作要求，政策指导性内容明显增多。最初几年，欧美国家的酒店绿色化程度每年的平均增长率为 18.2%[20]。

20 世纪 90 年代末期以来，发达国家酒店行业积累了大量的经验，北欧的白天鹅、加拿大的枫叶等酒店管理组织首先开始针对本酒店集团制定餐饮服务质量和安全保障质量的相关标准，实施每半年评估一次的监督管理。例如“酒店食品卫生管理体系”，包含了从原材料采购、贮藏、食品加工与制作、餐中服务和餐后清洗等环节的操作要求和执行标准[21]；制定了“酒店消防生命安全管理体系”，包括突发事件应急操作标准、疏散操作标准、消防安全设施检查、维护标准等软件。虽然是内部使用，但被许多国家酒店集团模仿应用。20 世纪 90 年代中期，我国建筑业进入高速发展阶段，住宅建筑、办公建筑、酒店建筑等已成相当大的规模。此时，国外“绿色建筑”和“绿色酒店”的理念逐步渗透中国。20 世纪 90 年代末，北京、上海、广州、深圳等大城市的个别外资、合资酒店自发地开始实施绿色行动。

1999 年，“中国生态旅游年”开幕，保护环境成为中国旅游业的主题。浙江省旅游局、计经委、环保局共同发起在浙江省开展创建“绿色酒店”的活动。全省有 100 多家酒店提出申请。经过一年多的努力，制定了内部使用的一个简易的评估标准，2000 年 6 月 5 日，浙江省评出了第一批“绿色酒店”，以后全国范围内都开始实施“绿色酒店”工程[22]。2002 年 6 月由中国饭店业协会、复旦大学旅游策划中心、上海升达绿色酒店管理公司等单位联合编制的《绿色饭店标准》和《绿色饭店等级评定标准》[23]，共设工程系统、环境控制、日常运营、绿色用品、资源利用、环境安全、制度管理、企业文化等八大部分，包括建筑设计及工程、建筑和装饰用材、光环境、气环境、水环境、声环境、绿化、客房服务、餐饮服务、康乐服务、会议服务、其他服务、绿色用品使用、绿色用品采购、能源节约、水资源节约、用品减量化、废弃物的处理、安全系统、有毒有害物质管理、化学品管理、危险品管理、环保数据库、规章制度、日常管理与持续改进措施、先进设备和技术的采用、教育培训、社会效益等 28 个分项。标准划分为 5 个等级，以 A 级数表示，A 级越高，表示饭店的绿色程度越高。但是地方环保部门和各地大型酒店管理人员对该标准体系提出了许多意见，认为该标准的指标散乱，没有形成体系、主观评估因素过多、客观标准少，依据不足，即没有形成标准体系，这套标准至今也没有被普及应用。当地环保部门在评估时只好根据酒店的硬件情况，例如锅炉燃料情况、能耗数量、水消耗数量、隔油池状况和建筑周围的绿化情况等授予绿色酒店称号。

## 2.1 酒店软件产品服务系统清洁生产绩效评估体系

20 世纪 70 年代中期，美国 3M 公司开展的“Pollution Prevention Pays”计划，被认为是清洁生产的第一个里程碑；20 世纪 80 年代末期，在 UNEP 的倡导下涌现一批成功案例，其潜力逐渐被认可。1996 年 Brilhante. Ogenis[24] 将服务的概念纳入清洁生产的范畴，强调将综合性预防的战略应用于产品生产过程和服务中，降低人类安全和环境的风险。我国部分行业接受了清洁生产的理念，实施清洁生产。

### 2.1.1 指标体系

W. Lee Kuhre[25] 提出建立指标体系应保证指标类型和数量均恰当，为环境绩效管理提供足够的信息。用于管理方面的指标称为环境管理指标，用于运营方面的指标称为环境绩效指标，用于描述环境状况的指标称为环境指标。环境绩效指标为组织管理提供信息。自然资源的利用都是环境绩效指标的考察对象，即系统的投入与产出都应在环境绩效指标中得到考察。

王学军等[26~31] 提出，OECD 环境指标体系没有单一的指标系统，而是按照不同使用目的确定指标，其最主要的特征是建立一个包括不同层次的指标体系，构成指标系统最高层次为一个环境指标核心集，同时开发了大量部门指标，以便将环境因素纳入部门政策之中。

张凯等[32~35]提出清洁生产指标体系的构建原则：1）客观准确评价原则；2）全过程评价原则；3）重点突出，简明易操作原则；4）定量与定性指标相结合的原则；5）规范性原则；6）持续改进原则；7）与其他指标体系相协调的原则。清洁生产指标的种类包括：宏观性指标、微观性指标、为环境设计的指标。

清洁生产指标体系的构成和层次结构包括清洁能源、清洁生产过程和清洁产品三个方面。清洁生产指标体系的构筑也应从上述三个方面考虑，在这一层次下各自筛选若干分指标。由于行业、地区和部门的差异，清洁生产指标体系所适用的对象和作用也不相同。

清洁生产指标体系的评价模式是：为了对评价指标的原始数据进行标准化处理，使评价指标转化成统一尺度上可以相互比较的量。因此评价模式采用指数方法，分为单项评价指数法、类别评价指数法和综合评价指数法。

### 2.1.2 评价

主沉浮等[36~40]提出清洁生产的评价应从“技术-经济-环境”三方面进行。技术评价包括技术的安全、可靠性、成熟程度、操作控制难易度等；环境评价包括对拟选方案污染物削减、能源降低和环境影响改善等方面进行全面分析。采用如下3种指标：1）基本指标，包括主要原材料的消耗指标，各种形式的能耗，水的消耗指标，各类废水废气废渣的生成量和排放量，三废中各类主要污染物的生成量和排放量。2）特殊指标，用以判断基本指标未能顾及的一些特殊方面，它们涉及的数量可能不大，但对某项技术的环境性能有重要的影响或可能造成重大的潜在事故。例如，有毒有害物质、原料的用量、去处，有毒有害中间产物的生成量，易燃易爆物质的用量等。3）延伸指标，可以考察超越生产阶段的产品生命周期的一些特征，包括原材料和包装材料的环境性能，产品使用寿命、耐久性，产品可回收性、复用性以及可再循环性，产品在环境中的可降解性等。

经济评价包括估算开发和应用清洁生产技术过程中各种投入的费用和所节约的费用以及获得的各种附加效益，以确定该项技术在经济上的可盈利性或可承受性。

徐新阳等[41~46]提出清洁生产评价可分为定性评价和定量评价两大类。原料指标和产品指标一般难以定量，属进行定性评价，因而粗分为3个等级；资源和污染物产生指标易于量化，可作定量评价，因而细分为5个等级。

定量评价等级包括以下几项：清洁—有关指标达到本行业国际先进水平；较清洁—有关指标达到本行业国内先进水平；一般—有关指标达到本行业国内平均水平；较差—有关指标达到本行业国内中下水平；很差—有关指标达到本行业国内较差水平。

国外清洁生产指标也包括定量和定性两种类型，主要从经济、社会和生态环境等方面筛选和构建指标体系，有生态指标、气候变化指标、环境绩效指标、环境负荷因子、废物产生率、减废信息交换所等。我国现行的行业清洁生产指标体系主要有工艺设备与技术、资源能源利用指标、污染物产生指标、污染物循环利用指标、产品环境指标和环境管理指标6大类。前5类指标是技术指标，从技术手段体现清洁生产的要求；后一类指标是管理指标，从管理手段体现清洁生产的要求。

### 2.1.3 酒店行业实施清洁生产绩效评估现状

事实上，早在联合国环境规划署将清洁生产引入服务业以前，酒店业的环境问题在国际上就已经受到重视。如联合国环境规划署提供了可供旅馆利用的非正式材料“旅游行动软件包”，指导旅馆业的环境管理。成立于1992年的菲律宾环境商务一直致力于餐馆业的环境管理，通过考察评估餐馆操作服务程序，寻求源头削减废物机会，并编制了《餐馆经营者环境管理手册》，这其中已经开始体现清洁生产思想。1995年，加拿大全国饭店协会组织制定了世界上第一部酒店业的“绿色”分级评定标准[47]，主要从设施设备和经营管理两大方面，考察饭店在节约水资源和降低能耗、废弃物的循环利用、危害自然环境物质的使用程度等方面的状况。

清洁生产正式引入服务业以后，开始成为酒店环境管理和绿色酒店创建的主体措施。目前开展了节电、节水、能耗方面的系列关键技术研究，都可认为是酒店清洁生产研究工作的组成部分。20 世纪 90 年代中期，国内个别由国外管理集团管理的酒店开始“绿色行动”，但是仅局限于降低物资消耗和减少固体废弃物等方面。1999 年，浙江在全省范围内开展“绿色饭店”活动，清洁生产也随之实施。1999 年 3 月～2002 年 7 月，云南省环境保护局组织实施《荷兰援助——云南清洁生产审计示范项目》，在国家清洁生产中心和荷兰阿姆斯特丹大学 IVAM 研究所的指导下，对云南省旅游宾馆行业组织开展了一系列清洁生产相关工作，酒店业清洁生产进入示范阶段[48]。

在示范企业以及各项政府措施的带动下，全国各地酒店开始实施清洁生产。云南清洁生产中心被原国家环境保护总局列入全国首批开展清洁生产审计的试点机构，受原国家环境保护总局委托，为国家起草编制了《宾馆、饭店行业清洁生产审计指南》、《中华人民共和国标准——宾馆、饭店行业清洁生产技术规范》[49]。2002 年，国家环保总局编制了《宾馆饭店行业清洁生产技术要求》[50]，该技术要求为推荐性标准，可用于企业的清洁生产审计和清洁生产潜力与机会的判断，以及企业清洁生产绩效评定和企业清洁生产绩效公告。但是目前的研究工作也只能称为起步阶段，特别是没有对酒店业软件产品服务系统中间生产过程、最终服务过程提出定量化的执行标准，整体评估指标体系、标准体系也没有建立起来，更缺少主要产品服务全过程“经济—能源—环境”系统研究的理论支撑。

## 2.2 酒店硬件产品服务系统建筑环境性能评价

建筑环境性能综合评价起源于 20 世纪 90 年代初的英国，用于判别建筑在整个寿命内从建筑规划、设计、施工，竣工后使用直至报废拆除的各个阶段的环境性能的优劣，采用环境性能指数评级。

（1）英国的 BREEAM（British Research Establishment Enviromentar Methodology）[51]。1990 年由英国建筑研究院出台，命名为“英国建筑研究院环境评价系统”，是世界上第一个建筑环境性能评价系统，BREEAM 将建筑对环境的影响分为 3 类：对室内环境的影响、对室外环境的影响和对全球的影响。分别对建筑管理、健康、能源消费、交通、水的消费、原材料、土地使用、当地生态环境和污染等 9 个方面的表现评定分数，再综合得出一个总的评价结论，最后授予该建筑评价等级。同时规定了每个等级下的最低限分值。从 1990 年至今，BREEAM 已经发行了“2/91 版新建超市及超级商场”，“5/93 版新建工业建筑和非食品零售店”，“环境标准 3/95 版新建住宅”以及“BREEAM’98新建和现有办公建筑”等多个版本并已对英国的新建办公建筑市场中 25％～30％的建筑进行了评估，到 2000 年评估了 500 多个建筑项目，许多国家模仿学习。

（2）美国的 LEED[52]（Leadership in Energy and Environmen-tal Design 能源与环境设计先导计划。它是美国绿色建筑协会（USGBC）在 1995 年以现有的建筑技术为基础，给出已经得到公认的环境评价基准，以供自我评价。当建筑的某个特征达到某个标准时，将获得一定分数，该协会根据获得的总分数颁发绿色建筑认证资质，分为 4 个等级。2000 年 3 月升级为 2.0 版（LEED2.0），其中建筑选址最高占 22 分、水资源最高占 8 分、能源与环境最高占 27 分、材料和资源最高占 27 分、室内环境质量最高占 23 分。美国有 13 个建筑项目通过 LEED2.0 认证，200 多个项目申请认证。

（3）加拿大等 15 国 GBC[53]（Green Building Challenge）。由加拿大等 15 个国家组成国际绿色建筑挑战协会，为各国的建筑环境性能评价提供一个框架，希望各个国家参考这个框架来制定本国的评价系。评价标准分8个部分：1）环境可持续发展指标基准度量标准；2）物资资源消耗标准；3）建设时期的环境负荷标准；4）室内空气质量标准；5）建筑维护标准；6）建筑在寿命周期的成本额经济性；7）运行管理标准；8）术语表。目前的GB C2000采用定性和定量相结合的评价方法，内含15个国家的标准，可调整适合不同国家使用。

（4）澳大利亚的NABERS[54]（National Aus-tralian Builking Environmental Rating System）。该评价系统不仅考虑建筑自身对环境的影响，还考虑了建筑的其他基本要素对环境的影响，特别是在建筑能耗计算中重点考虑了建筑生产全过程消耗的能量，包括从原材料的开采、制造、运输和建筑的建造等过程，即所谓的建筑含能问题。通过对环境性能评价来保证本国的建筑达到一定的绿色化程度。

（5）日本的CASBEE[55]，德国的LNB，挪威的Eco Profile，法国的ESCALE。香港、台湾地区也相继推出绿色建筑评估体系，其中都广泛使用了建筑节能设计评估软件[56~63]。

我国在20世纪90年代末期实施绿色建筑工程，需要进行建筑环境性能系统评价。最初的标准都是针对民用建筑而言的。由于我国的基础条件与发达国家有很大的差距，不能盲目仿造国外的绿色建筑环境性能评估标准，所以必须创建适合我国国情的绿色建筑环境性能评估标准。2002年，我国十五科技攻关课题“绿色建筑关键技术”已经启动，内涵8大课题：1）绿色建筑环境性能规划设计导则与评估体系；2）绿色建筑结构体系与评价；3）绿色建筑的建材与部品开发评价研究；4）绿色建筑节能关键技术；5）绿色建筑节水途径；6）保障建筑室内环境的途径；7）绿色建筑的建筑绿化技术；8）示范性绿色建筑试验平台。清华大学等单位在2002年10月～2004年3月，在借鉴国外建筑环境性能评估系统的基础上，结合我国国情，以北京、上海、深圳3地为试点，研究绿色建筑环境性能规划设计导则和评估体系；开发与评估体系配套的评估软件和基础数据库；完成绿色建筑环境性能评估体系实施机制与管理方法的研究报告；对北京、上海、深圳等地10～15个建筑项目的评估，完成4～6个项目的全过程跟踪管理[64]。湖南大学张国强教授对建筑系统环境性能模拟方法进行了研究，通过对建筑系统性能现有模拟方法的详细分析，提出了一种直接集成的模拟新方法，定义了一个环境影响公共基本单位——黑点，并根据被研究国家或地区现阶段的实际情况，采用层次分析法和专家问卷调查结果，确定了各类主要环境影响的权重系数和当量值[65、66]，由于世界各地发展程度不同，提出了根据当地工程技术实际出发，进行建筑系统环境性能评价的方法，定义了可以表示被评价的建筑系统环境性能相对优劣程度的环境性能指标值，该方法可以比较准确地反映对象的实际状况，不需要经常调整标准。

虽然上述评估系统都是针对从规划方案、设计、施工和竣工后运营各个过程的环境性能质量进行评估，但是无论哪一种评价系统使用起来都很复杂，而且都明显指向本国使用，评价基准不统一。因此，需要对酒店硬件产品服务系统提出简便易行的评估体系。

## 2.3 创建绿色酒店急需解决的问题

绿色酒店的基本特征体现为安全、舒适健康和环保这三个方面。我国酒店业最差的一环就是环保。酒店业落后的生产力发展方式严重制约了环保特征的体现。循环经济以“3R”作为经济活动的行为准则，要求产品服务系统在输入端采取减量化（Reduce）方法，减少产品生产和服务过程的物资质量，在生产和服务过程中采取再使用（Reuse）方法，提高产品生产和服务过程物资利用效率；在输出端采取再循环（Recycle）方法，通过把废物再次变成资源以减少废物垃圾数量和末端处理负荷。这与酒店传统的线性开放式经济发展模式相比，显然是一种新的生产力发展方式。

### 2.3.1 基本概念

为了使读者容易理解后续内容，首先把与绿色酒店经济发展模式密切相关的基本概念介绍一下。

### 2.3.1.1 绿色酒店

绿色酒店（Eco-Efficicnt hotel）是为社会提供安全、环保、舒适、有利于人体健康的产品与服务，在整个经营管理过程中，以一种对安全、环境、资源负责任的态度，有效利用资源、节约成本，保护生态环境，引导合理消费，实现收益最大化和可持续发展。

绿色酒店的基本概念与绿色建筑有一定的区别，绿色建筑（Green Building）是指在建筑的全寿命周期（设计、施工、使用和销毁 4 个阶段）内，最大限度地节约资源（节能、节水、节地、节材）、保护环境和减少污染，为人类提供健康、适用和高效的使用空间，与自然和谐共生的建筑。绿色酒店的内涵是指酒店类建筑在全寿命周期的使用阶段，所提供的服务产品生产过程的绿色化程度。

### 2.3.1.2 循环经济

循环经济（Circular Economy）是物质闭环流动型经济（Closing Materials Cycle）的简称，以生态学规律来指导，在物质循环再生利用的基础上发展经济，即是一种建立在资源回收和循环再利用基础上的经济发展模式。

### 2.3.1.3 酒店循环经济发展模式

酒店循环经济发展模式是一种以资源节约和循环利用为核心、符合可持续发展理念的经济增长模式。遵循减量化、再利用、循环资源化三原则，软件产品服务系统实施清洁生产，贯穿“资源—产品—废弃物—再生资源”的反馈式循环过程，在尽可能地利用资源和保护环境的前提下，以尽可能小的资源消耗和环境成本，获得尽可能大的经济效益和社会效益，使酒店“经济—能源—环境”系统协调统一发展。

### 2.3.1.4 循环经济 3R 原则

(1) 减量化原则

减量化原则（Reduce）又称减物质化，要求减少进入生产和消费流程的物质量。因此，在经济活动的源头就要节约资源和减少污染物排放。在生产中通过工艺改造，减少原料的使用；在包装中适度和简单的包装；在消费中选择小巧玲珑又经久耐用的产品。

(2) 再利用原则

再利用（Reuse）原则要求尽可能地多次延长使用所购买的东西，而不是用过一次就废弃。

(3) 循环资源化原则

循环资源化（Recycle）原则要求生产出来的物品在完成其使用功能后，能重新变成可以利用的资源而不是无用的垃圾。循环经济强调"减量、再用、循环"，但三者的重要性不一样，三者的顺序也不能随意变动。循环经济的根本目标是要求在经济过程中系统地避免和减少废物，再用和循环都应建立在对经济过程进行了充分的源头削减的基础之上。

#### 2.3.1.5 循环经济的技术基础

循环经济主要依靠清洁生产技术、废物利用技术和污染处理技术作为技术基础。

#### 2.3.1.6 可再生能源

可再生能源是指从自然界获取的、可以再生的非化石能源，包括风能、太阳能、水能、生物质能、地热能和海洋能等。

#### 2.3.1.7 非传统水源

非传统水源指不同于传统市政供水的水源，包括再生水、雨水和海水等。

#### 2.3.1.8 可再利用材料

可再利用材料是指在不改变所回收物质形态的前提下进行材料的直接再利用，或经过再组合、再修复后可利用的材料。

#### 2.3.1.9 可再循环材料

可再循环材料是指已经无法进行再利用的产品通过改变其物质形态，生产成为另一种材料，使其加入物质的多次循环利用过程中的材料。

#### 2.3.1.10 可持续酒店节能

可持续酒店节能（Energy Sustainability）不仅要分析酒店能源消耗，还要分析能源消耗而产生的温室气体、大气污染物等对大气环境的影响问题。

在不同的历史背景下酒店节能的内涵也不同，发达国家酒店节能走过4个时期：20世纪70年代欧洲能源危机背景下的能量节约（Energy Saving）；20世纪80年代的能量守恒（Energy Conservation）；20世纪90年代的建筑能效（Energy Efficiency）；近年来提出的可持续酒店节能（Energy Sustainability）。前3个时期建筑节能的研究方法基于热力学第一定律和第二定律的能效分析或基于传热学和流体力学的动力学分析，都没有分析能源消耗而产生的温室气体、大气污染物等对大气环境的影响问题。

#### 2.3.1.11 酒店清洁生产

酒店清洁生产是将综合性预防战略持续地应用于酒店产品生产过程和服务过程，以提高资源和能源利用效率，将环境保护延伸到物资资源采购、产品中间生产过程和最终服务过程，通过清洁生产方案设计、环境管理体系、生命周期评价等工具将环境保护与生产技术、产品与服务的全生命周期紧密结合在一起，成为循环经济“3R”行为准则的技术支撑，最终解决酒店产品服务中间生产过程和最终服务过程“经济—能源—环境”系统物质与能量流动不平衡问题，降低对环境的影响。

### 2.3.2 酒店实施清洁生产是向循环经济发展模式转变的核心

#### 2.3.2.1 酒店业实施清洁生产的意义

酒店循环经济的本质是将清洁生产和废物综合利用融为一体，应用于产品服务系统的中间生产过程和最终服务过程，实现酒店内部“小循环”，其特点是更注重中间过程的绩效，减少后续负担。因此，酒店业实施清洁生产，将促进酒店“经济—能源—环境”三者协调平衡发展，是将传统的经济发展模式向循环经济发展模式转变的关键。

#### 2.3.2.2 制定酒店清洁生产方案

针对目前酒店产品服务系统具有“高投入、高消耗、高污染”的特点，首先要重点针对酒店软件产品服务系统的中间生产过程和最终服务过程的生产工艺特点进行分析，找出高投入、高消耗、高污染产生的部位和过程，确定内部资源高效循环利用的方式，以“3R”经济活动的行为准则，制定具体的清洁生产方案。例如：酒店餐饮服务系统，其服务工作流程为：原材料准备过程→食品制作过程→服务过程（注：原材料准备过程包括：原材料采购→入库贮存→出库粗加工）。原材料准备过程的能耗＝采购运输中的能耗＋入库贮存过程的能耗＋出库粗加工过程的能耗；食品制作过程的能耗＝加热用能耗＋切配、装盘、打荷、存放等环节的间接能耗＋下脚料不合格品的倒掉部分能耗＋厨房空调换气能耗；服务过程的能耗＝餐厅准备过程的能耗＋餐中服务过程能耗＋餐后洗涤餐具、棉织品、场地清洗过程的能耗＋未用食品倒掉的能耗。上述过程的每一个环节都要消耗能源，而且能源不是百分之百地被利用，所以必须认真调查分析每个环节的能耗，为制定清洁生产方案提供依据。目前，国内某些酒店的蔬菜采购就是采购净菜清，以减少贮藏前粗加工产生的垃圾废物，这本身就是清洁生产方案的一项内容。清洁生产方案的量化执行程度反映了清洁生产的绩效。

#### 2.3.2.3 将清洁生产绩效纳入绿色酒店评估体系

酒店软件产品服务设有三大产品服务项目、客房服务、餐饮服务和宴会服务，这三大项产品服务是酒店的经济支柱，其他形式的产品服务项目都是相应的辅助服务项目。目前酒店这三大产品服务系统从物资资源采购过程、产品中间生产过程和最终服务过程的运作方式都是相对独立、直线形的。三大服务系统之间在中间生产过程和最终服务过程没有形成互动互补循环的型，导致各自剩余的半成品产品或成品产品全部弃为垃圾，这不仅仅是物资资源的浪费，还蕴含着采购、运输、贮藏和制作过程中的各种能源资源和人力资源浪费。面对酒店业这样落后的生产力发展方式，依据循环经济原理，研究制定酒店三大软件产品服务系统的清洁生产方案，使之形成互动互补循环型，实现酒店内部的“小循环”，是体现酒店循环经济这一新的生产力发展方式的表现形式。对于酒店清洁生产方案的量化执行程度反映了酒店清洁生产的绩效，该绩效直接表现出绿色酒店的环保特征。因此，应将酒店软件产品服务系统清洁生产绩效评估作为绿色酒店评估体系的重要组成部分。

酒店硬件产品服务系统是指酒店建筑环境性能和设施[67]，其质量与绿色酒店的安全和舒适健康特征密切相关。所以，绿色酒店评估体系的框架应是软件产品服务系统清洁生产绩效评估和硬件产品服务系统建筑环境性能质量评估这两个方面的综合评估。但是目前我国还没有出台比较科学的酒店软件产品服务系统清洁生产绩效评估体系。

(1) 建立酒店清洁生产绩效评估指标体系

虽然酒店三大软件产品服务系统各自具有不同的生产工艺和不同的产品服务特点，但是任何一种产品服务系统都由中间生产过程和最终服务过程组成。因此，研究建立清洁生产指标体系需要针对清洁生产方案的每一个过程，体现出源头控制、预防作用，这一点是清洁生产绩效评估指标体系的突出特点。这些指标中有定性指标和定量指标，定性指标如管理指标，定量指标如技术经济指标。管理指标应包括清洁生产方案、操作规程完善程度，特别是产品服务全过程最佳节能操作规程的完善度，员工的执行参与程度，酒店的自我评价、顾客对最终服务的评价等。技术经济指标应反映出执行清洁生产方案产生的“再减少、再利用、再循环”的量化结果。例如产品中间生产和最终服务过程物资资源消耗程度、能源资源消耗程度、水资源消耗程度、环境废物产出数量、资源回收再利用程度等。另外，各项评价指标应既能对同一单位纵向比较，也能对不同单位横向比较，具有通用性和可比性；整个指标体系应体现层次性。

(2) 确定酒店清洁生产绩效评估指标权重

在多指标综合评价中，权重是指标体系中各指标的重要程度，权重值的大小通常与影响程度大小正相关。只有确定了各指标的权重之后，才能合理地进行分析和判断。如选取的指标一样，需要遵循一定的原则、采用科学的方法确定指标权重。

(3) 建立酒店清洁生产绩效评估标准体系

针对酒店清洁生产评估指标体系，应研究建立客观的评价标准体系。它是绩效评估的参照系，标准应能够在不同地区、不同建筑规模、不同营业水平、不同使用水平等条件下进行比较。这是一项非常重要的研究性工作，应考虑到行业的平均水平、市场需求、社会发展以及清洁生产的要求。基准值设定时要考虑国内外酒店行业现有的服务水准和管理水平，同时还要考虑相对性，以起到一定的激励作用，并通过一定的努力可以实现。对于难以量化的指标，不设定基准值，但给出明确的限定和说明，以易于酒店和其他其相关管理人员理解并获取一些相关数据。通常标准分为三级，一级标准指达到国际上同行业清洁生产先进水平，其依据为国际上酒店业统计资料中的先进数据和公开报道的国际先进水平数据。二级标准指达到国内同行业清洁生产先进水平，其依据为国内该行业统计数据中的先进企业的数据和公开报道的国内先进水平的数据。三级标准指达到国内一般清洁生产水平，以国内该行业统计资料中的平均数据为依据。若酒店实际指标值低于三级标准，则说明该酒店的清洁生产水平低于全国平均水平。可见，这需要广泛调查国内外有代表性的酒店产品服务系统中间生产过程和最终服务过程的相关数据。

## 参考文献

[1] INTERNATIONAL HOTEL&RESTAURANT ASSOCIATION. Environmental Good Practice in Hotels [M]. New York USA: The American Hotol&Motel Association, 1996, 6: 24～29

[2] INTERNATIONAL HOTEL&RESTAURANT ASSOCIATION.

Environmental GoodPractice in Hotels [M]. New York USA: The American Hotol&Motel Association, 1999, 12: 21～35

[3] INTERNATIONAL HOTEL&RESTAURANT ASSOCIATION. Environmental Good Practice in Hotels [M]. New York USA: The American Hotol&Motel Association, 2000, 4: 45～51

[4] INTERNATIONAL HOTEL&RESTAURANT ASSOCIATION. Environmental Good Practice in Hotels [M]. New York USA: The American Hotol&Motel Association, 2001, 3: 19～32

[5] INTERNATIONAL HOTEL&RESTAURANT ASSOCIATION. Environmental Good Practice in Hotels [M]. New York USA: The American Hotol&Motel Association, 2002, 6: 7～19

[6] INTERNATIONAL HOTEL&RESTAURANT ASSOCIATION. Environmental Good Practice in Hotels [M]. New York USA: The American Hotol&Motel Association, 2003, 8: 14～39

[7] Long Enshen, Wang yong, Ma Xiaofei. Identifications: the relative variation rates $RVR_s$ are approximateof in different cities with the same energy efficient measures. increase Building and Environment, 2005, 40 (4): 465～471

[8] Ranzi MF, Cappeli L. Integration between ISO 9000 and ISO 14000: opportunities and limits. Total Qual Manage 2000, 11 (4): 849～856

[9] Quazi HA, Khoo YK. Motivation for ISO 14000 certi. cation [J]: development of a predictive model. Omega, 2001, 29 (6): 525～542

[10] Ritchie I, Hayes WA. A guide to the implementation of ISO 14000 series on environmental management. Englewood Cli. s (NJ): Prentice-Hall, 1998

[11] ADEME. Final Report-Green Flag for Greener Hotels, LIFE ENV/00038/FR Project, 06/02/2001

[12] ADEME. Interim Report and Annex-Green Flag for Greener Hotels, European Commission DGXI, LIFE Program, 1999

[13] D N Trang. Resource use and waste management in Vietnam hotel industry [J]. Journal of Cleaner Production [J]. 2005, 13 (6): 109~116

[14] Alberti M, Rossi D. Evaluation of the costs and bene. ts of an environmental management system. Int J Prod Res, 2000, 38 (17): 455~466

[15] Anderson J. Development of an environmental research strategy in Sweden. J Constr Steel Res, 1998, 46 (3): 13~24

[16] Berkel R, Kampen MV, Kortman J. Opportunities and constrains for product-oriente environmental management system (P-EMS). J Clean Prod, 1999, 7 (6): 447~455

[17] Berry MA, Rondinelli DA. Proactive corporate environmental management: a new industrial revolution. Acad Manage Exec, 1998, 12 (2): 38~50

[18] Biro JA, Junquera B. In. uence of the perception of the external environmental pressures on obtaining the ISO 14001 standard in Spanish industrial companies. Int J Prod Res, 2003, 41 (2): 337~348

[19] IHR. Environmental Good Practice in Hotels [M]. New York USA: The American Hotol&Motel Association, 1999, 10: 41~45

[20] IHR. Environmental Good Practice in Hotels [M]. New York USA: The American Hotol&Motel Association, 2000, 2: 11~15

[21] IHR. Environmental Good Practice in Hotels [M]. New York USA: The American Hotol&Motel Association, 2001, 10: 47~51

[22] 张昆. 创办绿色酒店 [J]. 中国旅游, 2001, 1: 14~15

[23] 中国饭店协会. 绿色饭店标准. http//www.ep.net.cn/cgi-bin/dbbz/doc.cgi?id=271

[24] Brilhante. Ogenis, Frank. Ed. 城市环境管理与可持续发展 (Municipal Environmental 待 Mana-gement and Sustainable Development). 北京: 中国环境科学出版社. 2003, 187~251

[25] W. Lee Kuhre. ISO14031-Environmental Performance Evaluation.

Upper Saddle River, N. J. Prentice Hall PTR. 1997, 93～98
[26] 王学军，何炳光，赵鹏高. 清洁生产概论 [M]. 北京：中国检察出版社. 2000，261～332
[27] 王守兰，武少华，万融. 清洁生产理论与实务 [M]. 北京：机械工业出版社. 2002，75～107
[28] 李祚泳，丁晶，彭荔红. 环境质量评价原理及方法 [M]. 北京：化学工业出版社. 2004，56～60
[29] 秦寿康. 综合评价原理与应用 [M]. 北京：电子工业出版社. 2003，23～43
[30] 吴清烈，蒋尚华. 预测与决策分析 [M]. 南京：东南大学出版社. 2004，194～210
[31] 朱慎林，赵毅红，周中评. 清洁生产导论 [M]. 北京：化学工业出版社. 2001，271～274
[32] 张凯，崔兆杰. 清洁生产理论与方法 [M]. 北京：科学出版社. 2005，76～98
[33] 熊文强，郭孝菊，洪卫. 绿色环保与清洁生产概论 [M]. 北京：化学工业出版社. 2002，165～214
[34] 施耀，张清宇等. 21 世纪的环保理念-污染综合预防 [M]. 北京：化学工业出版社. 2002，178～221
[35] Paul L. Bishop. Pollution Prevention: Fundamentals and Practice [M]. Boston: McGrawHill. 2000，227～265
[36] 主沉浮，孙良，魏云鹤，林秀丽. 清洁生产的理论和实践 [M]. 济南：山东大学出版社. 2003，38
[37] 彭国富，张玲芝. 清洁生产与可持续发展的控制 [M]. 北京：中国计量出版社. 2001，30～44
[38] 黄进. ISO 14001 环境管理体系实施精要 [M]. 北京：中国标准出版社. 2003，53～60
[39] 周律. 清洁生产. 北京：中国环境科学出版社 [M]. 2001，161～172
[40] 于启武. 环境管理标准化理论与方法 [M]. 北京：首都贸易大学出版社. 2001，117～133

［41］ 徐新阳．环境评价教程［M］．北京：化学工业出版社．2004，30～35
［42］ 朱坦．战略环境评价［M］．天津：南开大学出版社．2005，1～18
［43］ 欧祝平，肖建华，郭雄伟．环境行政管理学［M］．北京：中国林业出版社．2004，115～128
［44］ 付亚和，许玉林．绩效管理［M］．上海：复旦大学出版社．2003，256～263
［45］ Rob Gray，Jan Bebbingbon. Accounting for the Environment. London［M］：Sage Publication of London. 2003.，41～48
［46］ 中国 21 世纪议程管理中心，中科院地理科学与资源研究所编译．可持续发展指标体系的理论与实践［M］．北京：社会科学文献出版社．2004，52～60
［47］ 田守业．世界上第一部酒店业的绿色评定标准［J］．中国人口与环境，1996，6（4）：28～31
［48］ 田守业．云南省旅游宾馆行业清洁生产工作示范［J］．中国人口与环境，2000，10（6）：22～24
［49］ 云南清洁生产中心编．宾馆、饭店行业清洁生产技术规范［M］．北京：环境出版社，2001
［50］ 国家环保总局编．宾馆饭店行业清洁生产技术要求［M］．北京：环境出版社，2002
［51］ Garston Watford. BREEAM/New Office Version 1/93，an environmental assessment for new office designs［M］．United Kingdom：Building Research Establishment，1993
［52］ U. S. Green Building Council. LEED Rating System Version2.0［M］．Washington，DC：U. S. Green Building Council，2001
［53］ Raymond J Cole，Nils Larsson. GBC2000Assessment manual［M］．Ottawa：Natural Resources Canada，2000
［54］ Mark Goedkoop，Renilde Spriensma. The Eoo-indicator99：A damage oriented method for Life Cycle Impact Assessment

[M]. Netherlands：PR Consults，2000，88～139

[55] 日本可持续建筑学会编著，石文章译. CASBEE建筑物综合环境性能评价系统 [M]. 北京：中国建筑工业出版社，2005，7

[56] http://www. eere. energy. gov/buildings/tools-directory/. 美国能源部节能及可再生能源网站，建筑能耗模拟软件目录

[57] LBNL U S. DOE-2. 1E Engineer manual. 1998

[58] Winkelmann F C，et al. DOE-2 BDL summary. Version 2. 1E. Environment Division，Lawrence Berkeley National Laboratory，University of California，1993

[59] Rouleta C A，Flourentzoua F，Labbena H H，et al. ORME-a multicriteria rating methodology for buildings. Building and Environment，2002，37 (6)：579～586

[60] JGJ 134—2001 夏热冬冷地区居住建筑节能设计标准

[61] JGJ 75—2003 夏热冬暖地区居住建筑节能设计标准

[62] Long Enshen，Wang yong，Ma Xiaofei. Identifications：the relative variation rates $RVR_s$ are approximateof in different cities with the same energy efficient measures. increase Building and Environment，2005，40 (4)：465～471

[63] Long Enshen. Identifications：the relative variation rates ($RVR_s$) of cooling and heating are approxinmate in different cities with the same increase of shape coefficients. Building and Environment，2005，40 (4)：481～488

[64] 秦佑国. 中国绿色建筑评估体系的研究. http：//www. topenergy. org，2005，10

[65] 张国强. 建筑系统环境性能模拟方法研究 [J]. 建筑热能通风空调，2004，23 (4)：1～5

[66] 张国强. 建筑系统环境性能评价方法研究 [J]. 建筑热能通风空调，2004，23 (4)：6～10

[67] 高兴. 建立循环经济发展模式绿色酒店评估体系 [J]. 建筑科学，2007，23 (2)：61～65

# 第3章　酒店软件产品服务经济—能源—环境系统分析

酒店软件产品服务主要包括餐饮、房务、宴会三大项，这是酒店三大营业收入来源。通常需要中间生产过程和最终服务过程来实现，在这两个过程中都将消耗人力资源、物资资源、能源资源和水资源，同时产生环境废弃物。本章根据绿色酒店的定义，建立了绿色酒店的数学表达式；针对酒店行业软件产品服务的特点，建立了经济—能源—环境系统投入产出模型，对酒店经济—能源—环境系统进行定量分析，为建立酒店软件产品服务清洁生产绩效评估指标体系和标准体系提供理论依据。

## 3.1　建立绿色酒店数学表达式

根据绿色酒店的定义，给出数学表达式如下：

$$B=\frac{Q_1\times\omega_1+Q_2\times\omega_2}{S+H}$$

式中　$\omega$——权重系数；

$Q_1$——酒店硬件产品服务质量；

$Q_2$——酒店软件产品服务质量；

$S$——酒店运作过程所消耗的自然资源；

$H$——酒店运作过程对环境的影响和破坏；

$B$——酒店收益，即酒店运作全过程获得与付出的比值。

绿色酒店要求在提高 $Q_1$、$Q_2$ 的同时，尽量减少 $S$、$H$，追求收益 $B$ 的最大化。其中 $Q_1$、$Q_2$、$S$、$H$ 是影响酒店收益（绿色化程度）$B$ 的四大因素，因此需要从酒店经济—能源—环境系统入手研究。

## 3.2 酒店软件产品服务经济—能源—环境系统投入产出模型

酒店软件产品服务通常需要中间生产过程和最终服务过程来实现，在这两个过程中都将消耗人力资源、物资资源、能源资源和水资源，同时产生环境废弃物。因此，该计算模型的框架需要体现出各项产品中间生产过程和最终服务过程的投入产出数量结构和集成关系。由于酒店之间的规模不同、营业水平不同、使用水平不同、产品服务系统配置能源种类也有差异，所以各种能源在使用阶段或在整个寿命周期都将产生不同数量的环境负荷。从可持续发展的角度分析酒店经济—能源—环境系统投入产出关系时，不仅要分析使用阶段的物资资源、能源资源和水资源的消耗数量，还要分析由于资源消耗而产生的污染物和温室气体对环境的影响。模型的建立基于以下几点：1）产品中间生产和最终服务过程物资资源消耗、能源消耗和废物产生的数量关系；2）产品中间生产和最终服务寿命周期能源消耗和废物产生的数量关系。

设：$x_{ij}$ 为酒店第 $i$ 种产品服务，有 $j$ 个中间生产过程，消耗的物资资源数量；

$y_i$ 为最终服务过程消耗的物质资源数量；

$Q_i$ 为酒店第 $i$ 种产品服务中间生产过程和最终服务过程消耗物资资源总数量；

$Y_i$ 为酒店第 $i$ 种产品服务系统总营业收入；

$E_{ij}$ 为第 $j$ 个中间生产过程消耗第 $i$ 种能源资源数量；

$y_{Ei}$ 为最终服务过程所消耗第 $i$ 种能源资源数量；

$Q_{Ei}$ 为中间生产过程和最终服务过程消耗第 $i$ 种能源资源总量；

$Q_{Ei,tro}$、$Q_{Ei,pro}$、$Q_{Ei,fee}$ 为运输、生产、开采 1kJ 能量时的能耗；

$Q_{Ei,LC}$ 为产品中间生产和最终服务全过程各种能源资源寿命周期消耗数量；

$P_{ij}$为第$j$个中间生产过程产生的第$i$种废物的数量；

$y_{pi}$为最终服务过程产生的第$i$种废物的数量；

$Q_{Pi}$为中间生产过程和最终服务过程产生的第$i$种废物的总量；

$Q_{Pi,T,use}$为中间生产过程和最终服务过程消耗1kJ能量时的废物排放量（使用阶段排放系数）；

$Q_{Pi,T,tro}$、$Q_{Pi,T,pro}$、$Q_{Pi,T,fee}$为运输、生产、开采1kJ能量时的废物排放量（运输、生产、开采阶段排放系数）；

$Q_{Pi,T,LC}$为产品中间生产和最终服务全过程各种能耗寿命周期总排放；

$Q_{Pi,C,use}$为中间生产过程和最终服务过程消耗1kJ能量时的废物城市排放量（使用阶段城市排放系数）；

$Q_{Pi,C,tro}$、$Q_{Pi,C,pro}$、$Q_{Pi,C,fee}$为运输、生产、开采1kJ能量时的废物城市排放量（运输、生产、开采阶段城市排放系数）；

$Q_{Pi,C,LC}$为产品中间生产和最终服务全过程各种能耗寿命周期城市排放量。

建立以下计算关系式：

### 3.2.1 酒店产品中间生产与最终服务过程物资资源耗用数量

$$Q_i = \sum_{j=1}^{n} x_{ij} + y_i \qquad (i=1、2、\cdots、n) \qquad (3\text{-}1)$$

### 3.2.2 酒店产品中间生产与最终服务过程各种能源资源消耗数量

$$Q_{Ei} = \sum_{j=1}^{n} E_{ij} + y_{Ei} \qquad (i=1、2、\cdots、n) \qquad (3\text{-}2)$$

### 3.2.3 酒店产品中间生产与最终服务全过程寿命周期能耗数量

$$Q_{Ei,LC} = \sum_{i}^{n} Q_{Ei}(1+Q_{Ei,tra}+Q_{Ei,pro}+Q_{Ei,fee}) \qquad (3\text{-}3)$$

$$(i=1、2、\cdots、n)$$

### 3.2.4 酒店产品中间生产与最终服务过程各种能耗产生的废物数量

$$Q_{Pi}=\sum_{j=1}^{n}P_{ij}+y_{Pi} \qquad (i=1、2、\cdots、n) \tag{3-4}$$

### 3.2.5 酒店产品中间生产与最终服务全过程寿命周期能耗产生的总排放（主要污染物排放和温室气体排放）

$$Q_{Pi,T,LC}=\sum_{i}^{n}Q_{Ei}(Q_{Pi,T,use}+Q_{Pi,T,tra}+Q_{Pi,T,pro}+Q_{Pi,T,fee})$$

$$(i=1、2、\cdots、n) \tag{3-5}$$

### 3.2.6 酒店产品中间生产与最终服务全过程寿命周期能耗产生的污染物城市排放

$$Q_{Pi,C,LC}=\sum_{i}^{n}Q_{Ei}(Q_{Pi,C,use}+Q_{Pi,C,tra}+Q_{Pi,C,pro}+Q_{Pi,C,fee})$$

$$(i=1、2、\cdots、n) \tag{3-6}$$

令 $a_{ij}=\frac{x_{ij}}{Y_i}$，$a_{iy}=\frac{y_i}{Y_i}$，分别表示第 $i$ 项产品服务单位产值在 $j$ 个中间生产过程和最终服务过程消耗的物资资源数量，称为中间生产过程和最终服务过程物资资源直接消耗系数；$a_{ij,rec}=\frac{x_{ij,rec}}{Y_i}$，$a_{iy,rec}=\frac{y_{i,rec}}{Y_i}$，分别表示第 $i$ 项产品服务单位产值在 $j$ 个中间生产过程和最终服务过程再循环利用的物资资源数量，称为中间生产过程和最终服务过程物资资源再循环利用系数；$e_{ij}=\frac{E_{ij}}{Y_i}$，$e_{iy}=\frac{y_{Ei}}{Y_i}$，分别表示在 $j$ 个中间生产过程和最终服务过程单位产值所消耗的第 $i$ 种能源资源数量，称为中间生产过程和最终服务过程能源资源直接消耗系数；$e_{ij,rec}=\frac{E_{ij,rec}}{Y_i}$，$e_{iy,rec}=\frac{y_{Ei\,rec}}{Y_i}$，分别表示在 $j$ 个中间生产过程和最终服务过程单位产值所使用的第 $i$ 种再生能源资源数量，称为中间生产过程和最终服务过程再生能源资源利用系数；$p_{ij}=\frac{P_{ij}}{Y_i}$，$p_{iy}=\frac{y_{pi}}{Y_i}$，分别表示在 $j$ 个中间生产过程和最终服务过程单位产值的能源消耗而所产生的第 $i$ 种污染物数量，称为中间生产过程和最终服务过程污染物直接产生系数。$p_{ij,rec}=\frac{P_{ij,rec}}{Y_i}$，$p_{iy,rec}=\frac{y_{pi,rec}}{Y_i}$，分别表示在 $j$ 个中间生产过程和最终服务过程单位产值所回用的第 $i$ 种废物数量，称为中间生产过程和最终服务过程废物回收系数。将 $\alpha_{ij}$，$\alpha_{ij\,rec}$，$\alpha_{iy}$，$\alpha_{iy\,rec}$，$e_{ij}$，$e_{ij\,rec}$，$e_{iy}$，$e_{iy,rec}$，$p_{ij}$，$p_{ij,rec}$，$p_{iy}$，$p_{iy,rec}$分别带入式（3-1）、式（3-2）和式（3-4），得出：

$$Q_i=\sum_{j}^{n}(a_{ij}-a_{ij,rec})Y_i+(a_{iy}-a_{iy,rec})Y_i \quad (i=1、2、\cdots、n) \tag{3-7}$$

$$Q_{Ei}=\sum_{j}^{n}(e_{ij}-e_{ij,rec})Y_i+(e_{iy}-e_{iy,rec})Y_i \quad (i=1、2、\cdots、m) \tag{3-8}$$

$$Q_{Pi}=\sum_{j}^{n}(p_{ij}-p_{ij,rec})Y_i+(p_{iy}-p_{iy,rec})Y_i \quad (i=1、2、\cdots、l) \tag{3-9}$$

式（3-7）~式（3-9）反映了酒店产品中间生产和最终服务过程经济产值与能源消耗、环境废物产出数量上的集成关系。

应用上述综合模型可以对酒店软件产品服务系统中间生产过程和最终服务过程进行各种资源直接消耗分析比较、污染物或垃圾等废物的产生分析比较，以及资源和废物再利用分析比较。上述投入产出系数和循环再利用系数是衡量酒店产品服务系统中间生产过程和最终服务过程清洁生产绩效的重要指标。

## 3.3 酒店餐饮服务全过程能耗寿命周期评价

调查显示，酒店餐饮区域的建筑面积平均占建筑总面积的8%左右，酒店餐饮服务全过程能源消耗占酒店总体的50%以上，而且能耗种类较多。所以，需要合理地配置使用各类能源数量比例。本着可持续节能的理念，使用寿命周期分析方法讨论酒店餐饮服务全过程各类能源消耗和能耗寿命环境负荷问题，为优化各类能源的合理配置，制定能耗标准提供理论依据。

国际标准化组织 ISO 对全寿命周期评价的定义为：生命周期评价是测定产品或服务系统在整个生命周期中物质和能源的投入产出以及对环境影响的一种方法，其目的在于评估能量和物质利用，以及废物排放对环境的影响，寻求改善方法。这种评价贯穿于产品或服务系统的整个生命周期，包括原材料的提取与加工，产品生产、运输及销售；产品的使用、再利用和维护；废物循环和最终废物弃置[1]。许多国家都将该分析方法应用于建筑节能设计评价领域[2-9]，例如由美国能源部（DOE）和美国劳伦斯·伯克利国家实验室（Lawrence Berkeley Nantional Laboratory）共同研发的 DOE-2.1E 及 PowerDOE，VisualDOE，EZ-DOE，DesiCalc；由美国伊利诺斯大学研发的 BLAST（Building Loads Analysis and System Thermodynamics）；由美国得克萨斯建筑大学研发的 ENER-WIN；由美国生态建筑委员会（Sustainable Buildings Industry Council）和美国威斯康星大学太阳能实验室开发的 TRNSYS（Transient System Simulation Program）主持研发的 Energy-10；由加拿大 CANMET Energy Technology Center 能源科技中心研发的 HOT2-XP；由英国斯特拉斯克莱德大学机械学院（Department of Mechanical Engineering，University of Strathclyde）研发的 ESP-r 软件等等。但是在各类建筑处于部分负荷运行阶段的能源消耗寿命周期评价问题还研究的很少。

酒店餐饮服务全过程使用的能源要经过开采、生产、运输而来，餐饮服务全过程的能耗属于末端使用阶段，耗能量的寿命周期包括能源的开采、生产、运输和使用四个阶段。对于和能源资源相关的环境问题主要关注这四个阶段能源资源的耗竭（可用矿物燃料的消耗量来衡量）、温室气体的排放（可用 $CO_2$ 气体的排放量来衡量)、污染物的总排放和城市排放（主要指 $SO_x$、$NO_x$、CO 和 $PM_{10}$ 直径小于 $10\mu m$ 的颗粒物)[10]。

### 3.3.1 清单分析

清单分析包括确定寿命周期边界、环境因素、评价功能、建立模型或收集数据进行清单计算。

#### 3.3.1.1 寿命周期边界

能源经开采、生产、运输和使用四个阶段构成完整的寿命周期边界。

#### 3.3.1.2 环境影响因子

在能源寿命周期边界内始终伴随着污染物的产生和能源资源的耗竭。对于建筑物而言，属于使用阶段耗能，主要包括电、蒸汽、燃气，它们经开采、生产、运输和使用四个阶段产生的污染物本文重点选出 SOx、NOx、CO、$PM_{10}$ 这四种；能源资源的耗竭只要指矿物燃料消耗，将它们称为环境影响因子，确定为清单分析参数。

#### 3.3.1.3 评价功能

评价能源经开采、生产、运输和使用四个阶段后对大气环境的污染和影响程度、对城市大气环境的污染和影响程度、温室气体排放程度和能源资源的耗竭的程度。以此为依据，促进酒店餐饮服务全过程通过改变产品、生产过程和服务以及设备配置结构，动态提高物质资源、能源资源利用率和供给质量，达到改善环境性能和降低成本的目的。

#### 3.3.1.4 计算模型框架

根据式（3-1)～式（3-6)，寿命周期总能耗量是由各个阶段过程能耗量的求和，总能耗量和各个阶段过程能耗量都与餐饮服务全过程使用阶段能耗量成线性比例关系；能源寿命周期总环境负荷也是由各个阶段过程环境负荷的求和，总环境负荷和各个阶段过程环境负荷都与餐饮服务全过程使用阶段能耗量成线性比例关系，所以酒店餐饮服务全过程能源寿命周期末端使用阶段的节能与整个寿命周期环境效益改善成线性比例关系。

各种能源的开采、生产和运输过程都要消耗其他形式的能源，能源之间的相互关系需要建立各阶段的模型。文献［10］建立了各阶段模型并使用BESLCI软件计算了建筑物耗电、燃油、燃煤和燃气等多种能源寿命周期单位面积环境负荷。为了计算方便，本书将各种能源寿命周期单位面积环境负荷换算成建筑物各种能源消耗1GJ能量的寿命周期环境负荷，结果见表3-1（其中燃油、燃煤和天然气是针对锅炉而言的，煤气是对厨房而言的）。

从表3-1数据看出：1）使用阶段的各种能源中天然气消耗1GJ能量，寿命周期矿物燃料消耗、污染物总排放、城市排放和$CO_2$排放都是最低的，所以建筑物以天然气作为燃料是最具有环境效益的；而燃油寿命周期能耗高于燃煤，这是由于在油的开采和生产过程的能耗高于煤的开采和生产；2）使用阶段电能源消耗1GJ能量，寿命周期矿物燃料消耗、污染物总排放和$CO_2$排放都是最高的，这是电力生产阶段造成的。虽然建筑物电力使用阶段没有城市排放，但是表3-1中的数据说明电力生产阶段污染物也排向了城市。

**使用阶段各种能源消耗1GJ能量寿命周期环境负荷**

**表3-1**

| 指　　标 | 单位 | 耗电 | 燃油 | 燃煤 | 天然气 | 人工煤气 | 合计 |
|---|---|---|---|---|---|---|---|
| 矿物燃料消耗 | GJ/GJ | 3.15 | 1.33 | 1.17 | 1.14 | 1.15 | 7.94 |
| $Q_{PM10,T,LC}$ | kg/GJ | 0.11 | 0.073 | 0.35 | 0.007 | 0.21 | 0.75 |
| $Q_{PM10,T,LC}$扩散量 | $m^3$/GJ | 440000 | 292000 | 1400000 | 28000 | 840000 | 3000000 |
| $Q_{Sox,T,LC}$ | kg/GJ | 1.79 | 0.23 | 0.66 | 0.06 | 0.44 | 3.18 |
| $Q_{Sox,T,LC}$扩散量 | $m^3$/GJ | 7160000 | 920000 | 2640000 | 240000 | 1760000 | 12720000 |
| $Q_{Nox,T,LC}$ | kg/GJ | 1.28 | 0.15 | 0.27 | 0.09 | 0.20 | 1.99 |
| $Q_{Nox,T,LC}$扩散量 | $m^3$/GJ | 8533333 | 1000000 | 1800000 | 600000 | 1333333 | 13266667 |
| $Q_{CO,T,LC}$ | kg/GJ | 0.22 | 0.044 | 0.18 | 0.05 | 0.12 | 0.614 |
| $Q_{CO,T,LC}$扩散量 | $m^3$/GJ | 36667 | 7333 | 30000 | 8333 | 20000 | 102333 |
| 大气污染扩散量合计 | $m^3$/GJ | 16170000 | 2219333 | 4610000 | 876333 | 3953333 | 29089000 |

续表

| 指　标 | 单位 | 耗电 | 燃油 | 燃煤 | 天然气 | 人工煤气 | 合计 |
|---|---|---|---|---|---|---|---|
| $Q_{PM10,C,LC}$ | kg/GJ | 0.005 | 0.06 | 0.35 | 0.004 | 0.21 | 0.629 |
| $Q_{PM10,C,LC}$扩散量 | $m^3$/GJ | 33333 | 400000 | 2333333 | 26667 | 1400000 | 4193333 |
| $Q_{Sox,C,LC}$ | kg/GJ | 0.089 | 0.15 | 1.75 | 0.003 | 1.05 | 3.042 |
| $Q_{Sox,C,LC}$扩散量 | $m^3$/GJ | 593333 | 1000000 | 11666667 | 20000 | 7000000 | 20280000 |
| $Q_{Nox,C,LC}$ | kg/GJ | 0.064 | 0.085 | 0.66 | 0.05 | 0.40 | 1.259 |
| $Q_{Nox,C,LC}$扩散量 | $m^3$/GJ | 640000 | 850000 | 6600000 | 500000 | 4000000 | 12590000 |
| $Q_{CO,C,LC}$ | kg/GJ | 0.011 | 0.03 | 0.49 | 0.04 | 0.30 | 0.871 |
| $Q_{CO,C,LC}$扩散量 | $m^3$/GJ | 2570 | 7500 | 122500 | 10000 | 75000 | 217570 |
| 城市污染扩散量合计 | $m^3$/GJ | 1269236 | 2257500 | 20722500 | 556667 | 12475000 | 37280903 |
| $CO_2$ 排放 | kg/GJ | 324.94 | 105.02 | 119.94 | 69.4 | 98.5 | 717.8 |

使用阶段各种能源消耗 1GJ 能量的寿命周期综合环境负荷比较（以天然气为基准），详见表 3-2。

**使用阶段各种能源消耗 1GJ 能量的寿命周期综合环境负荷比较**

**表 3-2**

| 指　标 | 耗电 | 燃油 | 燃煤 | 天然气 | 人工煤气 |
|---|---|---|---|---|---|
| 矿物燃料消耗 | 2.763 | 1.167 | 1.026 | 1 | 1.009 |
| 大气污染扩散量 | 18.452 | 2.532 | 5.26 | 1 | 4.511 |
| 城市污染扩散量 | 2.281 | 4.055 | 37.226 | 1 | 22.41 |
| $CO_2$ 排放 | 4.682 | 1.513 | 1.728 | 1 | 1.419 |
| 合计 | 28.178 | 9.267 | 45.24 | 4 | 29.349 |
| 比较系数 | 7.045 | 2.317 | 11.31 | 1 | 7.337 |

#### 3.3.1.5　8 家酒店餐饮服务全过程耗能寿命周期环境负荷

大连 A、大连 D、南京 E 和上海 F 四家酒店只依靠自家燃油锅炉生产蒸汽；上海 H 酒店依靠自家燃油锅炉和燃气（天然气）锅炉生产蒸汽；大连 B、大连 C 和北京 G 三家酒店依靠自家燃油锅炉和市政蒸汽（燃煤锅炉生产）。依据式（3-2）～式（3-6）的计算模型和表 3-1 中酒店各种能源消耗 1GJ 能量寿命周期环境负荷，结合 8 家酒店餐饮服务全过程的各种能耗量，可计算得到 8 家酒店全寿命周期环境负荷，结果见表 3-3～表 3-11(天然气的燃烧值是 $7.1\times10^4$kJ/m$^3$、人工煤气燃烧值为 $3.9\times10^4$kJ/m$^3$、轻油燃烧值为 $4.6\times10^4$kJ/kg，煤燃烧值为 $3.4\times10^4$kJ/kg；燃煤锅炉效率为 75%、热电厂管道输送蒸汽热损失为 10%，酒店自设轻油锅炉效率为 88%、天然气锅炉效率为 90%)。为便于计算，首先将 8 家酒店餐饮服务全过程年能耗单位换算成 GJ，见表 3-3。

**8 家酒店餐饮服务全过程年燃料、电力能耗比例结构**

**表 3-3**

| 内　容 | 单位 | 大连 A | 大连 B | 大连 C | 大连 D | 南京 E | 上海 F | 北京 G | 上海 H |
|---|---|---|---|---|---|---|---|---|---|
| 年用蒸汽量 | t | 6633.7 | 9239.8 | 13123.1 | 13658.6 | 5921 | 5619.6 | 8752.6 | 8662.5 |
| 燃油锅炉耗油占总能耗比例 | t<br>$\times10^3$GJ<br>% | 380.4<br>17.52<br>51.9 | 166.7<br>7.67<br>14.2 | 217.4<br>10<br>13.8 | 783.3<br>36.03<br>53.7 | 345.6<br>15.89<br>35.1 | 319.4<br>14.69<br>30.8 | 147.2<br>6.66<br>13.32 | 212.22<br>9.76<br>15.23 |
| 燃煤锅炉耗煤占总能耗比例 | t<br>$\times10^3$GJ<br>% | 0<br>0<br>0 | 646.9<br>21.9<br>40.6 | 916.4<br>31.2<br>42.9 | 0<br>0<br>0 | 0<br>0<br>0 | 0<br>0<br>0 | 638.2<br>21.7<br>43.38 | 0<br>0<br>0 |
| 天然气锅炉耗气占总能耗比例 | m$^3$<br>$\times10^3$GJ<br>% | | | | | | | | 158450<br>12.5<br>19.5 |
| 年耗电量占总能耗比例 | $\times10^3$ kWh<br>$\times10^3$GJ<br>% | 2374.5<br>8.54<br>25.3 | 4487.9<br>16.14<br>29.9 | 5442.4<br>19.57<br>26.9 | 4327.9<br>15.57<br>23.2 | 4034.9<br>14.51<br>32 | 4994.7<br>17.96<br>37.6 | 3857.7<br>13.87<br>27.73 | 5460.3<br>19.64<br>30.65 |
| 年耗煤气量占总能耗比例 | m$^3$<br>$\times10^3$GJ<br>% | 197563<br>7.7<br>22.8 | 212782<br>8.3<br>15.4 | 303098<br>11.82<br>16.4 | 397823<br>15.52<br>23.1 | 381566<br>14.88<br>32.9 | 386591<br>15.08<br>31.6 | 199848<br>7.79<br>15.57 | 568994<br>22.19<br>34.62 |
| 餐饮年燃料、电能耗总量合计 | $\times10^3$GJ | 33.76 | 54.01 | 72.59 | 67.12 | 45.28 | 47.73 | 50.02 | 64.09 |
| 餐饮年使用能耗总量合计 | $\times10^3$GJ | 31.21 | 52.4 | 61.01 | 61.92 | 42.75 | 45.72 | 41.42 | 61.38 |

**大连 A 酒店餐饮服务全过程能耗寿命周期环境负荷　　表 3-4**

| 指　标 | 单位 | 耗电 | 燃油 | 燃煤 | 天然气 | 人工煤气 | 合计 |
|---|---|---|---|---|---|---|---|
| 矿物燃料消耗 | $\times 10^3$GJ | 26.9 | 23.3 | 0 | 0 | 9.63 | 59.83 |
| $Q_{PM10,T,LC}$ | t | 0.94 | 1.28 | 0 | 0 | 1.62 | 3.84 |
| $Q_{Sox,T,LC}$ | t | 15.3 | 4.03 | 0 | 0 | 3.39 | 22.72 |
| $Q_{Nox,T,LC}$ | t | 10.93 | 2.58 | 0 | 0 | 1.54 | 15.05 |
| $Q_{CO,T,LC}$ | t | 1.88 | 0.77 | 0 | 0 | 0.85 | 3.5 |
| $Q_{PM10,C,LC}$ | t | 0.043 | 1.05 | 0 | 0 | 1.62 | 2.72 |
| $Q_{Sox,C,LC}$ | t | 0.76 | 2.63 | 0 | 0 | 7.32 | 10.7 |
| $Q_{Nox,C,LC}$ | t | 0.55 | 1.49 | 0 | 0 | 2.85 | 4.89 |
| $Q_{CO,C,LC}$ | t | 0.09 | 0.53 | 0 | 0 | 2 | 2.62 |
| $CO_2$ 排放 | t | 2774.9 | 1839.9 | 0 | 0 | 1296.3 | 5911.1 |

**大连 B 酒店餐饮服务全过程能耗寿命周期环境负荷　表 3-5**

| 指　标 | 单位 | 耗电 | 燃油 | 燃煤 | 天然气 | 人工煤气 | 合计 |
|---|---|---|---|---|---|---|---|
| 矿物燃料消耗 | $\times 10^3$GJ | 50.84 | 10.2 | 25.62 | 0 | 10.38 | 97.04 |
| $Q_{PM10,T,LC}$ | t | 1.78 | 0.56 | 7.67 | 0 | 1.74 | 11.75 |
| $Q_{Sox,T,LC}$ | t | 28.89 | 1.76 | 14.45 | 0 | 3.65 | 48.75 |
| $Q_{Nox,T,LC}$ | t | 20.66 | 1.15 | 5.91 | 0 | 1.66 | 29.38 |
| $Q_{CO,T,LC}$ | t | 3.55 | 0.34 | 3.94 | 0 | 0.92 | 8.74 |
| $Q_{PM10,C,LC}$ | t | 0.08 | 0.46 | 7.67 | 0 | 1.74 | 9.95 |
| $Q_{Sox,C,LC}$ | t | 1.44 | 1.15 | 38.33 | 0 | 7.89 | 48.8 |
| $Q_{Nox,C,LC}$ | t | 1.03 | 0.65 | 14.45 | 0 | 3.07 | 19.2 |
| $Q_{CO,C,LC}$ | t | 0.18 | 0.23 | 10.73 | 0 | 2.16 | 13.3 |
| $CO_2$ 排放 | t | 5244.5 | 805.5 | 2626.69 | 0 | 1397.3 | 10073.0 |

**大连 C 酒店餐饮服务全过程能耗寿命周期环境负荷　表 3-6**

| 指　标 | 单位 | 耗电 | 燃油 | 燃煤 | 天然气 | 人工煤气 | 合计 |
|---|---|---|---|---|---|---|---|
| 矿物燃料消耗 | $\times 10^3$GJ | 61.65 | 13.3 | 36.50 | 0 | 14.77 | 126.22 |
| $Q_{PM10,T,LC}$ | t | 2.15 | 0.73 | 10.92 | 0 | 2.48 | 16.28 |
| $Q_{Sox,T,LC}$ | t | 35.03 | 2.3 | 20.59 | 0 | 5.2 | 63.12 |
| $Q_{Nox,T,LC}$ | t | 25.05 | 1.5 | 8.42 | 0 | 2.36 | 37.33 |
| $Q_{CO,T,LC}$ | t | 4.3 | 0.4 | 5.62 | 0 | 1.3 | 11.6 |

续表

| 指　标 | 单位 | 耗电 | 燃油 | 燃煤 | 天然气 | 人工煤气 | 合计 |
|---|---|---|---|---|---|---|---|
| $Q_{PM10,C,LC}$ | t | 0.098 | 0.6 | 10.92 | 0 | 2.48 | 14.1 |
| $Q_{Sox,C,LC}$ | t | 1.74 | 1.5 | 54.6 | 0 | 11.23 | 69.07 |
| $Q_{Nox,C,LC}$ | t | 1.25 | 0.85 | 20.59 | 0 | 4.37 | 27.06 |
| $Q_{CO,C,LC}$ | t | 0.22 | 0.3 | 15.29 | 0 | 3.07 | 18.88 |
| $CO_2$ 排放 | t | 6359.1 | 1050.2 | 3742.13 | 0 | 1989.9 | 13141.3 |

**大连 D 酒店餐饮服务全过程能耗寿命周期环境负荷　表 3-7**

| 指　标 | 单位 | 耗电 | 燃油 | 燃煤 | 天然气 | 人工煤气 | 合计 |
|---|---|---|---|---|---|---|---|
| 矿物燃料消耗 | $\times10^3$GJ | 49.04 | 47.96 | 0 | 0 | 19.4 | 116.4 |
| $Q_{PM10,T,LC}$ | t | 1.71 | 2.63 | 0 | 0 | 3.26 | 7.60 |
| $Q_{Sox,T,LC}$ | t | 27.87 | 8.29 | 0 | 0 | 6.83 | 42.99 |
| $Q_{Nox,T,LC}$ | t | 19.93 | 5.40 | 0 | 0 | 3.11 | 28.44 |
| $Q_{CO,T,LC}$ | t | 3.43 | 1.59 | 0 | 0 | 1.71 | 6.73 |
| $Q_{PM10,C,LC}$ | t | 0.078 | 2.16 | 0 | 0 | 3.26 | 5.50 |
| $Q_{Sox,C,LC}$ | t | 1.39 | 5.4 | 0 | 0 | 14.75 | 21.54 |
| $Q_{Nox,C,LC}$ | t | 1.0 | 3.06 | 0 | 0 | 5.74 | 9.80 |
| $Q_{CO,C,LC}$ | t | 0.17 | 1.08 | 0 | 0 | 4.04 | 5.29 |
| $CO_2$ 排放 | t | 5059.3 | 3783.9 | 0 | 0 | 2612.8 | 11455.9 |

**南京 E 酒店餐饮服务全过程能耗寿命周期环境负荷　表 3-8**

| 指　标 | 单位 | 耗电 | 燃油 | 燃煤 | 天然气 | 人工煤气 | 合计 |
|---|---|---|---|---|---|---|---|
| 矿物燃料消耗 | $\times10^3$GJ | 45.7 | 21.13 | 0 | 0 | 18.6 | 85.43 |
| $Q_{PM10,T,LC}$ | t | 1.60 | 1.16 | 0 | 0 | 3.13 | 5.89 |
| $Q_{Sox,T,LC}$ | t | 25.98 | 3.65 | 0 | 0 | 6.55 | 36.18 |
| $Q_{Nox,T,LC}$ | t | 18.57 | 2.38 | 0 | 0 | 2.98 | 23.93 |
| $Q_{CO,T,LC}$ | t | 3.19 | 0.70 | 0 | 0 | 1.64 | 5.53 |
| $Q_{PM10,C,LC}$ | t | 0.073 | 0.95 | 0 | 0 | 3.12 | 4.14 |
| $Q_{Sox,C,LC}$ | t | 1.29 | 2.38 | 0 | 0 | 14.14 | 17.81 |
| $Q_{Nox,C,LC}$ | t | 0.93 | 1.35 | 0 | 0 | 5.5 | 7.78 |
| $Q_{CO,C,LC}$ | t | 0.16 | 0.48 | 0 | 0 | 0.26 | 0.9 |
| $CO_2$ 排放 | t | 4714.9 | 1668.8 | 0 | 0 | 2505.1 | 8888.9 |

上海 F 酒店餐饮服务全过程能耗寿命周期环境负荷　表 3-9

| 指　　标 | 单位 | 耗电 | 燃油 | 燃煤 | 天然气 | 人工煤气 | 合计 |
|---|---|---|---|---|---|---|---|
| 矿物燃料消耗 | $\times 10^3$GJ | 56.57 | 19.54 | 0 | 0 | 18.85 | 94.96 |
| $Q_{PM10,T,LC}$ | t | 1.98 | 1.07 | 0 | 0 | 3.17 | 6.22 |
| $Q_{Sox,T,LC}$ | t | 32.15 | 3.37 | 0 | 0 | 6.64 | 42.16 |
| $Q_{Nox,T,LC}$ | t | 22.99 | 2.2 | 0 | 0 | 3.02 | 28.21 |
| $Q_{CO,T,LC}$ | t | 3.95 | 0.65 | 0 | 0 | 1.66 | 6.26 |
| $Q_{PM10,C,LC}$ | t | 0.09 | 0.88 | 0 | 0 | 3.17 | 4.14 |
| $Q_{Sox,C,LC}$ | t | 1.59 | 2.2 | 0 | 0 | 14.33 | 18.12 |
| $Q_{Nox,C,LC}$ | t | 1.15 | 1.25 | 0 | 0 | 5.58 | 7.98 |
| $Q_{CO,C,LC}$ | t | 0.20 | 0.44 | 0 | 0 | 3.92 | 4.56 |
| $CO_2$ 排放 | t | 5835.9 | 1542.74 | 0 | 0 | 2538.7 | 9917.4 |

北京 G 酒店餐饮服务全过程能耗寿命周期环境负荷　表 3-10

| 指　　标 | 单位 | 耗电 | 燃油 | 燃煤 | 天然气 | 人工煤气 | 合计 |
|---|---|---|---|---|---|---|---|
| 矿物燃料消耗 | $\times 10^3$GJ | 43.69 | 14.21 | 43.69 | 0 | 8.96 | 75.71 |
| $Q_{PM10,T,LC}$ | t | 1.53 | 0.486 | 4.25 | 0 | 1.64 | 7.906 |
| $Q_{Sox,T,LC}$ | t | 24.83 | 1.53 | 14.02 | 0 | 3.43 | 43.81 |
| $Q_{Nox,T,LC}$ | t | 17.75 | 1.0 | 3.28 | 0 | 1.56 | 23.59 |
| $Q_{CO,T,LC}$ | t | 3.05 | 0.29 | 2.19 | 0 | 0.86 | 6.39 |
| $Q_{PM10,C,LC}$ | t | 0.069 | 0.4 | 4.25 | 0 | 1.64 | 6.36 |
| $Q_{Sox,C,LC}$ | t | 1.23 | 1.0 | 38.26 | 0 | 7.4 | 47.89 |
| $Q_{Nox,C,LC}$ | t | 0.89 | 0.57 | 8.02 | 0 | 2.88 | 12.36 |
| $Q_{CO,C,LC}$ | t | 0.15 | 0.2 | 5.95 | 0 | 2.03 | 8.33 |
| $CO_2$ 排放 | t | 4506.9 | 699.4 | 1457.27 | 0 | 1311.45 | 7975.02 |

上海 H 酒店餐饮服务全过程能耗寿命周期环境负荷　表 3-11

| 指　　标 | 单位 | 耗电 | 燃油 | 燃煤 | 天然气 | 人工煤气 | 合计 |
|---|---|---|---|---|---|---|---|
| 矿物燃料消耗 | $\times 10^3$GJ | 61.87 | 12.98 | 0 | 14.25 | 25.52 | 114.62 |
| $Q_{PM10,T,LC}$ | t | 2.16 | 0.712 | 0 | 0.087 | 4.66 | 7.619 |
| $Q_{Sox,T,LC}$ | t | 35.16 | 2.24 | 0 | 0.75 | 9.76 | 47.91 |
| $Q_{Nox,T,LC}$ | t | 25.14 | 1.464 | 0 | 1.132 | 4.44 | 32.18 |
| $Q_{CO,T,LC}$ | t | 4.32 | 0.439 | 0 | 0.632 | 2.44 | 7.831 |
| $Q_{PM10,C,LC}$ | t | 0.098 | 0.586 | 0 | 0.059 | 4.66 | 5.403 |

续表

| 指　标 | 单位 | 耗电 | 燃油 | 燃煤 | 天然气 | 人工煤气 | 合计 |
|---|---|---|---|---|---|---|---|
| $Q_{Sox,C,LC}$ | t | 1.75 | 1.464 | 0 | 0.044 | 21.08 | 24.34 |
| $Q_{Nox,C,LC}$ | t | 1.26 | 0.827 | 0 | 0.64 | 8.21 | 10.94 |
| $Q_{CO,C,LC}$ | t | 0.22 | 0.29 | 0 | 0.50 | 5.77 | 6.78 |
| $CO_2$ 排放 | t | 6381.8 | 1022.42 | 0 | 867.15 | 3735.7 | 12007.1 |

**8 家酒店餐饮服务全过程年能耗寿命周期环境负荷总汇　表 3-12**

| 内容 | 单位 | 大连 A | 大连 B | 大连 C | 大连 D | 南京 E | 上海 F | 北京 G | 上海 H |
|---|---|---|---|---|---|---|---|---|---|
| 矿物燃料消耗 | $\times 10^3$GJ | 59.83 | 97.04 | 126.22 | 116.4 | 85.43 | 94.96 | 75.71 | 114.62 |
| $Q_{PM10,T,LC}$ | t | 3.84 | 11.75 | 16.28 | 7.60 | 5.89 | 6.22 | 7.906 | 7.619 |
| $Q_{Sox,T,LC}$ | t | 22.72 | 48.75 | 63.12 | 42.99 | 36.18 | 42.16 | 37.81 | 47.91 |
| $Q_{Nox,T,LC}$ | t | 15.05 | 29.38 | 37.33 | 28.44 | 23.93 | 28.21 | 23.59 | 32.18 |
| $Q_{CO,T,LC}$ | t | 3.5 | 8.74 | 11.6 | 6.73 | 5.53 | 6.26 | 6.39 | 7.831 |
| $Q_{PM10,C,LC}$ | t | 2.72 | 9.95 | 14.1 | 5.50 | 4.14 | 4.14 | 6.36 | 5.403 |
| $Q_{Sox,C,LC}$ | t | 10.7 | 48.8 | 69.07 | 21.54 | 17.81 | 18.12 | 30.89 | 24.34 |
| $Q_{Nox,C,LC}$ | t | 4.89 | 19.2 | 27.06 | 9.80 | 7.78 | 7.98 | 12.36 | 10.94 |
| $Q_{CO,C,LC}$ | t | 2.62 | 13.3 | 18.88 | 5.29 | 0.9 | 4.56 | 8.33 | 6.78 |
| $CO_2$ 排放 | t | 5911.1 | 10073.9 | 13141.3 | 11455.9 | 8888.9 | 9917.4 | 7975.02 | 12007.1 |

3.3.1.6　环境负荷比较

前面给出了 8 家酒店餐饮服务全过程年能耗寿命周期环境负荷数量，由于 8 家酒店餐饮服务全过程的营业水平和设备使用水平不同，各种能源使用设备的配置、用电、气、蒸汽作为热源的比例、生产蒸汽的燃料也不同，所以不能单纯用表 3-3～表 3-12 的数据来横向比较环境负荷。对矿物燃料消耗，使用寿命周期矿物燃料消耗量/餐饮服务全过程年能源消耗总量（GJ/GJ），进行比较。对寿命周期各类污染物排放，使用年各类环境负荷数量/餐饮服务全过程年能源消耗总量（kg/GJ），进行比较，计算结果见表 3-13。

**8 家酒店餐饮服务全过程能源消耗 1GJ 能量寿命周期环境负荷**

**表 3-13**

| 内容 | 单位 | 大连 A | 大连 B | 大连 C | 大连 D | 南京 E | 上海 F | 北京 G | 上海 H |
|---|---|---|---|---|---|---|---|---|---|
| 矿物燃料消耗 | GJ/GJ | 1.915 | 1.855 | 2.07 | 1.879 | 1.998 | 2.077 | 1.827 | 1.867 |
| $Q_{PM10,T,LC}$ | kg/GJ | 0.114 | 0.218 | 0.224 | 0.113 | 0.13 | 0.131 | 0.158 | 0.119 |
| $Q_{Sox,T,LC}$ | kg/GJ | 0.673 | 0.903 | 0.870 | 0.64 | 0.799 | 0.883 | 0.757 | 0.776 |
| $Q_{Nox,T,LC}$ | kg/GJ | 0.446 | 0.544 | 0.610 | 0.424 | 0.528 | 0.591 | 0.472 | 0.518 |
| $Q_{CO,T,LC}$ | kg/GJ | 0.104 | 0.162 | 0.160 | 0.100 | 0.122 | 0.132 | 0.127 | 0.123 |
| $Q_{PM10,C,LC}$ | kg/GJ | 0.081 | 0.184 | 0.193 | 0.082 | 0.092 | 0.087 | 0.127 | 0.084 |
| $Q_{Sox,C,LC}$ | kg/GJ | 0.317 | 0.904 | 0.952 | 0.321 | 0.393 | 0.380 | 0.611 | 0.392 |
| $Q_{Nox,C,LC}$ | kg/GJ | 0.145 | 0.355 | 0.373 | 0.146 | 0.172 | 0.167 | 0.247 | 0.171 |
| $Q_{CO,C,LC}$ | kg/GJ | 0.078 | 0.246 | 0.26 | 0.079 | 0.020 | 0.096 | 0.167 | 0.108 |
| $CO_2$ | kg/GJ | 189.4 | 192.3 | 215.4 | 185.1 | 207.9 | 216.9 | 192.5 | 195.6 |

表 3-13 显示，清单分析中不同影响因子的排序往往不一致，所以不能得出 8 家酒店能耗寿命周期对环境的影响大小的排序，需要进行综合环境影响评价。

#### 3.3.1.7 各阶段环境负荷比例

文献［10］介绍了上述各种能源资源寿命周期在开采、生产、运输和使用四个阶段的单位能量环境负荷比例，见表 3-14 和表 3-15。

**燃油、燃煤、天然气和人工煤气在各个阶段的环境负荷比例**

**表 3-14**

| 环境因素 | 指标 | 开采阶段所占比例(%) | 生产阶段所占比例(%) | 运输阶段所占比例(%) | 使用阶段所占比例(%) |
|---|---|---|---|---|---|
| 能耗 | 矿物燃料消耗 | 7 | 12 | 2 | 79 |
| 总排放 | $SO_x$ | 13 | 42 | 3 | 42 |
| | $NO_x$ | 12 | 40 | 5 | 43 |
| | CO | 21 | 43 | 4 | 32 |
| | $PM_{10}$ | 6 | 28 | 2 | 64 |
| 城市排放 | $SO_x$ | 0 | 17 | 0 | 83 |
| | $NO_x$ | 0 | 15 | 1 | 84 |
| | CO | 0 | 23 | 0 | 77 |
| | $PM_{10}$ | 0 | 32 | 0 | 68 |
| 温室气体 | $CO_2$ | 4 | 22 | 1 | 73 |

**电能源在各个阶段的环境负荷比例　　表 3-15**

| 环境因素 | 指标 | 开采阶段所占比例(%) | 生产阶段所占比例(%) | 运输阶段所占比例(%) | 使用阶段所占比例(%) |
|---|---|---|---|---|---|
| 能耗 | 矿物燃料消耗 | 5 | 85 | 10 | 0 |
| 总排放 F | 污染物 | 5 | 85 | 10 | 0 |

由上述数据看出：1）燃料能源使用阶段的环境负荷最大，矿物燃料消耗最高，是影响寿命周期环境负荷的重点阶段，减少燃料能源使用阶段的污染物排放、提高能效是改善寿命周期环境性能的关键。2）电力生产阶段的环境负荷最大，矿物燃料消耗最高，是影响寿命周期环境负荷的重点阶段，改善电力一次能源结构、提高发电效率是改善寿命周期环境性能的关键。

### 3.3.2　影响评价

清单分析中不同影响因子的排序往往不一致，而且即使排放量相同，对环境的影响也不同。所以根据清单分析信息不能得到 8 家酒店对环境影响程度的结论，它是为环境影响评价工作提供准备工作。通常运用清单分析给出的能耗和排放信息，归类环境影响类型，对其特征化，汇总研究结果确定权重来评价其潜在的环境影响。

#### 3.3.2.1　归类环境影响类型

根据酒店使用能源资源的种类，将环境影响归纳为四种类型：矿物燃料消耗代表能源耗竭潜力、温室气体排放代表全球变暖潜力、污染物总排放代表对大气环境的影响、污染物城市排放代表对城市大气环境的影响。

#### 3.3.2.2　特征化

(1) 针对大气环境影响和城市大气环境影响，使用污染物排放量（g)/标准允许浓度（$g/m^3$）得到的体积为临界稀释体积，表示污染物扩散，即所谓的临界稀释体积法进行特征化[11]。用上述 $SO_x$、$NO_x$、CO、$PM_{10}$影响因子的临界稀释体积之和来衡量污染物扩散程度，以我国大气环境质量标准（GB 3095—82）规定的污染物排放浓度计算。

（2）针对矿物燃料消耗，利用使用阶段能源资源消耗 1GJ 能量寿命周期矿物燃料消耗数量（GJ/GJ）来衡量。

（3）针对温室气体排放，利用使用阶段能源资源消耗 1GJ 能量寿命周期 $CO_2$ 排放重量（kg/GJ）来衡量。

3.3.2.3　环境影响评价结果

由于环境影响类型的单位量刚和数量级不同，所以将各个分类影响值除以基准影响值进行正规化处理，再将处理结果赋以权重后求和作为综合环境影响评价依据。定义如下系数：

（1）矿物燃料消耗比较系数 $I_d$＝矿物燃料消耗量/矿物燃料消耗基准影响值；

（2）大气环境影响比较系数 $I_f$＝大气污染扩散量/大气污染扩散基准影响值；

（3）城市大气环境影响比较系数 $I_e$＝城市大气污染扩散量/大气污染扩散基准影响值；

（4）变暖潜力比较系数 $I_{co}$＝温室气体排放量/温室气体排放基准影响值；

（5）综合环境影响比较系数 $I_z=\dfrac{I_d\times a_d+I_f\times a_f+I_e\times a_e+I_{co}\times a_{co}}{4}$；

（6）$a$ 为权重系数，本文对权重选择依据不明确，未作讨论，设 $a=1$。

（7）各项基准影响值确定如下：由表 3-1 可知，使用阶段耗用 1GJ 能量的天然气寿命周期矿物燃料消耗、大气污染扩散量、城市大气污染扩散量、温室气体排放量等四项指标明显优于煤、油和人工煤气等燃料，也优于电，但是它不能直接取代电作为设备动力源的作用。因此，从可持续节能的角度出发，需要优化配置热源燃料种类和使用比例，由天然气锅炉生产蒸汽，由天然气代替厨房主要燃料——人工煤气，尽量提高天然气作为热源的比例，减少电作为热源的比例。8 家酒店餐饮服务全过程燃料部分的最高能耗占该过程总能耗的 77%左右，电能耗最低部分占该过程总能耗的 23%左右，所以本书确定基准影响值以整个餐饮服务全过程燃料均使用天然气能量消耗占 77%、电耗能量占 23%来确定，计算结果见表 3-16。

**使用阶段各种能源消耗 1GJ 能量寿命周期环境负荷基准影响值**

**表 3-16**

| 指　　标 | 单位 | 耗电 | 天然气 | 合计 |
|---|---|---|---|---|
| 矿物燃料消耗 | GJ/GJ | 0.725 | 0.878 | 1.603 |
| $Q_{PM10,T,LC}$ | kg/GJ | 0.025 | 0.002 | 0.027 |
| $Q_{PM10,T,LC}$扩散量 | $m^3$/GJ | 101200 | 21560 | 122760 |
| $Q_{Sox,T,LC}$ | kg/GJ | 0.412 | 0.014 | 0.426 |
| $Q_{Sox,T,LC}$扩散量 | $m^3$/GJ | 1646800 | 184800 | 1831600 |
| $Q_{Nox,T,LC}$ | kg/GJ | 0.294 | 0.069 | 0.363 |
| $Q_{Nox,T,LC}$扩散量 | $m^3$/GJ | 1962667 | 106260 | 2068927 |
| $Q_{CO,T,LC}$ | kg/GJ | 0.051 | 0.039 | 0.09 |
| $Q_{CO,T,LC}$扩散量 | $m^3$/GJ | 8433 | 6416 | 14849 |
| 大气污染扩散量合计 | $m^3$/GJ | 3719100 | 674776 | 4393876 |
| $Q_{PM10,C,LC}$ | kg/GJ | 0.001 | 0.003 | 0.004 |
| $Q_{PM10,C,LC}$扩散量 | $m^3$/GJ | 7667 | 20534 | 28201 |
| $Q_{Sox,C,LC}$ | kg/GJ | 0.021 | 0.002 | 0.023 |
| $Q_{Sox,C,LC}$扩散量 | $m^3$/GJ | 136467 | 15400 | 151867 |
| $Q_{Nox,C,LC}$ | kg/GJ | 0.015 | 0.039 | 0.054 |
| $Q_{Nox,C,LC}$扩散量 | $m^3$/GJ | 147200 | 385000 | 532200 |
| $Q_{CO,C,LC}$ | kg/GJ | 0.0025 | 0.031 | 0.033 |
| $Q_{CO,C,LC}$扩散量 | $m^3$/GJ | 591 | 7700 | 8291 |
| 城市污染扩散量合计 | $m^3$/GJ | 291924 | 428634 | 720558 |
| $CO_2$ 排放 | kg/GJ | 74.74 | 53.44 | 128.18 |

将使用过程能源消耗 1GJ 能量寿命周期矿物燃料消耗量、大

**单项环境影响评价结果** **表 3-17**

| 内　　容 | 单位 | 大连 A | 大连 B | 大连 C | 大连 D | 南京 E | 上海 F | 北京 G | 上海 H |
|---|---|---|---|---|---|---|---|---|---|
| 矿物燃料消耗量 | GJ/GJ | 1.915 | 1.855 | 2.07 | 1.879 | 1.998 | 2.077 | 1.827 | 1.867 |
| $Q_{PM10,T,LC}$ | $m^3 \times 10^3$/GJ | 456 | 972 | 896 | 452 | 520 | 524 | 780 | 696 |
| $Q_{Sox,T,LC}$ | $m^3 \times 10^3$/GJ | 6730 | 9030 | 8700 | 6400 | 7990 | 8830 | 9340 | 11380 |
| $Q_{Nox,T,LC}$ | $m^3 \times 10^3$/GJ | 2973.3 | 3626.7 | 4066.7 | 2826.7 | 3520 | 3940 | 3886.7 | 5066.7 |
| $Q_{CO,T,LC}$ | $m^3 \times 10^3$/GJ | 17.3 | 27 | 26667 | 16667 | 20333 | 22000 | 21333 | 21167 |
| 大气污染扩散量 | $m^3 \times 10^3$/GJ | 10176.7 | 13655.7 | 13689.3 | 9695.3 | 12050.3 | 13316 | 10913.3 | 12071.8 |
| $Q_{PM10,C,LC}$ | $m^3 \times 10^3$/GJ | 540 | 1226.7 | 1286.7 | 546.7 | 613.3 | 580 | 966.7 | 600 |
| $Q_{Sox,C,LC}$ | $m^3 \times 10^3$/GJ | 2113.3 | 6026.7 | 6346.7 | 2140 | 2620 | 2533.3 | 4446.7 | 2733.3 |
| $Q_{Nox,C,LC}$ | $m^3 \times 10^3$/GJ | 145 | 355 | 373 | 146 | 172 | 167 | 271 | 180 |
| $Q_{CO,C,LC}$ | $m^3 \times 10^3$/GJ | 19.5 | 61500 | 65000 | 19750 | 5000 | 24000 | 28727.3 | 22505.8 |
| 城市污染扩散量 | $m^3 \times 10^3$/GJ | 2817.8 | 7669.8 | 8071.3 | 2852.4 | 3410.3 | 3304.3 | 5728.9 | 3558.3 |
| 温室气体排放量 | kg /GJ | 189.4 | 192.3 | 215.4 | 185.1 | 207.9 | 216.9 | 192.5 | 195.6 |

气污染扩散量、城市大气污染扩散量和温室气体排放量作为综合环境影响评价指标，计算综合环境影响比较系数结果见表 3-18。

**8 家酒店餐饮服务全过程综合环境影响评价结果　表 3-18**

| 内容 | 大连 A | 大连 B | 大连 C | 大连 D | 南京 E | 上海 F | 北京 G | 上海 H |
|---|---|---|---|---|---|---|---|---|
| 矿物燃料消耗比较系数 $I_d$ | 1.195 | 1.157 | 1.291 | 1.172 | 1.246 | 1.296 | 1.140 | 1.165 |
| $I_d$ 排序 | 5 | 2 | 7 | 4 | 6 | 8 | 1 | 3 |
| 大气环境影响比较系数 $I_f$ | 2.316 | 3.108 | 3.116 | 2.207 | 2.743 | 3.031 | 2.484 | 2.747 |
| $I_f$ 排序 | 2 | 7 | 8 | 1 | 4 | 6 | 3 | 5 |
| 城市环境影响比较系数 $I_e$ | 3.911 | 10.644 | 11.2 | 3.958 | 4.733 | 4.585 | 7.951 | 4.938 |
| $I_e$ 排序 | 1 | 7 | 8 | 2 | 4 | 3 | 6 | 5 |
| 变暖潜力比较系数 $I_\infty$ | 1.478 | 1.500 | 1.678 | 1.444 | 1.622 | 1.692 | 1.502 | 1.526 |
| $I_\infty$ 排序 | 2 | 3 | 7 | 1 | 6 | 8 | 4 | 5 |
| 比较系数合计 $I_d+I_f+I_e+I_\infty$ | 8.9 | 16.41 | 17.29 | 8.781 | 10.34 | 10.604 | 13.078 | 10.376 |
| 综合环境影响比较系数 $I_z$ | 2.225 | 4.103 | 4.323 | 2.195 | 2.585 | 2.651 | 3.269 | 2.594 |
| $I_z$ 排序 | 2 | 7 | 8 | 1 | 3 | 5 | 6 | 4 |

可见，大连 D 酒店餐饮服务全过程能耗寿命周期综合环境影响比较系数 $I_z$ 最小，大连 C 酒店最大，相差 4.323/2.195＝1.97 倍。大连 B、大连 C、北京 G 三家酒店的 $I_z$ 系数相对来说都较大，其主要原因在于使用市政燃煤锅炉生产的蒸气年消耗能量占总能耗的比例都超过了 40％，其他酒店不使用市政燃煤锅炉生产的蒸汽，而使用自家的燃油锅炉或燃气锅炉生产蒸汽。从餐饮服务全过程人均能耗现状来看，上海 H 酒店人均能耗最低（119.2MJ/人），人均水资源消耗量也最低（196.2L/人），但是 $I_z$ 系数排为第四，见表 3-18，这说明使用阶段的节能与能耗寿

命周期综合环境影响比较系数 $I_z$ 排位有时是不一致的，其原因在于各类能耗使用数量的比例结构是否合理。所以从可持续节能的角度出发，在确定餐饮服务全过程节能标准的时候，不仅要考虑使用阶段单位使用水平的消耗量，还要考虑能耗寿命周期综合环境影响问题，这要求优化配置各类能耗数量的比例结构，达到使用阶段的节能与能耗寿命周期综合环境影响协调统一。

## 3.4 酒店餐饮服务全过程经济—能源—环境系统投入产出分析

重点针对国内有代表性的 8 家酒店餐饮服务全过程经济—能源—环境系统进行分析，对所付出的能耗成本、劳动力成本和其他营业成本的现状进行调查，比较 8 家酒店餐饮服务全过程的各项成本率和利润率的差异。其中，能耗分析是针对餐饮服务全过程的各个环节的能耗现状进行调查分析，为酒店餐饮服务系统实施清洁生产绩效评估制定能耗标准提供依据。

### 3.4.1 酒店餐饮服务全过程投入成本调查

能耗成本已经在第 1 章给出，本节主要介绍劳动力现状和物资成本投入现状。

#### 3.4.1.1 劳动力现状调查

在 2003～2005 年间，曾经调查了八家酒店劳动力配置的平均状况（见表 3-19）；餐饮服务全过程的劳动力成本率的平均状况（见表 3-20）。这八家酒店餐饮服务全过程餐饮部门服务员工人数占酒店总人数的平均比率为 48.2%。

**八家酒店 2003～2005 年劳动力配置状况　表 3-19**

| 内容 | 单位 | 大连 A | 大连 B | 大连 C | 大连 D | 南京 E | 上海 F | 北京 G | 上海 H |
|---|---|---|---|---|---|---|---|---|---|
| 总建筑面积 | $m^2$ | 43580 | 51994 | 120018 | 107424 | 67524 | 66628 | 39873 | 92439 |
| 餐饮部员工总人数 | 人 | 155 | 284 | 397 | 445 | 376 | 307 | 203 | 397 |

续表

| 内容 | 单位 | 大连A | 大连B | 大连C | 大连D | 南京E | 上海F | 北京G | 上海H |
|---|---|---|---|---|---|---|---|---|---|
| 管家部员工总人数 | 人 | 57 | 146 | 168 | 183 | 129 | 162 | 102 | 184 |
| 销售部员工人数 | 人 | 20 | 25 | 29 | 36 | 22 | 25 | 25 | 38 |
| 前厅部员工人数 | 人 | 22 | 26 | 27 | 32 | 24 | 24 | 22 | 32 |
| 工程部员工人数 | 人 | 36 | 44 | 68 | 62 | 43 | 47 | 30 | 58 |
| 财务部员工人数 | 人 | 29 | 34 | 36 | 38 | 32 | 34 | 30 | 36 |
| 安全部员工人数 | 人 | 24 | 35 | 42 | 48 | 38 | 36 | 29 | 46 |
| 人资部员工人数 | 人 | 14 | 14 | 16 | 18 | 12 | 16 | 14 | 16 |
| 员工总人数 | 人 | 357 | 608 | 783 | 862 | 676 | 701 | 455 | 807 |
| 餐饮部人数比率 | % | 43.4 | 46.7 | 50.7 | 51.6 | 55.6 | 43.8 | 44.6 | 49.2 |

#### 3.4.1.2 劳动力成本率

依据国内八家酒店 2003～2005 年间餐饮服务全过程的劳动力及劳动力成本控制状况，将劳动力成本率平均值列入表 3-20。

**8 家酒店 2003～2005 年餐饮部劳动力成本率状况　表 3-20**

| 内容 | 单位 | 大连A | 大连B | 大连C | 大连D | 南京E | 上海F | 北京G | 上海H |
|---|---|---|---|---|---|---|---|---|---|
| 总建筑面积 | $m^2$ | 43580 | 51994 | 120018 | 107424 | 67524 | 66628 | 39873 | 92439 |
| 厨房总建筑面积 | $m^2$ | 1743 | 2090 | 2556 | 2248 | 2007 | 3398 | 1196 | 1731 |
| 餐饮部员工总人数 | 人 | 155 | 284 | 397 | 445 | 376 | 307 | 203 | 397 |
| 年均劳动力成本 | 万元 | 325.65 | 685.21 | 938.87 | 964.03 | 932.91 | 1100.9 | 702.59 | 1416.09 |

续表

| 内容 | 单位 | 大连 A | 大连 B | 大连 C | 大连 D | 南京 E | 上海 F | 北京 G | 上海 H |
|---|---|---|---|---|---|---|---|---|---|
| 年人均劳动力成本 | 元/人 | 21009.6 | 24127.2 | 23648.4 | 21663.6 | 24811.2 | 35858.4 | 34610.4 | 35670 |
| 年均劳动力成本率 | % | 14.1 | 17.2 | 21.9 | 21.2 | 25 | 26.7 | 23.6 | 16.89 |
| 餐饮年均营业收入 | 万元 | 2300.05 | 3989.17 | 4280.43 | 4518.79 | 3710.52 | 4105.78 | 2975.46 | 8379.89 |

年均劳动力成本率＝年均劳动力成本/餐饮年均总营业收入。由表 3-20 可计算出 8 家酒店 2003～2005 年餐饮部月均劳动力成本率平均值为 21.48%。

#### 3.4.1.3 物资投入成本现状调查

按酒店的财务成本统计指标，将 8 家酒店 2003～2005 年间餐饮服务全过程的投入成本平均值列入表 3-21。

**8 家酒店 2003～2005 年餐饮服务全过程年物资投入成本平均值**

**表 3-21**

| 内容 | 单位 | 大连 A | 大连 B | 大连 C | 大连 D | 南京 E | 上海 F | 北京 G | 上海 H |
|---|---|---|---|---|---|---|---|---|---|
| 食品饮料成本 | 万元 | 577.36 | 1005.72 | 1215.65 | 1133.9 | 960.4 | 978.54 | 600.72 | 1553.71 |
| 表演费 | 万元 | 45.93 | 108.58 | 212.36 | 205.73 | 278.39 | 288.59 | 179.03 | 301.64 |
| 洗衣费 | 万元 | 6.33 | 12.68 | 17.9 | 16.22 | 9.02 | 9.67 | 5.02 | 15.76 |
| 员工制服费 | 万元 | 1.03 | 1.94 | 2.97 | 2.05 | 1.37 | 1.83 | 1.14 | 3.37 |
| 布件 | 万元 | 3.94 | 5.71 | 7.6 | 6.31 | 6.23 | 6.48 | 3.85 | 13.91 |
| 清洁和清洁用品 | 万元 | 9.06 | 18.94 | 28.2 | 18.52 | 19.58 | 18.63 | 9.37 | 34.59 |
| 客用品 | 万元 | 30.22 | 61.03 | 90.95 | 80.68 | 69.55 | 62.49 | 39.72 | 153.96 |
| 文具和印刷 | 万元 | 4.79 | 6.64 | 13.1 | 10.63 | 9.65 | 9.78 | 7.83 | 18.33 |
| 菜单 | 万元 | 1.03 | 1.99 | 4.21 | 4.13 | 2.72 | 2.05 | 1.42 | 6.96 |
| 瓷器 | 万元 | 3.28 | 5.67 | 15.1 | 14.02 | 6.56 | 6.72 | 3.73 | 22.49 |
| 玻璃器皿 | 万元 | 1.04 | 2.55 | 7.52 | 7.04 | 6.47 | 6.66 | 3.56 | 9.72 |
| 银器 | 万元 | 1.74 | 4.22 | 8.59 | 8.19 | 6.05 | 6.94 | 3.73 | 12.68 |

续表

| 内容 | 单位 | 大连 A | 大连 B | 大连 C | 大连 D | 南京 E | 上海 F | 北京 G | 上海 H |
|---|---|---|---|---|---|---|---|---|---|
| 厨房器具 | 万元 | 1.33 | 2.61 | 3.15 | 3.47 | 2.02 | 2.53 | 1.22 | 5.38 |
| 酒精燃料 | 万元 | | | 47.47 | | | | | |
| 督导费 | 万元 | 3.64 | 5.39 | 12.32 | 10.37 | 6.73 | 7.37 | 4.92 | 19.51 |
| 通讯费 | 万元 | 2.25 | 3.98 | 4.27 | 4.33 | 3.84 | 3.78 | 3.05 | 4.92 |
| 差旅费 | 万元 | 4.75 | 5.72 | 8.53 | 6.69 | 7.03 | 7.84 | 6.05 | 15.56 |
| 装饰费 | 万元 | 4.54 | 6.97 | 17.78 | 9.36 | 10.44 | 8.58 | 6.39 | 33.79 |
| 宴会费用 | 万元 | 10.27 | 33.75 | 48.02 | 40.06 | 30.53 | 31.02 | 20.79 | 102.55 |
| 营业税和执照费 | 万元 | 158.73 | 279.21 | 295.35 | 316.32 | 290.43 | 324.65 | 232.67 | 671.22 |
| 杂项 | 万元 | 12.06 | 21.33 | 40.04 | 36.76 | 29.85 | 30.11 | 16.49 | 37.38 |
| 上述营业成本合计 | 万元 | 1088.3 | 1921.18 | 2100.87 | 2091.29 | 1699.79 | 1669.41 | 1296.4 | 2867.12 |
| 餐饮年能源费用 | 万元 | 387.55 | 635.49 | 806.79 | 734.34 | 785.33 | 780.27 | 786.75 | 1355.75 |
| 餐饮年总营业收入 | 万元 | 2300.05 | 3989.17 | 4280.43 | 4518.79 | 3710.52 | 4105.78 | 2975.46 | 8379.89 |

### 3.4.2 酒店餐饮服务全过程年利润现状调查

前面已经介绍了八家酒店 2003～2005 年间的能源消耗成本、劳动力成本和其他营业成本（含税金）的现状和总营业收入的现状，按照下述通用的公式可以计算出这八家酒店获取的利润额，见表 3-22。年利润＝年总营业收入－能源消耗成本－劳动力成本－其他营业成本（含税金）。

**8 家酒店 2003～2005 年餐饮服务全过程年均利润状况　表 3-22**

| 内容 | 单位 | 大连 A | 大连 B | 大连 C | 大连 D | 南京 E | 上海 F | 北京 G | 上海 H |
|---|---|---|---|---|---|---|---|---|---|
| 年能源成本 | 万元 | 387.55 | 635.49 | 806.79 | 734.34 | 785.33 | 780.27 | 786.75 | 1355.75 |
| 年能源成本率 | % | 16.8 | 15.93 | 18.84 | 16.25 | 23.85 | 19 | 29.8 | 16.18 |
| 年均劳动力成本 | 万元 | 325.65 | 685.21 | 938.87 | 964.03 | 932.91 | 1100.9 | 702.59 | 1416.09 |

续表

| 内容 | 单位 | 大连 A | 大连 B | 大连 C | 大连 D | 南京 E | 上海 F | 北京 G | 上海 H |
|---|---|---|---|---|---|---|---|---|---|
| 年劳动力成本率 | % | 14.1 | 17.2 | 21.9 | 21.2 | 25 | 26.7 | 23.6 | 16.89 |
| 年均其他营业成本 | 万元 | 1088.3 | 1921.18 | 2100.87 | 2091.29 | 1699.79 | 1669.41 | 1296.4 | 2867.12 |
| 人均其他营业成本 | 元/人 | 53.49 | 61.61 | 58.34 | 51.79 | 52.07 | 50.91 | 48.49 | 60.77 |
| 年均营业成本率 | % | 47.32 | 48.16 | 49.08 | 46.28 | 45.81 | 40.66 | 43.57 | 34.21 |
| 餐饮年总营业收入 | 万元 | 2300.05 | 3989.17 | 4280.43 | 4518.79 | 3710.52 | 4105.78 | 2975.46 | 8379.89 |
| 餐饮年均利润 | 万元 | 498.55 | 747.29 | 433.9 | 729.13 | 192.49 | 555.2 | 89.72 | 2740.93 |
| 餐饮年均利润率 | % | 21.67 | 18.71 | 10.14 | 16.27 | 5.34 | 13.64 | 3.03 | 32.72 |
| 食品卫生质量评比 | 分数 | 72 | 77 | 84 | 79 | 76 | 89 | 86 | 92 |

注：食品卫生质量评比为百分制，依据 2003～2005 年卫生防疫中心的检查结果，100～90 分为优秀档，89～80 分为优良档，79～70 分为合格档。上海、北京的酒店得分明显高于大连的四家酒店，差距显著。

表 3-22 中的所有比率都是相对餐饮年总营业收入而言的。八家酒店 2003～2005 年餐饮利润率平均值为 15.19%，但是差异非常大，最小利润率的北京 G 酒店只有 3.03%，最大利润率的上海 H 酒店达到 32.72%。但是上海 H 酒店的能耗成本率和劳动力成本率排名第二，并不是排名第一，还应有降低的潜力。

### 3.4.3 酒店餐饮服务年产值、能耗、排污数量及其比重

针对这八家酒店进行调查，调查结果见表 3-23。

### 3.4.4 餐饮服务物资直接消耗系数、直接能耗系数、废物产生系数

根据投入产出计算模型计算餐饮服务全过程物资直接消耗系数、直接能耗系数、废物产生系数，计算结果见表 3-24。

**8家酒店餐饮服务年产值、能耗、排污数量及其所占比例[11]** 表 3-23

| 类别 | 内容 | 单位 | 大连 A | 大连 B | 大连 C | 大连 D | 南京 E | 上海 F | 北京 G | 上海 H | 均值 |
|---|---|---|---|---|---|---|---|---|---|---|---|
| 经济 | 产值 | 万元 | 2300.05 | 3989.17 | 4280.43 | 4518.79 | 3710.52 | 4105.78 | 2975.46 | 8379.89 | |
| | 比例 | % | 36 | 35.3 | 22.8 | 22.6 | 38.1 | 28.5 | 30.5 | 20 | 29.2 |
| 能源消耗 | 水量 | $m^3$ | 50489 | 75464 | 87325 | 85674 | 77554 | 73623 | 66080 | 92542 | |
| | 比例 | % | 32 | 29.1 | 23.8 | 28.6 | 21.3 | 20 | 28.7 | 17.3 | 25.1 |
| | 蒸汽量 | kg$10^3$ | 6633.7 | 9239.8 | 13123.1 | 13658.6 | 5921 | 5619.6 | 8752.6 | 8662.5 | |
| | 比例 | % | 45.8 | 44.8 | 52.7 | 52.9 | 43.6 | 51.8 | 48 | 39.6 | 47.4 |
| | 耗电量 | kWh$10^3$ | 2838.6 | 4487.9 | 5442.4 | 4327.9 | 4034.9 | 4994.7 | 3857.7 | 5460.3 | |
| | 比例 | % | 50.9 | 50.3 | 45.7 | 41.7 | 32.7 | 40.4 | 42.9 | 26 | 40.1 |
| | 煤气量 | $m^3$ | 197563 | 212782 | 303098 | 397823 | 381566 | 386591 | 199848 | 568994 | |
| | 比例 | % | 100 | 100 | 100 | 100 | 100 | 100 | 100 | 100 | 100 |
| | 总能量 | GJ$10^3$ | 39.34 | 52.4 | 61.01 | 61.92 | 42.75 | 45.72 | 41.42 | 61.38 | |
| | 比例 | % | 65.12 | 55.71 | 55.06 | 55.76 | 47.55 | 54.45 | 50.97 | 41.77 | 53.3 |
| | 能源费 | 万元 | 387.55 | 635.49 | 806.79 | 734.34 | 785.33 | 780.27 | 786.75 | 1355.75 | |
| | 比例 | % | 45.13 | 48.2 | 46.52 | 46.13 | 58.14 | 45.07 | 59.83 | 47.24 | 49.53 |
| | 矿物燃料 | GJ$10^3$ | 59.83 | 97.04 | 126.22 | 116.4 | 85.43 | 94.96 | 75.71 | 114.62 | |
| | 比例 | % | 43.2 | 36.68 | 47.7 | 51.19 | 41.32 | 48.74 | 30.48 | 34.39 | 42.34 |
| 环境废物产出 | 垃圾 | kg$10^3$ | 130.2 | 236.9 | 277.4 | 365.6 | 167.4 | 382.3 | 184.1 | 496.1 | |
| | 比例 | % | 26.3 | 27.8 | 45.7 | 38.5 | 43.1 | 27 | 31.6 | 49.5 | 36.2 |
| | PM10 | kg$10^3$ | 6.56 | 21.7 | 30.38 | 13.1 | 10.03 | 10.36 | 13.46 | 13.02 | |
| | SOx | kg$10^3$ | 33.42 | 97.55 | 132.19 | 64.53 | 53.99 | 60.28 | 86.7 | 72.25 | |
| | NOx | kg$10^3$ | 19.94 | 48.58 | 64.39 | 38.24 | 23.93 | 36.19 | 35.95 | 43.12 | |
| | CO | kg$10^3$ | 5.12 | 8.74 | 30.48 | 12.02 | 6.43 | 10.82 | 14.72 | 14.61 | |
| | 合计 | kg$10^3$ | 66.04 | 233.99 | 257.44 | 127.89 | 94.38 | 117.65 | 150.83 | 143 | |
| | 人均产出 | kg/人 | 0.33 | 0.32 | 0.72 | 0.32 | 0.29 | 0.36 | 0.56 | 0.31 | 0.4 |
| | 比例 | % | 37.36 | 41.20 | 32.93 | 57.74 | 38.84 | 52.1 | 36.91 | 39.84 | 40.95 |
| | $CO_2$ | kg$10^3$ | 5911.1 | 10073.9 | 13141.3 | 11455.9 | 8888.9 | 9917.4 | 7975.02 | 12007.1 | |
| | 人均产出 | kg/人 | 29.1 | 32.3 | 36.5 | 28.4 | 27.2 | 30.2 | 29.8 | 25.1 | 29.83 |
| | 比例 | % | 49.98 | 37.29 | 37.05 | 52.37 | 42.86 | 52.52 | 32.67 | 41.13 | 43.23 |

**八家酒店餐饮服务物资直接消耗系数、能源直接消耗系数、废物产生系数**[11] **表 3-24**

| 内容 | 单位 | 大连 A | 大连 B | 大连 C | 大连 D | 南京 E | 上海 F | 北京 G | 上海 H | 平均值 |
|---|---|---|---|---|---|---|---|---|---|---|
| 物资直接消耗系数 | 万元/万元 | 47.32 | 48.16 | 49.08 | 46.28 | 45.81 | 40.66 | 43.57 | 34.21 | 44.39 |
| 排序 | | 6 | 7 | 8 | 5 | 4 | 2 | 3 | 1 | |
| 水直接消耗系数 | $m^3$/万元 | 21.95 | 18.90 | 20.4 | 18.96 | 20.9 | 17.93 | 22.21 | 11.04 | 19.04 |
| 排序 | | 7 | 3 | 5 | 4 | 6 | 2 | 8 | 1 | |
| 能源直接系数 | GJ/万元 | 13.56 | 13.13 | 14.25 | 13.7 | 11.52 | 11.13 | 13.92 | 7.32 | 12.32 |
| 排序 | | 5 | 4 | 8 | 6 | 3 | 2 | 7 | 1 | |
| 矿物燃料消耗系数 | GJ/万元 | 26 | 24.33 | 29.49 | 25.76 | 23.02 | 23.13 | 25.44 | 13.68 | 23.86 |
| 排序 | | 7 | 4 | 8 | 6 | 2 | 3 | 5 | 1 | |
| 垃圾产生系数 | kg/万元 | 56.6 | 59.38 | 64.8 | 80.9 | 45.1 | 93.1 | 61.88 | 59.2 | 65.12 |
| 排序 | | 2 | 4 | 6 | 7 | 1 | 8 | 5 | 3 | |
| 废物产生系数 | kg/万元 | 28.71 | 58.66 | 60.1 | 28.3 | 25.43 | 28.65 | 50.69 | 17.06 | 37.2 |
| 排序 | | 5 | 7 | 8 | 3 | 2 | 4 | 6 | 1 | |
| $CO_2$ 产生系数 | kg/万元 | 2570 | 2525 | 3070 | 2535 | 2396 | 2415 | 2680 | 1433 | 2453 |
| 排序 | | 6 | 4 | 8 | 5 | 2 | 3 | 7 | 1 | |
| 综合排序 | | 6 | 5 | 8 | 4 | 2 | 3 | 7 | 1 | |

八家酒店中，上海 H 酒店餐饮服务全过程直接物资消耗系数、直接能耗系数、直接废物产生系数都最小，仅垃圾产生系数排第三，综合排序仍为第一。如果进一步改进上海 H 酒店餐饮服务全过程的各类能源的使用量比例结构，使之综合环境影响变为最小，则上海 H 酒店餐饮服务全过程经济—能源—环境系统综合投入产出结构、能耗寿命周期综合环境影响、单位使用水平

人均能耗水平将达到协调统一发展，成为 8 家酒店中的经营典范。

## 3.5 酒店房务服务、宴会服务和后勤部门年能耗及排污比重

由于房务服务系统和宴会服务系统的能源消耗都没有安装计量仪表，所以不能给出八家酒店在这方面的数据以及由于能源消耗而产生的环境废物的详细数据。但是前面已经给出了酒店整体和餐饮服务系统的相关数据，所以二者的差值就是酒店房务服务系统、宴会服务系统和其他部门营业过程的能耗及产生的环境废物的总和。

表 3-25 给出了房务服务、宴会服务全过程和其他后勤部门营业过程的能耗及产生的环境废物的比例。

**八家酒店房务、宴会和后勤部门年能耗及排污比例**[12]

**表 3-25**

| 指标 | | 单位 | 大连 A | 大连 B | 大连 C | 大连 D | 南京 E | 上海 F | 北京 G | 上海 H | 均值 |
|---|---|---|---|---|---|---|---|---|---|---|---|
| 能源消耗 | 用水量比例 | % | 68 | 71.9 | 76.2 | 71.4 | 78.7 | 80 | 71.3 | 82.7 | 74.9 |
| | 总能量消耗比例 | % | 48.34 | 44.29 | 44.94 | 44.24 | 52.45 | 45.55 | 49.03 | 58.23 | 48.4 |
| | 能源费比例 | % | 54.87 | 51.8 | 53.48 | 53.87 | 41.86 | 54.93 | 40.17 | 52.76 | 50.47 |
| | 矿物燃料比例 | % | 51.8 | 63.32 | 52.3 | 48.81 | 58.68 | 51.26 | 69.52 | 65.61 | 57.66 |
| 废物 | 垃圾比例 | % | 4.9 | 4.2 | 6.5 | 8.4 | 9.8 | 5.6 | 8.1 | 4.6 | 5.9 |
| | 环境废物比例 | % | 62.64 | 58.8 | 67.07 | 42.26 | 61.16 | 47.9 | 63.09 | 60.16 | 59.05 |
| | $CO_2$ 比例 | % | 50.02 | 62.71 | 62.95 | 47.63 | 57.14 | 47.48 | 67.33 | 58.87 | 56.77 |

餐饮服务系统的总能量消耗比例、能源费支出比例这两项指

标值，与房务、宴会及其他后勤部门的总和十分接近；餐饮服务系统的矿物燃料消耗比例、环境废物产出比例和产生 $CO_2$ 比例这三项指标值，低于5%～10%；用水量比例，其他部门总和高于餐饮服务系统 25%左右，通常房务服务系统用水量比例为 50%左右；其他部门的垃圾比例远远低于餐饮服务系统，这是由于仅有普通生活垃圾，工程垃圾未计入其中。

## 3.6 酒店主要产品服务物资直接消耗系数、直接能耗系数、废物产生系数比较

依据式（3-4）、式（3-5）和式（3-6），可计算出 8 家酒店房务、宴会等（餐饮服务以外）服务全过程物资直接消耗系数、直接能耗系数、废物产生系数，见表 3-26。

根据 8 家酒店的财务报表可统计出三大服务系统的产值比例，见表 3-27。

依据表 3-27，8 家酒店餐饮服务的年产值比例平均值为 29.22%，但产值比例差异很大，在 20%～38%范围内变化；房务服务的年产值比例平均值为 49.24%，在 44%～58%范围内变化；宴会服务年产值比例平均值为 21.54%。显然酒店的房务服务是最主要的收入来源，房务服务和宴会服务总产值比例超过了 70%。

8 家酒店主要产品服务系统投入产出指标均值比较，见表 3-28。

由表 3-28 可知，房务、宴会和后勤部门与餐饮服务系统的物资直接消耗系数比值为 0.248；能源直接消耗平均系数比值为 0.41；水直接消耗平均系数比值为 1.34；矿物燃料消耗平均系数比值为 0.56；废物产生平均系数比值为 0.66；$CO_2$ 产生平均系数比值为 0.61；垃圾产生平均系数比值为 0.075。

可见，餐饮服务全过程的能耗比例和环境废物产出比例年平均都在 40%以上，而产值比例却不超过 30%，所以酒店餐饮服务系统应是实施清洁生产最关键的工作。

**八家酒店主要产品服务物资直接消耗系数、能源直接消耗系数、废物产生系数[12]　　表 3-26**

| 内　容 | 单位 | 大连 A | 大连 B | 大连 C | 大连 D | 南京 E | 上海 F | 北京 G | 上海 H | 平均值 |
|---|---|---|---|---|---|---|---|---|---|---|
| 房务与宴会产值合计 | 万元 | 4088.7 | 7307.15 | 14494.68 | 12334.84 | 6030.48 | 10287.13 | 6779.66 | 29512.82 | |
| 物资直接消耗系数 | 万元/万元 | 10.55 | 11.48 | 13.27 | 11.32 | 9.45 | 10.42 | 13.71 | 8.03 | 11.03 |
| 水直接消耗系数 | $m^3$/万元 | 26.22 | 25.49 | 19.23 | 17.34 | 47.5 | 28.69 | 24.19 | 15 | 25.46 |
| 能量消耗 | $\times 10^3$GJ | 29.2 | 38.5 | 49.78 | 49.11 | 47.13 | 38.06 | 39.82 | 85.47 | |
| 能量直接消耗系数 | GJ/万元 | 7.14 | 5.27 | 3.43 | 3.82 | 7.82 | 3.7 | 5.87 | 2.9 | 4.99 |
| 矿物燃料消耗量 | $\times 10^3$GJ | 64.44 | 167.53 | 246.8 | 110.99 | 121.31 | 99.87 | 172.68 | 218.69 | |
| 矿物燃料消耗系数 | GJ/万元 | 15.76 | 22.9 | 17.03 | 8.99 | 20.1 | 9.7 | 25.47 | 7.41 | 15.92 |
| 垃圾产生系数 | kg/万元 | 5.94 | 4.82 | 2.7 | 6.43 | 6.33 | 4.39 | 6.96 | 1.56 | 4.89 |
| 废物产量 | t | 110.73 | 333.97 | 524.4 | 93.6 | 148.6 | 108.17 | 257.9 | 215.92 | |
| 废物产生系数 | kg/万元 | 27.1 | 45.7 | 36.17 | 7.59 | 24.64 | 10.51 | 38.04 | 7.32 | 24.63 |
| $CO_2$ 产生量 | t | 5914.9 | 16938.22 | 22349.1 | 10419.63 | 11849.29 | 8965.89 | 16434.8 | 17186.1 | |
| $CO_2$ 产生系数 | kg/万元 | 1447 | 2318 | 1542 | 845 | 1965 | 872 | 2424 | 582 | 1499 |

**八家酒店主要产品服务系统年产值比较　　表 3-27**

| 内　容 | 单位 | 大连 A | 大连 B | 大连 C | 大连 D | 南京 E | 上海 F | 北京 G | 上海 H | 均值 |
|---|---|---|---|---|---|---|---|---|---|---|
| 餐饮产值 | 万元 | 2300.05 | 3989.17 | 4280.43 | 4518.79 | 3710.52 | 4105.78 | 2975.46 | 8379.89 | |
| 比例 | % | 35 | 35.3 | 22.8 | 22.6 | 38.1 | 28.5 | 30.5 | 20 | 29.22 |
| 房务产值 | | 3219.85 | 5014.49 | 9293.87 | 9502.96 | 4530.17 | 6747.78 | 4984.75 | 24092.1 | |
| 比例 | % | 50.4 | 44.4 | 49.5 | 47.6 | 46.5 | 46.9 | 51.1 | 57.5 | 49.24 |
| 宴会产值 | | 868.85 | 2292.66 | 5200.81 | 2831.88 | 1500.31 | 3539.35 | 1794.91 | 5420.72 | |
| 比例 | % | 13.6 | 20.3 | 27.7 | 29.8 | 15.4 | 24.6 | 18.4 | 22.5 | 21.54 |
| 房务与宴会产值合计 | 万元 | 4088.7 | 7307.15 | 14494.68 | 12334.84 | 6030.48 | 10287.13 | 6779.66 | 29512.82 | |

八家酒店主要产品服务系统投入产出指标均值比较　表 3-28

| 指　标 | 单位 | 餐饮服务系统 | 房务、宴会等服务系统 | 酒店整体 |
|---|---|---|---|---|
| 产值比重 | % | 29.22 | 70.78 | |
| 物质直接消耗系数 | % | 44.39 | 11.03 | 15.76 |
| 能量直接消耗系数 | GJ/万元 | 12.32 | 4.99 | 6.93 |
| 矿物燃料消耗系数 | GJ/万元 | 23.86 | 15.92 | 18.45 |
| 水资源消耗系数 | $m^3$/万元 | 19.04 | 25.46 | 22.69 |
| 废物产生系数 | kg/万元 | 37.2 | 24.63 | 27.22 |
| 垃圾产生系数 | kg/万元 | 65.12 | 4.89 | 51.5 |
| $CO_2$ 产生系数 | kg/万元 | 2453 | 1449 | 1734 |

## 3.7　酒店整体经济—能源—环境系统分析

重点讨论酒店整体能耗寿命周期评价，为绿色酒店评估提供 *S*、*H* 数据；酒店整体单位产值物资资源消耗、能源消耗、环境废物产量等问题，为建立酒店整体清洁生产绩效指标标准体系提供参考数据。

### 3.7.1　八家酒店年均能耗现状

八家酒店 2002～2004 年间能耗均值状况见表 3-29。其中，大连 A、大连 D、南京 E、上海 F 酒店只使用自家燃油锅炉生产蒸汽（效率为 85%），多数时间使用 0 号柴油；大连 B、大连 C、北京 G 三家酒店的厨房和洗衣房使用的蒸汽由自家燃油锅炉生产，其他用途的蒸汽由市政热电厂提供，均为燃煤锅炉生产蒸汽（效率为 65%）；上海 H 酒店使用自家燃油锅炉和天然气锅炉生产蒸汽。

八家酒店 2002～2004 年能耗均值状况　　表 3-29

| 内容 | 单位 | 大连 A | 大连 B | 大连 C | 大连 D | 南京 E | 上海 F | 北京 G | 上海 H |
|---|---|---|---|---|---|---|---|---|---|
| 总建筑面积 | $m^2$ | 43580 | 51994 | 120018 | 107424 | 67524 | 66628 | 39873 | 92439 |
| 全楼年总用水量 | $m^3$ | 157678 | 259089 | 365856 | 299667 | 363996 | 368992 | 230061 | 536330 |
| 全楼年总用煤气量 | $m^3$<br>$\times 10^3$GJ | 197563<br>7.7 | 212782<br>8.3 | 303098<br>11.82 | 397823<br>15.52 | 381566<br>14.88 | 386591<br>15.08 | 199848<br>7.79 | 568994<br>22.19 |

续表

| 内容 | 单位 | 大连 A | 大连 B | 大连 C | 大连 D | 南京 E | 上海 F | 北京 G | 上海 H |
|---|---|---|---|---|---|---|---|---|---|
| 全楼年总用电量 | $\times10^3$ kWh | 5574.48 | 8927.9 | 11889.9 | 10379.9 | 12338.8 | 12359.9 | 8985.8 | 20984.5 |
| | $\times10^3$GJ | 20.05 | 32.05 | 42.69 | 37.27 | 44.30 | 44.38 | 32.26 | 75.33 |
| 全楼年总用蒸汽量 | t | 14472.3 | 20635.9 | 24917.8 | 25789.2 | 13592.9 | 10832.4 | 18234.5 | 21823.7 |
| | $\times10^3$GJ | 32.67 | 46.58 | 56.25 | 58.21 | 30.68 | 24.10 | 41.16 | 49.26 |
| 合计 | $\times10^3$GJ | 60.42 | 86.93 | 110.76 | 111 | 89.86 | 83.56 | 81.21 | 146.78 |
| 蒸汽燃油锅炉耗油量 | t | 829.9 | 352.6 | 346.7 | 1478.9 | 793.4 | 615.7 | 288.7 | 146.6 |
| | $\times10^3$GJ | 38.22 | 16.24 | 15.97 | 68.11 | 36.54 | 28.35 | 13.30 | 23.21 |
| 蒸汽燃煤锅炉耗煤量 | t | 0 | 3304.5 | 4398.4 | 0 | 0 | 0 | 1416.3 | |
| | $\times10^3$GJ | 0 | 112.5 | 149.75 | 0 | 0 | 0 | 65.13 | |
| 蒸汽天然气锅炉燃气量 | $m^3$ | | | | | | | | 462003 |
| | $\times10^3$GJ | | | | | | | | 32.81 |

### 3.7.2 酒店能耗寿命周期评价

#### 3.7.2.1 八家酒店年均能耗寿命周期环境负荷

计算方法同前，计算结果见表 3-30～表 3-38。

**大连 A 酒店年能耗寿命周期环境负荷　　表 3-30**

| 指　　标 | 单位 | 耗电 | 燃油 | 燃煤 | 天然气 | 人工煤气 | 合计 |
|---|---|---|---|---|---|---|---|
| 矿物燃料消耗 | $\times10^3$GJ | 63.15 | 51.63 | 0 | 0 | 9.63 | 124.41 |
| $F_{PM10}$ | t | 2.20 | 2.79 | 0 | 0 | 1.62 | 6.61 |
| $F_{SOx}$ | t | 35.89 | 8.79 | 0 | 0 | 3.39 | 48.07 |
| $F_{NOx}$ | t | 25.66 | 5.73 | 0 | 0 | 1.54 | 32.93 |
| $F_{CO}$ | t | 37.69 | 1.682 | 0 | 0 | 0.85 | 40.22 |
| $E_{PM10}$ | t | 0.862 | 2.29 | 0 | 0 | 1.62 | 4.772 |
| $E_{SOx}$ | t | 1.78 | 5.73 | 0 | 0 | 7.32 | 14.83 |
| $E_{NOx}$ | t | 1.28 | 3.25 | 0 | 0 | 2.85 | 7.38 |
| $E_{CO}$ | t | 0.22 | 1.15 | 0 | 0 | 2 | 3.37 |
| $CO_2$ 排放量 | t | 6515.05 | 4013.87 | 0 | 0 | 1296.3 | 11825.22 |

**大连 B 酒店能耗寿命周期环境负荷　　表 3-31**

| 指　标 | 单位 | 耗电 | 燃油 | 燃煤 | 天然气 | 人工煤气 | 合计 |
|---|---|---|---|---|---|---|---|
| 矿物燃料消耗 | $\times10^3$GJ | 100.96 | 21.6 | 131.63 | 0 | 10.38 | 264.57 |
| $F_{PM10}$ | t | 3.53 | 1.19 | 39.37 | 0 | 1.74 | 45.83 |
| $F_{SOx}$ | t | 57.37 | 3.74 | 74.25 | 0 | 3.65 | 139.01 |
| $F_{NOx}$ | t | 41.02 | 2.44 | 30.38 | 0 | 1.66 | 75.5 |
| $F_{CO}$ | t | 7.05 | 0.72 | 20.25 | 0 | 0.92 | 28.94 |
| $E_{PM10}$ | t | 0.16 | 0.98 | 39.38 | 0 | 1.74 | 42.26 |
| $E_{SOx}$ | t | 2.85 | 2.44 | 196.88 | 0 | 7.89 | 210.15 |
| $E_{NOx}$ | t | 2.05 | 1.38 | 74.25 | 0 | 3.07 | 80.75 |
| $E_{CO}$ | t | 0.35 | 0.49 | 55.13 | 0 | 2.16 | 58.13 |
| $CO_2$ 排放量 | t | 10414.3 | 1705.5 | 13493.3 | 0 | 1397.3 | 27010.4 |

**大连 C 酒店能耗寿命周期环境负荷　　表 3-32**

| 指　标 | 单位 | 耗电 | 燃油 | 燃煤 | 天然气 | 人工煤气 | 合计 |
|---|---|---|---|---|---|---|---|
| 矿物燃料消耗 | $\times10^3$GJ | 134.47 | 21.24 | 175.2 | 0 | 14.77 | 471.9 |
| $F_{PM10}$ | t | 4.7 | 1.17 | 52.41 | 0 | 2.48 | 60.76 |
| $F_{SOx}$ | t | 76.41 | 3.67 | 98.84 | 0 | 5.2 | 184.12 |
| $F_{NOx}$ | t | 76.4 | 2.40 | 40.4 | 0 | 2.36 | 121.56 |
| $F_{CO}$ | t | 9.39 | 0.71 | 26.96 | 0 | 1.3 | 38.36 |
| $E_{PM10}$ | t | 0.21 | 0.96 | 52.41 | 0 | 2.48 | 56.06 |
| $E_{SOx}$ | t | 3.80 | 2.40 | 262.1 | 0 | 11.23 | 279.53 |
| $E_{NOx}$ | t | 2.73 | 1.36 | 98.84 | 0 | 4.37 | 107.3 |
| $E_{CO}$ | t | 4.70 | 0.48 | 73.38 | 0 | 3.07 | 81.63 |
| $CO_2$ 排放量 | t | 13871.7 | 1680.1 | 17961.1 | 0 | 1989.9 | 35502.8 |

**大连 D 酒店能耗寿命周期环境负荷　　表 3-33**

| 指　标 | 单位 | 耗电 | 燃油 | 燃煤 | 天然气 | 人工煤气 | 合计 |
|---|---|---|---|---|---|---|---|
| 矿物燃料消耗 | $\times10^3$GJ | 117.4 | 90.59 | 0 | 0 | 19.4 | 227.4 |
| $F_{PM10}$ | t | 4.10 | 4.97 | 0 | 0 | 3.26 | 12.33 |
| $F_{SOx}$ | t | 66.71 | 15.67 | 0 | 0 | 6.83 | 89.21 |
| $F_{NOx}$ | t | 47.71 | 10.22 | 0 | 0 | 3.11 | 50.82 |
| $F_{CO}$ | t | 8.20 | 2.99 | 0 | 0 | 1.71 | 12.9 |
| $E_{PM10}$ | t | 0.19 | 4.09 | 0 | 0 | 3.26 | 7.54 |
| $E_{SOx}$ | t | 3.32 | 10.22 | 0 | 0 | 14.75 | 28.29 |
| $E_{NOx}$ | t | 2.39 | 5.79 | 0 | 0 | 5.74 | 13.92 |
| $E_{CO}$ | t | 0.41 | 2.04 | 0 | 0 | 4.04 | 6.49 |
| $CO_2$ 排放量 | t | 12110.5 | 7152.9 | 0 | 0 | 2612.8 | 21876.2 |

南京 E 酒店能耗寿命周期环境负荷　　表 3-34

| 指　标 | 单位 | 耗电 | 燃油 | 燃煤 | 天然气 | 人工煤气 | 合计 |
|---|---|---|---|---|---|---|---|
| 矿物燃料消耗 | $\times 10^3$GJ | 139.55 | 48.59 | 0 | 0 | 18.6 | 206.74 |
| $F_{PM10}$ | t | 4.873 | 2.67 | 0 | 0 | 3.13 | 10.67 |
| $F_{SOx}$ | t | 79.30 | 8.40 | 0 | 0 | 6.55 | 94.25 |
| $F_{NOx}$ | t | 56.70 | 5.48 | 0 | 0 | 2.98 | 65.16 |
| $F_{CO}$ | t | 9.75 | 1.60 | 0 | 0 | 1.64 | 18.52 |
| $E_{PM10}$ | t | 0.22 | 2.19 | 0 | 0 | 3.12 | 5.53 |
| $E_{SOx}$ | t | 3.94 | 5.48 | 0 | 0 | 14.14 | 23.56 |
| $E_{NOx}$ | t | 2.84 | 3.11 | 0 | 0 | 5.5 | 19.23 |
| $E_{CO}$ | t | 0.49 | 1.1 | 0 | 0 | 4.46 | 6.047 |
| $CO_2$ 排放量 | t | 14394.8 | 3837.4 | 0 | 0 | 2505.1 | 20737.3 |

上海 F 酒店能耗寿命周期环境负荷　　表 3-35

| 指　标 | 单位 | 耗电 | 燃油 | 燃煤 | 天然气 | 人工煤气 | 合计 |
|---|---|---|---|---|---|---|---|
| 矿物燃料消耗 | $\times 10^3$GJ | 139.8 | 37.7 | 0 | 0 | 17.34 | 194.84 |
| $F_{PM10}$ | t | 4.88 | 2.07 | 0 | 0 | 3.17 | 10.12 |
| $F_{SOx}$ | t | 79.44 | 6.52 | 0 | 0 | 6.64 | 92.6 |
| $F_{NOx}$ | t | 56.8 | 4.25 | 0 | 0 | 3.02 | 64.07 |
| $F_{CO}$ | t | 9.76 | 1.25 | 0 | 0 | 1.81 | 12.82 |
| $E_{PM10}$ | t | 0.22 | 1.70 | 0 | 0 | 3.17 | 5.09 |
| $E_{SOx}$ | t | 3.95 | 4.25 | 0 | 0 | 15.83 | 24.03 |
| $E_{NOx}$ | t | 2.84 | 2.41 | 0 | 0 | 6.03 | 11.28 |
| $E_{CO}$ | t | 0.488 | 0.85 | 0 | 0 | 4.524 | 5.862 |
| $CO_2$ 排放量 | t | 14420.84 | 2977.3 | 0 | 0 | 1485.38 | 18883.52 |

北京 G 酒店能耗寿命周期环境负荷　　表 3-36

| 指　标 | 单位 | 耗电 | 燃油 | 燃煤 | 天然气 | 人工煤气 | 合计 |
|---|---|---|---|---|---|---|---|
| 矿物燃料消耗 | $\times 10^3$GJ | 101.62 | 60.83 | 76.2 | 0 | 9.74 | 248.39 |
| $F_{PM10}$ | t | 3.55 | 3.34 | 22.80 | 0 | 1.64 | 31.33 |
| $F_{SOx}$ | t | 57.75 | 10.52 | 33.01 | 0 | 3.43 | 104.71 |
| $F_{NOx}$ | t | 41.30 | 6.86 | 17.59 | 0 | 1.56 | 67.31 |
| $F_{CO}$ | t | 7.10 | 2.01 | 11.73 | 0 | 0.86 | 21.7 |
| $E_{PM10}$ | t | 0.16 | 2.75 | 22.80 | 0 | 1.64 | 27.35 |
| $E_{SOx}$ | t | 2.87 | 6.86 | 51.75 | 0 | 7.4 | 68.88 |
| $E_{NOx}$ | t | 2.07 | 3.89 | 42.99 | 0 | 2.88 | 51.83 |
| $E_{CO}$ | t | 0.36 | 1.37 | 31.92 | 0 | 2.03 | 35.68 |
| $CO_2$ 排放量 | t | 10482.6 | 4803.6 | 7811.7 | 0 | 1311.45 | 24409.4 |

上海 H 酒店能耗寿命周期环境负荷　　表 3-37

| 指　标 | 单位 | 耗电 | 燃油 | 燃煤 | 天然气 | 人工煤气 | 合计 |
|---|---|---|---|---|---|---|---|
| 矿物燃料消耗 | $\times 10^3$GJ | 237.29 | 30.89 | 0 | 37.4 | 27.74 | 333.32 |
| $F_{PM10}$ | t | 8.29 | 1.70 | 0 | 0.23 | 4.66 | 14.88 |
| $F_{SOx}$ | t | 134.84 | 5.34 | 0 | 1.97 | 9.76 | 151.91 |
| $F_{NOx}$ | t | 96.42 | 3.48 | 0 | 2.95 | 4.44 | 107.29 |
| $F_{CO}$ | t | 16.57 | 1.02 | 0 | 1.64 | 2.44 | 21.67 |
| $E_{PM10}$ | t | 0.38 | 1.39 | 0 | 0.13 | 4.66 | 6.56 |
| $E_{SOx}$ | t | 6.70 | 3.48 | 0 | 0.098 | 21.08 | 31.36 |
| $E_{NOx}$ | t | 4.82 | 1.97 | 0 | 1.64 | 8.21 | 16.64 |
| $E_{CO}$ | t | 0.83 | 0.696 | 0 | 1.31 | 5.77 | 8.606 |
| $CO_2$ 排放量 | t | 24477.7 | 2438.6 | 0 | 2277.04 | 3735.7 | 29193.3 |

八家酒店年能耗寿命周期环境负荷总汇见表 3-38。

八家酒店年能耗寿命周期环境负荷总汇　表 3-38

| 内容 | 单位 | 大连 A | 大连 B | 大连 C | 大连 D | 南京 E | 上海 F | 北京 G | 上海 H |
|---|---|---|---|---|---|---|---|---|---|
| 全楼年用煤气量 | $m^3$ | 197563 | 212782 | 303098 | 397823 | 381566 | 386591 | 199848 | 568994 |
| 煤气折算 GJ 能量 | $\times 10^3$GJ | 7.7 | 15.4 | 11.82 | 15.52 | 14.88 | 15.08 | 7.79 | 22.19 |
| 全楼年用电量 | $\times 10^3$ kWh | 5574.48 | 8927.9 | 11889.9 | 10379.9 | 12338.8 | 12359.9 | 8985.8 | 20984.5 |
| 耗电折算 GJ 能量 | $\times 10^3$GJ | 20.04 | 32.09 | 42.74 | 37.31 | 44.35 | 44.40 | 32.30 | 75.48 |
| 全楼年用蒸汽量 | t | 14472.3 | 20635.9 | 24917.8 | 25789.2 | 13592.9 | 10832.4 | 18234.5 | 21823.7 |
| 蒸汽折算 GJ 能量 | $\times 10^3$GJ | 32.67 | 46.58 | 56.25 | 58.22 | 30.68 | 24.45 | 41.16 | 49.26 |
| 合计 | $\times 10^3$GJ | 60.42 | 86.93 | 110.76 | 111 | 89.86 | 83.56 | 81.21 | 146.78 |
| 矿物燃料消耗 | $\times 10^3$GJ | 124.41 | 264.57 | 471.9 | 227.4 | 206.74 | 194.84 | 248.39 | 333.32 |

续表

| 内容 | 单位 | 大连 A | 大连 B | 大连 C | 大连 D | 南京 E | 上海 F | 北京 G | 上海 H |
|---|---|---|---|---|---|---|---|---|---|
| $F_{PM10}$ | t | 6.61 | 45.83 | 60.76 | 12.33 | 10.67 | 10.12 | 31.33 | 14.88 |
| $F_{SOx}$ | t | 48.07 | 139.01 | 184.12 | 89.21 | 94.25 | 92.56 | 104.71 | 151.91 |
| $F_{NOx}$ | t | 32.93 | 75.5 | 121.56 | 50.82 | 65.16 | 64.07 | 67.31 | 107.29 |
| $F_{CO}$ | t | 40.22 | 28.94 | 38.36 | 12.9 | 18.52 | 12.82 | 21.7 | 21.67 |
| $E_{PM10}$ | t | 4.772 | 42.26 | 56.06 | 7.54 | 5.53 | 5.09 | 27.35 | 6.56 |
| $E_{SOx}$ | t | 14.83 | 210.15 | 279.53 | 28.29 | 23.56 | 24.03 | 68.88 | 31.36 |
| $E_{NOx}$ | t | 7.38 | 80.75 | 107.3 | 13.92 | 19.23 | 11.28 | 51.83 | 16.64 |
| $E_{CO}$ | t | 3.37 | 58.13 | 81.63 | 6.49 | 6.047 | 5.862 | 35.68 | 8.606 |
| $CO_2$ 排放量 | t | 11825.2 | 27010.4 | 35502.8 | 21876.2 | 20737.3 | 18883.52 | 24409.4 | 29193.3 |

#### 3.7.2.2 八家酒店能耗单位能量寿命周期环境负荷及综合环境影响评价

八家酒店能源消耗单位能量（1GJ）寿命周期环境负荷的计算结果见表 3-39。

**八家酒店能源消耗 1GJ 能量寿命周期环境负荷　　表 3-39**

| 内容 | 单位 | 大连 A | 大连 B | 大连 C | 大连 D | 南京 E | 上海 F | 北京 G | 上海 H |
|---|---|---|---|---|---|---|---|---|---|
| 全楼年能耗能量 | $\times 10^3$GJ | 60.42 | 86.93 | 110.76 | 111 | 89.86 | 83.56 | 81.21 | 146.78 |
| 矿物燃料消耗 | GJ/GJ | 2.06 | 3.04 | 4.26 | 2.05 | 2.30 | 2.33 | 3.06 | 2.27 |
| $F_{PM10}$ | kg/GJ | 0.109 | 0.527 | 0.549 | 0.111 | 0.119 | 0.121 | 0.386 | 0.101 |
| $F_{SOx}$ | kg/GJ | 0.796 | 1.599 | 1.662 | 0.804 | 1.049 | 1.107 | 1.412 | 1.035 |
| $F_{NOx}$ | kg/GJ | 0.545 | 0.869 | 1.098 | 0.458 | 0.725 | 0.766 | 0.829 | 0.731 |
| $F_{CO}$ | kg/GJ | 0.666 | 0.333 | 0.346 | 0.116 | 0.206 | 0.153 | 0.267 | 0.148 |
| $E_{PM10}$ | kg/GJ | 0.079 | 0.486 | 0.506 | 0.068 | 0.062 | 0.061 | 0.337 | 0.045 |
| $E_{SOx}$ | kg/GJ | 0.245 | 2.417 | 2.524 | 0.255 | 0.262 | 0.288 | 1.614 | 0.214 |
| $E_{NOx}$ | kg/GJ | 0.122 | 0.929 | 0.969 | 0.125 | 0.214 | 0.135 | 0.638 | 0.113 |
| $E_{CO}$ | kg/GJ | 0.056 | 0.669 | 0.737 | 0.058 | 0.067 | 0.07 | 0.439 | 0.059 |
| $CO_2$ | kg/GJ | 195.7 | 310.7 | 320.54 | 197.08 | 230.77 | 225.98 | 300.57 | 198.89 |

8 家酒店能源消耗 1GJ 能量寿命周期环境负荷单项环境影响评价结果见表 3-40。

八家酒店能源消耗 1GJ 能量寿命周期环境负荷单项环境影响评价结果　　表 3-40

| 内容 | 单位 | 大连 A | 大连 B | 大连 C | 大连 D | 南京 E | 上海 F | 北京 G | 上海 H |
|---|---|---|---|---|---|---|---|---|---|
| 全楼年能耗能量 | $\times 10^3$GJ | 60.42 | 86.93 | 110.76 | 111 | 89.86 | 83.56 | 81.21 | 146.78 |
| 矿物燃料消耗 | GJ/GJ | 2.06 | 3.04 | 4.26 | 2.05 | 2.30 | 2.33 | 3.06 | 2.27 |
| $F_{PM10}$ | $m^3$/GJ | 436000 | 2108000 | 2196000 | 444000 | 476000 | 484000 | 1544000 | 404000 |
| $F_{SOx}$ | $m^3$/GJ | 3184000 | 6396000 | 6648000 | 3216000 | 4196000 | 4428000 | 5648000 | 4140000 |
| $F_{NOx}$ | $m^3$/GJ | 3633333 | 5793333 | 7320000 | 3053333 | 4833333 | 5106666 | 5526666 | 4873333 |
| $F_{CO}$ | $m^3$/GJ | 111000 | 55500 | 57666 | 19333 | 34333 | 25500 | 44500 | 24666 |
| 合计 | $m^3$/GJ | 7364333 | 14352833 | 16221666 | 6732666 | 9539666 | 10044166 | 12763166 | 9441999 |
| $E_{PM10}$ | $m^3$/GJ | 526667 | 3240000 | 3373333 | 453333 | 413333 | 406666 | 2246666 | 300000 |
| $E_{SOx}$ | $m^3$/GJ | 1633333 | 16113333 | 16826666 | 1700000 | 1746666 | 1920000 | 10760000 | 1426666 |
| $E_{Nox}$ | $m^3$/GJ | 1220000 | 9290000 | 9690000 | 1250000 | 2140000 | 1350000 | 6380000 | 1130000 |
| $E_{CO}$ | $m^3$/GJ | 14000 | 167250 | 184250 | 14500 | 16750 | 17500 | 109750 | 14750 |
| 合计 | $m^3$/GJ | 3394000 | 28810583 | 30074249 | 3417833 | 4316749 | 3694166 | 19496416 | 2871416 |
| $CO_2$ | kg/GJ | 195.7 | 310.7 | 320.54 | 197.08 | 230.77 | 225.98 | 300.57 | 198.89 |

八家酒店能源消耗 1GJ 能量寿命周期环境负荷综合环境影响评价结果，见表 3-41。

**八家酒店能源消耗 1GJ 能量寿命周期环境负荷综合环境影响评价结果**

**表 3-41**

| 内容 | 大连 A | 大连 B | 大连 C | 大连 D | 南京 E | 上海 F | 北京 G | 上海 H |
|---|---|---|---|---|---|---|---|---|
| 矿物燃料消耗比较系数 $I_d$ | 1.285 | 1.896 | 2.658 | 1.279 | 1.435 | 1.454 | 1.909 | 1.193 |
| 大气环境影响比较系数 $I_f$ | 1.676 | 3.267 | 3.692 | 1.532 | 2.171 | 2.286 | 2.905 | 1.466 |
| 城市环境影响比较系数 $I_e$ | 4.710 | 39.982 | 41.735 | 4.743 | 5.991 | 5.127 | 27.056 | 3.985 |
| 变暖潜力比较系数 $I_\infty$ | 1.527 | 2.424 | 2.501 | 1.538 | 1.801 | 1.763 | 2.345 | 1.552 |
| 比较系数合计 $I_d+I_f+I_e+I_\infty$ | 9.198 | 47.569 | 50.586 | 9.092 | 11.398 | 10.63 | 34.219 | 8.196 |
| 综合环境影响比较系数 $I_z$ | 2.299 | 11.892 | 12.647 | 2.273 | 2.849 | 2.658 | 8.555 | 2.049 |
| $I_z$ 排序 | 3 | 7 | 8 | 2 | 5 | 4 | 6 | 1 |

从综合环境影响评价结果的排序来看，上海 H 酒店仍为第一。大连 B、大连 C、北京 G 排序在后面，其主要原因还是使用市政蒸汽、由燃煤锅炉生产带来的后果。

### 3.7.3 酒店整体年投入产出分析

#### 3.7.3.1 酒店年产值、能耗、环境废物数量

统计方法同前，统计结果见表 3-42。

**八家酒店年产值、能耗、环境废物数量** 表 3-42

| 内容 | | 单位 | 大连 A | 大连 B | 大连 C | 大连 D | 南京 E | 上海 F | 北京 G | 上海 H |
|---|---|---|---|---|---|---|---|---|---|---|
| 经济 | 产值 | 万元 | 6388.6 | 11293.9 | 18775.5 | 19964.2 | 9742.3 | 14387.6 | 9754.9 | 41899.3 |
| 能耗 | 水量 | $m^3$ | 157678 | 259089 | 365856 | 299667 | 363996 | 368992 | 230061 | 536330 |
| | 蒸汽量 | t | 14472.3 | 20635.9 | 24917.8 | 25789.2 | 13592.9 | 10832.4 | 18234.5 | 21823.7 |
| | 能量 | $\times10^3$GJ | 32.67 | 46.58 | 56.25 | 58.22 | 30.68 | 24.45 | 41.16 | 49.26 |
| | 耗电量 | $\times10^3$kWh | 5574.48 | 8927.9 | 11889.9 | 10379.9 | 12338.8 | 12359.9 | 8985.8 | 20984.5 |
| | 能量 | $\times10^3$GJ | 20.04 | 32.09 | 42.74 | 37.31 | 44.35 | 44.43 | 32.30 | 75.48 |
| | 煤气量 | $m^3$ | 197563 | 212782 | 303098 | 397823 | 381566 | 386591 | 199848 | 568994 |
| | 能量 | $\times10^3$GJ | 100 | 100 | 100 | 100 | 100 | 100 | 100 | 100 |
| | 总能量合计 | $\times10^3$GJ | 60.42 | 86.93 | 110.76 | 111 | 89.86 | 83.56 | 81.21 | 146.78 |
| | 能源费<br>占产值比例 | 万元<br>% | 858.72<br>13.44 | 1318.38<br>11.67 | 1734.4<br>9.24 | 1591.9<br>7.97 | 1350.8<br>13.87 | 1731.1<br>12.03 | 1314.9<br>13.48 | 2870.2<br>6.85 |
| | 矿物燃料 | $\times10^3$GJ | 124.41 | 264.57 | 471.9 | 227.4 | 206.74 | 194.84 | 248.39 | 333.32 |
| 环境废物 | 垃圾量 | t | 494.8 | 852.9 | 606.9 | 949.6 | 388.7 | 1415.8 | 581.9 | 1002.9 |
| | PM10<br>SOx<br>NOx<br>CO | t<br>t<br>t<br>t | 11.38<br>81.49<br>40.31<br>43.59 | 88.1<br>236.56<br>156.25<br>87.07 | 116.82<br>316.31<br>228.86<br>119.9 | 19.87<br>117.5<br>64.74<br>19.39 | 16.2<br>117.81<br>84.39<br>24.57 | 15.21<br>116.59<br>75.35<br>18.68 | 58.68<br>173.59<br>119.14<br>57.38 | 21.44<br>183.27<br>123.93<br>30.28 |
| | 合计 | t | 176.77 | 567.98 | 781.89 | 221.5 | 242.97 | 225.83 | 408.79 | 358.92 |
| | $CO_2$ | t | 11825.2 | 27010.4 | 35502.8 | 21876.2 | 20737.3 | 18883.52 | 24409.4 | 29193.3 |

3.7.3.2 酒店直接能耗及排污系数分析

直接能耗系数定义为某酒店单位产值的生产所消耗的能源数量；直接废物产生系数表示酒店单位产值的生产所产生的污染物的数量，计算结果见表 3-43。

**八家酒店直接能耗系数、直接废物产生系数　　表 3-43**

| 内容 | 单位 | 大连 A | 大连 B | 大连 C | 大连 D | 南京 E | 上海 F | 北京 G | 上海 H | 平均值 |
|---|---|---|---|---|---|---|---|---|---|---|
| 直接水消耗系数 | $m^3$/万元 | 24.68 | 22.94 | 19.49 | 15.01 | 37.36 | 25.65 | 23.58 | 12.80 | 22.69 |
| 排序 | | 6 | 4 | 3 | 2 | 8 | 7 | 5 | 1 | |
| 直接能耗系数 | GJ/万元 | 9.45 | 7.69 | 5.89 | 5.56 | 9.22 | 5.80 | 8.33 | 3.5 | 6.93 |
| 排序 | | 8 | 5 | 4 | 2 | 7 | 3 | 6 | 1 | |
| 垃圾产生系数 | kg/万元 | 77 | 76 | 32 | 48 | 39 | 57 | 59 | 24 | 51.5 |
| 排序 | | 8 | 7 | 2 | 4 | 3 | 5 | 6 | 1 | |
| 废物产生系数 | kg/万元 | 27.67 | 50.29 | 41.64 | 11.09 | 24.94 | 15.69 | 41.9 | 8.56 | 27.72 |
| 排序 | | 5 | 8 | 6 | 2 | 4 | 3 | 7 | 1 | |
| $CO_2$ 产生系数 | kg/万元 | 1850.9 | 2391.6 | 1890.9 | 1095.7 | 2128.6 | 1312.5 | 2502.3 | 696.8 | 1733.7 |
| 排序 | | 4 | 7 | 5 | 2 | 6 | 3 | 8 | 1 | |
| 综合排序 | | 6 | 7 | 4 | 2 | 5 | 3 | 8 | 1 | |

从表 3-4 可看出：1）八家酒店直接能耗系数、直接废物产生系数最大值与最小值相比，基本在 3～4 左右；直接水消耗系数最大值与最小值相比，基本在 2 左右。上海 H 酒店的各项系数均为最小，酒店之间经济—能源—环境系统投入产出比例结构差异显著。

### 3.7.4 酒店投入产出结构调整的重点

3.7.4.1 酒店主要产品服务系统投入产出结构的特点

通过对酒店的经济—能源—环境系统分析，可得出如下结论：

（1）酒店之间物资直接消耗系数、能源直接消耗系数、矿物燃料消耗系数、水资源直接消耗系数、废物产生系数、$CO_2$ 产生系数、垃圾直接产生系数都存在较大的差异，最大值和最小值相差 2～3 倍左右，这说明我国酒店行业整体在经济—能源—环境系统改善方面存在相当大的潜力。

（2）在酒店主要产品服务系统中，餐饮服务系统的物资直接消耗系数、能源直接消耗系数、矿物燃料消耗系数、废物产生系数、$CO_2$ 产生系数、垃圾直接产生系数都是最高的，平均来说系数比例接近 50%左右，但是产值平均比例还不足 30%，属于典型的“线性开放式”经济发展模式，其投入产出结构比例严重失调。有的酒店这种矛盾问题尤为突出，上述系数最大值和最小值相差 2～3 倍左右，具有相当大的改进潜力。

（3）房务和宴会服务系统与餐饮服务系统相比，在产值、能耗和环境废物产出三个方面具有明显的优势，将成为酒店行业真正立足的服务系统。

#### 3.7.4.2 酒店主要产品服务系统投入产出结构调整的重点

根据酒店主要产品服务系统投入产出结构的特点，显然餐饮服务系统是调整的重点，应从以下两点入手：

（1）应重点对餐饮服务系统实施清洁生产，针对其中间生产过程和最终服务过程制定清洁生产方案和相关标准，对餐饮服务全过程实施清洁生产绩效评估。

（2）缩小餐饮服务系统的营业范围，减少其投入与环境废物的产出。

参考文献

［1］ Postlethwaite D，de Oude N T. “European Perspective” inEnvironmental Life-Cycle Assessment. New YorkMcGraw-Hill，1996

［2］ http：//www. eere. energy. gov/buildings/tools-directory/. 美国能源部节能及可再生能源网站建筑能耗模拟软件目录

[3] LBNL U S. DOE-2. 1E Engineer manual. 1998

[4] Winkelmann F C, et al. DOE-2 BDL summary. Version 2. 1E. Environment Division, Lawrence Berkeley National Laboratory, University of California, 1993

[5] Rouleta C A, Flourentzoua F, Labbena H H, et al. ORME-a multicriteria rating methodology for buildings. Building and Environment, 2002, 37 (6): 579～586

[6] JGJ 134—2001 夏热冬冷地区居住建筑节能设计标准

[7] JGJ 75—2003 夏热冬暖地区居住建筑节能设计标准

[8] Long Enshen, Wang yong, Ma Xiaofei. Identifications: the relative variation rates $RVR_s$ are approximateof in different cities with the same energy efficient measures. Increase Building and Environment, 2005, 40 (4): 465～471

[9] Long Enshen. Identifications: the relative variation rates ($RVR_s$) of cooling and heating are approxinmate in different cities with the same increase of shape coefficients. Building and Environment, 2005, 40 (4): 481～488

[10] 黄志甲．建筑物能量系统生命周期评价模型与案例研究 [C]: [博士学位论文]. 上海：同济大学，2003

[11] Xing Gao. The countermeasure research for hotel production service system's sustainable energy conservation [C]. The 22 nd IIR International congress of refrigeration

[12] 高兴．酒店主要产品服务经济—能源—环境系统分析 [J]. 中国人口资源与环境，2007，(17) 4：81～86

# 第4章 酒店软件产品服务节能清洁生产最佳操作规程

酒店节约能源属于清洁生产的范畴。节能不仅仅属于工程管理的工作，而且是酒店有组织的管理工作。虽然每个酒店都比较重视节能，但是各酒店的能耗水平存在很大的差异，这不仅与设备系统的性能有关，也与是否执行了正确的节能操作程序密不可分。实际情况反映出许多酒店根本没有节能操作程序，因此说我国酒店行业在节能管理方面还不成熟。使用这些程序，集中精力改变员工的日常工作方式，预期在相同入住率和用餐人数下，能源成本会减少8%～10%，大多数酒店可能至少会减少6%，尤其是在入住率低的情况下，更要尽量抓住节约能源的机会。否则能源消耗将不会因入住率下降而明显减少。比如：大堂酒廊空调的能源消耗与使用这个空间的客人人数实际上并不相干，酒店有大量的“固定”负荷，酒店总能源消耗与用餐人数、入住率不成正比关系。

什么是正确的节能操作规程，即对“节约能源程序”，目前国内还没有一份权威性的文件来指导酒店行业来参考执行。通过调查国内几家有代表性的大型酒店的节能操作规程，总结各家的运作经验，给出一套比较科学的酒店业“最佳节能操作规程”。这套规程也可称为酒店节能专用清洁生产方案。

## 4.1 “节能最佳操作规程”的框架简介

酒店业“节能最佳操作规程”以图4-1所示的指导原则和相关信息，来说明这一程序。

### 4.1.1 “节能最佳操作规程”的管理程序

实施最佳操作规程本着“高效利用资源，减少资源浪费”的

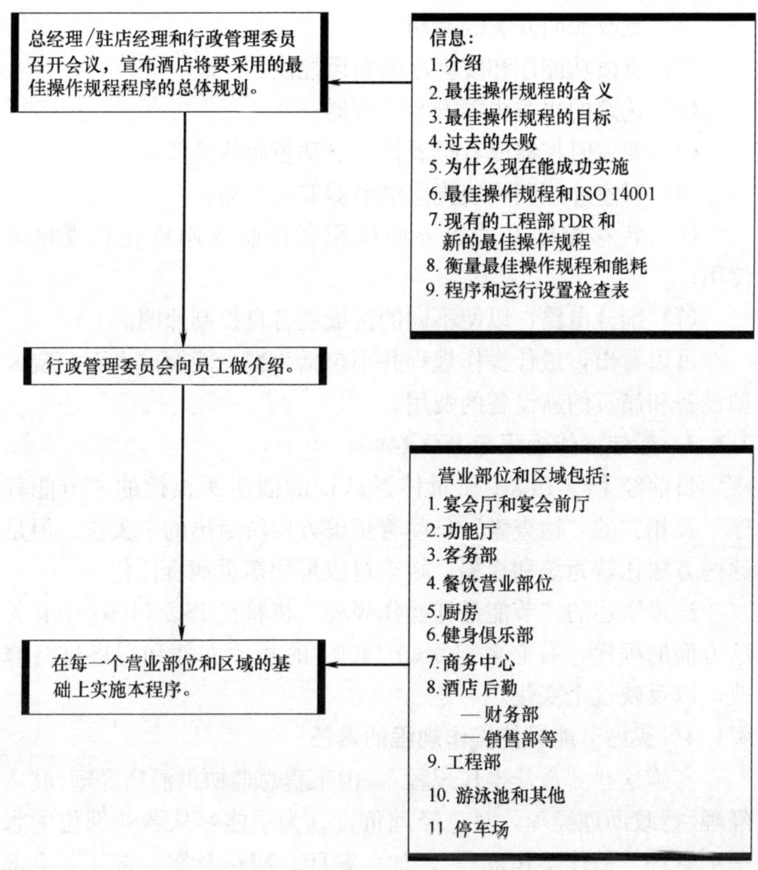


图 4-1　酒店节能最佳操作规程

原则。这是我们工作不可分割的一部分。工程部的责任是给最终用户提供可靠、高效的能源输配。

“最佳操作规程”是适用于所有等级员工的运行程序，在不降低对顾客的服务质量和不显著增加工作量的前提下，为减少对电、燃气、水等资源的浪费而专门设计的。

### 4.1.2　相关的成本

实施“最佳操作规程”在总体上不需要花费大量的资金，相关的成本一般包括以下几点：

（1）更改照明开关的控制；

（2）更改功能厅和宴会厅的新风控制；

（3）选定的水龙头等安装节流器；

（4）安装时控器或者扩展楼宇自动控制的功能；

（5）对室外照明安装光感继电器兼时控器；

（6）转移控制开关以方便使用者控制或避免让非授权者使用；

（7）细分电路，以便不同的区域能各自控制照明。

可以看出，最佳操作规程并不包括为减少能源成本而安装大型设备和昂贵的新设备的费用。

### 4.1.3 最佳操作规程与 ISO 14001

目前经 ISO 14001 质量体系认证的酒店所执行的“节能程序”及相关的“检查表”是朝着正确方向所迈出的一大步。但是这些方法比较笼统和模糊，缺乏对成果的衡量和责任化。

这里所述的“节能最佳操作规程”将替代 ISO 14001 中有关这方面的程序，有必要对 ISO 14001 的相关文件和程序进行修改，以反映这个变化。

### 4.1.4 实施节能最佳操作规程的责任

实施这些“最佳操作规程”，由工程总监协助酒店经理/驻店经理/行政助理经理，对总经理负责。为了能够从营业部位的水平上管理“最佳操作规程”，如：餐厅、厨房及客务部、宴会部等，需要各任命一位合适的 3 级员工为“节能大使”。酒店经理/驻店经理/行政助理经理和相关的行政管理委员会成员，应当对成果评价的过程进行管理，采取必要措施改进工作。对于持续表现不好的，应当追究责任，并向全体员工通报。

### 4.1.5 最佳操作规程和能源衡量措施

#### 4.1.5.1 能源计量

酒店及其内部区域的节能表现已经通过电表、水表和燃气表计量。但是，由于计量表的成本过高，以及相关的保养问题，空调和蒸汽的计量经常被忽略。能源计量很重要，它可以事后衡量成果、设定节能成果的目标。

#### 4.1.5.2 最佳操作规程执行的衡量

与能源的计量相比，“最佳操作规程”的衡量措施还没有很好地受到重视或理解。如果能考虑以下方面，“最佳操作规程”及其衡量措施的相关性与重要性就非常清楚了：

能源消耗成本与每个“运行”的效率有直接关系，“最佳操作规程”专门为解决这个问题而设计，注重“过程”效率，找到相关的浪费之处。

一般情况下，每个过程都会有大约20～30个活动对减少成本有较大的影响。确定这些程序或者“最佳操作规程”是成功的第一步。衡量这些程序的实施程度是成功的第二步，“检查表”因为能够衡量这些程序是否有效实施而显得更为重要。这个过程的价值在于，它是帮助分析实施这些被认可的、高效率的程序当中所存在的问题的工具。

总之，能源消耗计量表只提供了“成果”，但是没提供“原因”。而“最佳操作规程”和“检查表”却提供了“原因”，换句话说，它们帮助解释成果。其实，也有人会这么认为：“最佳操作规程”及其“衡量措施”比“能源消耗衡量措施”本身更重要。

既有工作“成果”，又有工作“原因”，才能算得上是最好的工作表现。这也是为什么“最佳操作规程过程”至关重要，并且成为“整体能源管理”的主要部分的原因。

## 4.2 最佳操作规程实施过程

正如已经强调过的，酒店引入“最佳操作规程实施过程”时必须保证秩序井然、步骤正确。有三个基本步骤：

### 4.2.1 实施“最佳操作规程”的步骤顺序

识别、记录和实施整个程序的过程正确是非常重要的。可以适用的顺序（流程图）列在4.6节中。流程图提供的部分信息表明了实施过程中不同步骤的负责人。同时，还提供了一个参考时间表。

### 4.2.2 准备最佳操作规程的程序

最重要的是辨认“最佳操作规程”。一定要尽量发挥主要员工的集体经验，尽量平衡客人服务中所出现的冲突性要求。鉴于目前对能耗及能源成本的重视，要把程序和目标放在最高点。

“最佳操作规程程序”和相应的“检查表”将针对每个营业部位或区域的具体要求，保证相关性和恰当的衡量措施，责任分明。总结最佳操作规程程序，包括认可的设备和营业部位的运行时间，以方便持检查表的员工执行检查。典型示例见 4.7 节。

### 4.2.3 准备最佳操作规程检查表

制定的监督背离“最佳操作规程程序”的“检查表”应易于使用、计分方法简单、能够衡量所有的“最佳操作规程程序”。通常包括以下区域的检查表：餐饮营业部位、厨房、宴会部、宴会厅和功能厅、客务部 、洗衣房、个别后勤区域、工程部等。

## 4.3 如何使用“节能最佳操作规程”文件

高级管理人员应当熟悉全部文件（总经理，酒店经理/驻店经理/行政助理经理和行政管理委员会成员），涉及培训和实施过程的员工也应当熟悉本文件的所有方面。各级员工应当了解整体观点，但重点在各自的营业部位或者区域。比如：宴会厅、厨房或者洗衣房，只需要相关部分的“最佳操作规程”文件及培训。这方面的信息可以从 4.6、4.7 和 4.8 节的相关部分中提取。该文件包括：

（1）“最佳操作规程程序”的确定程序和实施程序，见 4.6 节。

（2）个别营业部位或区域准备“最佳操作规程”模式，并附上“最佳操作规程”的样本，见 4.7 节。

（3）个别营业部位或区域制定的“最佳操作规程检查表”模式，见 4.8 节，它与 4.7 节的最佳操作规程模式相对应。

## 4.4 工程部——程序和运行的设置

非专业技术人员不能评估和检查工程部的工作。现有的机电设备审查过程，应组织工程总监以上职位的专业人员检查系统上的“技术”情况。持续、有效的预防性维护保养对于保证设备的高效率运行是必要的。比如，冷冻机冷凝管的清洁、热交换器的清洁、锅炉换热管的清洁、冷却塔的清洁对保持运行效率是不可或缺的，不要试图在这些方面节约。尽管需要节约能源，却不能以明显降低环境的舒适度为代价。为了找到合理的参照点，特提供以下几点：

（1）新风节流

过度使用新风会造成能源浪费，然而关闭或者过度节流新风也是不能被接受的，因为这样会造成空气的不平衡，即空气从其他区域窜进来。这也是造成发霉和有霉气味的主要原因，是“虚假”的节约。

（2）新风供冷

新风应当预冷和除湿。“出风”温度过高，就不能很好地除湿，这是产生“湿漉漉”的感觉的原因，是“质量较差”的酒店经常存在的问题。在此情况下，新风处理机所节省的冷量负荷，绝大部分都会转移为空调处理机或风机盘管的负荷。因此，虽然节约的能源是非常有限的，但环境舒适度会变得很糟。

一般情况下，新风处理机的出风温度应不低于12～14℃。

（3）冷冻水温度

过高的冷冻水温度会引起发霉和气味，这是因为没有达到所要求的出风温度。客房和各个区域虽然还能保持凉快，却很潮湿，这不符合绿色酒店的形象和标准。一般情况下，冷冻供水最高温度不应超过7.5℃。

（4）热水

送到客人房间里的热水温度一般是在50～55℃之间。面对现在的处境，在可行的情况下将温度调为48～50℃。不过还需注意，短时间内送60℃以上的水是有必要的（如每个月用一天时间杀一次军团菌，高危区域减至14天杀一 次）。不要在这个温度范围以外运行。

## 4.5 工程部检查表内容

### 4.5.1 冷却塔

（1）检查浮球阀调节度以避免溢水；

（2）冷却塔补水安装水表（这通常很便宜），监测并作记录，确保及时发现并改正任何过度流量；

（3）检查排水率。与专业水质处理公司一起制定正确的平衡。

### 4.5.2 冷冻机的控制

这可能是一项较大的挑战。一些酒店有冷冻机最佳组合控制的自动系统，却经常没有校验好。高质量的人工运行通常比自动冷冻机最佳组合控制系统的效果好。

（1）冷冻机运行组合最佳化，尤其是在只有部分负荷的时候（如将冷冻机由 2 台改成 1 台）。

（2）尽量发挥冷冻水泵、冷却水泵和冷却塔的最佳组合作用。

### 4.5.3 新风的使用

在允许的地方，比如春秋两季较凉的一些酒店，要尽量使用户外新风、减少冷冻机的负荷。

### 4.5.4 设定“空间”温度

酒店后勤区域，需要供冷的温度设定为 24℃，需要采暖的温度设定为 18℃。如果需要，取消风机盘管的现场控制，以避免员工搅乱温度的设定。

### 4.5.5 客房电磁阀

电磁阀失灵、不及时维修或替换的情况屡见不鲜，工程部非常有必要制定检查电磁阀及主温控和次温控功能的计划。

### 4.5.6 主要大型设备的运行时间

主要大型设备的运行时间必须与运行的需要紧密结合。例如：锅炉的运行时间经常由洗衣房决定，生活热水的生产为第二考虑。以此类推，考虑中餐厨房蒸汽的供给等。

最佳操作规程集思广益，讨论环节将允许根据需要来调整运行时间，以使成本降到最低。

其他主要设备的运行时间也需做同样的考虑，包括冷冻机、宴会厅的空气处理机、厨房的空气处理机、餐饮营业部位等的空气处理机、自动扶梯的运行时间、游泳池水的过滤（高、低流量）等；其他通常由工程部直接控制的和“时间有关”的设备包括：楼宇泛光灯、户外标志、停车场照明、花园照明、水景、水景的过滤、非高峰时间关闭电梯等。

### 4.5.7 使用感光继电器

楼宇外部照明、停车场照明、还有花园照明应当综合控制：

（1）开灯

当环境亮度降到预定的水平，时间控制“允许”感光继电器控制“开”灯的时间。

（2）关灯

经检查后定下的时间控制。

（3）早晨应当关闭安全照明，使用感光继电器。

## 4.6 最佳操作规程实施程序

### 4.6.1 最佳操作规程实施程序

表 4-1 给出了在具体使用“最佳操作规程”及其相关“检查表”时，必须要考虑的行动事项和主要任务的顺序。

餐饮营业部位、厨房、洗衣房、宴会厅、功能厅、客房等的过程基本相同。

针对不同区域制定示范表格，填写示范表的空白部分，就会得出具体的“程序”。而这些“程序”，将成为“最佳操作规程程序”及检查表参考的基础。最佳操作规程实施程序见表 4-1。

**最佳操作规程“实施程序”** **表 4-1**

| 步骤 | 行动事项 | 执行人 | 时间 |
|---|---|---|---|
| (1) | 选组员、介绍指导原则的观念和程序。组员应当包括酒店确定的人员和“节能大使”。听取以上人员的意见 | 相关的行政管理委员会成员 | 第 0 天 |

续表

| 步骤 | 行动事项 | 执行人 | 时间 |
| --- | --- | --- | --- |
| (2) | 评定步骤(1)所提的建议，将这些建议正确反映在步骤(3)里 | 步骤(1)所确定的人员 | 第2天 |
| (3) | 现有的运行程序需要更新，现称为“最佳操作规程”。进行“集思广益讨论”，以完成以下任务：<br>(a)这些“集思广益讨论”必须评估现有的程序，决定更好、更有效的工作方法。“工程部”要介入，这样才能评价新程序对现有设施的影响和评估改变工程系统的“成本”。<br>(b)必须就以下达成一致：<br>a)要改变哪些活动；<br>b)要增加哪些活动；<br>c)新的运行时间；<br>d)分清责任、任务及时间；<br>e)工程部控制系统的改造等。<br>(c)以上草案需相关的行政管理委员会成员批准后执行。<br>(d)使用4.7节提供的示范，记录认可的程序。 | 步骤(1)确定的人员 | 第2～6天 |
| (4) | 使用集团“检查表”示范，完成各部门的检查表。检查表的背面可以注明“最佳操作规程”的相关要求，方便员工快速查找参考 | 步骤(1)确定的人员 | 第6～10天 |
| (5) | 检查培训需求 | | 第10～14天 |
| (6) | 向全体相关员工介绍“最佳操作规程程序”，培训纲要，征求意见。 | 本营业部位、区域或活动的全体人员和其他部门可能会受到影响的人员 | 第15天 |
| (7) | 根据步骤(6)，更新“最佳操作规程”和“检查表” | 步骤(1)确定的人员 | 第15～20天 |
| (8) | 进行员工培训 | 步骤(1)确定的人员 | |
| (9) | 实施最佳操作规程 | 所有人员 | |
| (10) | 分析结果，实施改进方案。经常检查，对没达到认可水平的要采取积极行动 | 步骤(1)确定的人员 | 20天以后 |

### 4.6.2 最佳操作规程检查表

最佳操作规程检查表，见表4-2。

**最佳操作规程检查表** **表 4-2**

| 适用部位 | 酒店需准备最佳操作规程和检查表 | 集团提供的准则 | 集团提供的示例 | 集团提供的检查表示例 |
| --- | --- | --- | --- | --- |
| 宴会厅和宴会前厅 | 每个区域 | √ | √ | √ |
| 功能厅 | 所有的功能厅 | √ | 同宴会厅 | 同宴会厅 |
| 餐饮营业部位 | 每个营业部位 | √ | √ | √ |
| 餐厅和宴会的厨房 | 每个厨房 | √ | √ | √ |
| 客房 | 需提供 | √ | √ | √ |
| 商务中心 | 需提供 | — | — | — |
| 豪华阁 | 需提供 | — | — | — |
| 洗衣房 | 需提供 | √ | — | — |
| 办公区 | 要求每个区域，例如:财务部、销售部等 | √ | — | — |
| 健身俱乐部 | 需提供 | √ | — | — |
| 停车场 | 需提供，室内和室外 | — | — | — |
| 外部区域(如花园、楼宇正面等)。 | 需提供 | — | — | — |

## 4.7 主要区域最佳操作规程程序和运行设置问题

### 4.7.1 宴会部

宴会活动经常是造成能源浪费的一个主要源头，正确运行空调系统对降低能源浪费也是必要的。程序和运行设置问题，见表 4-3。

**宴会部最佳操作规程程序和运行设置问题** **表 4-3**

| 行动事项 | 酒店的解决方案 |
| --- | --- |
| 宴会厅<br>运行当中必须处理的问题有哪些？<br>(1)宴会厅摆台中的运行；<br>(2)宴会厅客人进行活动中的运行；<br>(3)宴会厅关闭(清洁)时的运行；<br>(4)宴会厅关闭；<br>(5)其他事项。<br>对于以上各项，应考虑以下事项：<br>(1)满足要求的各运行状态的时间(制定时间表)；<br>(2)各运行状态对空调的要求；<br>(3)各运行状态对照明的要求。 | 增加这部分的篇幅，记录下集思广益讨论的要点，然后准备恰当的表格，列出“最佳操作规程”。 |

续表

| 行动事项 | 酒店的解决方案 |
| --- | --- |
| 宴会部员工对以上各种运行状态的运行要求必须经过检查和认可。<br>以上各状态中的空调和照明也必须以最高效的方式使用。<br>“集思广益讨论”必须就各活动所要求的最适合的程序和时间达成一致。<br>工程部必须支持这些活动，提供最高效的解决方案，<br>注：<br>不是总能够对“摆台”和“清洁”设定具体的时间，因为这些任务既复杂，又有很大的差异性。但是，只要需要对时间进行严格控制，酒店就应当尽量设定清洁及摆台的最大时限（允许根据个别情况所需的变化）。 | 增加这部分的篇幅，记录下集思广益讨论的要点，然后准备恰当的表格，列出“最佳操作规程”。 |

| 行动事项 | 酒店的解决方案 |
| --- | --- |
| 典型的“宴会厅”设置<br>必须认可这些规定，只有在特殊的情况下，才能作改动。<br>指导性设置： | |

| 运行状态 | 照明 | 空调 | 新风 |
| --- | --- | --- | --- |
| (1)摆台 | “摆台”照明状态 | 26℃（18℃） | 无 |
| (2)客人活动进行中 | 根据需要 | 根据需要大约在22℃（20℃） | 适应参加活动的人数和活动需要 |
| (3)关闭(清洁) | 同“摆台照明”状态 | 26℃（18℃） | 无 |
| (4)关闭 | 无 | 无 | 无 |
| (5)其他 | | | |

注：

1.“摆台”过程中如果客人在场，亦要求较好的温度（只有在合同里有指定的情况下），应当高于或者低于工作温度2℃左右（根据采暖或供冷而定）。

2. 缩短空调从“摆台”状态到“活动进行中”状态调整温差的时间。

3. 宴会部和工程部就如何控制所有的过程达成沟通程序。

4. 开关照明和空调应当由工程部完成（可能需要对现有的控制系统进行调整）。

5. 检查给宴会舞台照明和其他系统的供电提供计量的可能性。

续表

| 行动事项 | 酒店的解决方案 |
| --- | --- |

典型的“宴会前厅”设置

温度和其他运行情况的基本设置应当与适用于宴会厅的程序做相同的考虑。

宴会前厅可能和其他公共区域和功能厅相连，设定运行情况和运行时间表时，必须要考虑这个因素。

开始时，先考虑以下方面：

| 运行状态 | 照明 | 空调 | 新风 |
| --- | --- | --- | --- |
| （1）宴会厅或者宴会前厅的摆台 | “摆台”照明状态 | 26℃<br>（18℃） | 无 |
| （2）客人活动进行中 | 根据需要 | 根据需要<br>大约为22℃<br>（20℃） | 适应入住率和活动需要 |
| （3）关闭（清洁） | 同“摆台照明”状态 | 26℃<br>（18℃） | 无 |
| （4）没有活动 | 保安状态 | 无 | 无 |
| （5）其他 | ？ | ？ | ？ |

注：必须要控制宴会厅和功能厅卫生间的照明和空调，以配合这些区域的运行和清洁时间。将宴会厅卫生间的空调和照明24h常开是不能接受的。

宴会前厅的空气处理机一般都是单独装备的，有自已的新风供给。调查怎样才能更容易地控制新风，并进行更改，以易于控制。

| 行动事项 | 酒店的解决方案 |
| --- | --- |

宴会厅、宴会前厅和功能厅-工程部行动

工程部减少能源使用、协助建立并控制运行和程序的机会，包括：

（1）决定“摆台”的照明状态，以保证将运行成本降至最低。作为此用途，这可能包括安装400W金属卤化灯具（假设1600$m^2$的宴会厅的每个分隔间用4～6个这种灯具，总共需要12～18个卤化灯具）。

（2）如果使用现有的PAR56照明灯，把最大电压设为90%，减小电压有助于延长照明灯的使用寿命。

（3）改善新风系统，在只需要循环供冷时，减少新风量的供应。

（4）地理位置允许的酒店，要改善设计，春秋两季给宴会厅降温应增加使用新风，这可节约空调成本。

（5）放好控制开关的位置，不让员工擅自使用。

续表

| 行动事项 | 酒店的解决方案 |
| --- | --- |
| (6)每一次客人的活动,至少监测一次摆台状态的运行温度。<br>(7)给宴会厅和功能厅的公用洗手间的照明和空调适当地安装时间控制器。<br>(8)安装电表,测量客户操作人员安装主要音像设备所使用的能源(由销售部对现有的合约进行调整以允许计费)。<br>(9)确保 Philinea(管形白炽灯)和照画灯的使用降到最低程度(这种光源非常昂贵)。<br>(10)其他 | |

| 行动事项 | 酒店的解决方案 |
| --- | --- |
| 功能厅<br>运行当中的应处理的问题包括:<br>(1)功能厅在客人使用中的运行;<br>(2)功能厅摆台中的运行;<br>(3)关闭(清洁)功能厅的运行;<br>(4)关闭功能厅;<br>(5)其他。<br>对于以上各项,应考虑以下事项:<br>(1)满足各运行状态要求的时间(设定时间表);<br>(2)各运行状态对空调的要求;<br>(3)各运行状态对照明的要求。<br>宴会部员工对以上各运行状态的运行需要必须经过检查和认可。<br>以上各状态中的空调和照明也必须以最高效的方式使用。<br>"集思广益讨论"必须就各活动或运行状态所要求的最适合的程序和时间达成一致。<br>工程部必须提供最高效的解决方案,支持这些活动。<br>注:不是总能够对"摆台"和"清洁"设定具体的时间,因为这些任务既复杂,又有很大的差异性。但是,只要需要对时间进行严格控制,酒店就应当尽量设定清洁及摆台的最大时限(允许根据个别情况所需的变化)。 | 增大这部分的篇幅,记录下集思广益讨论的要点,然后准备恰当的表格,列出如宴会厅工作示例中所显示的被认可的"最佳操作规程" |

| 行动事项 | 酒店的解决方案 |
| --- | --- |
| 典型的"功能厅"设置<br>必须认可这些规定,只有在特殊情况下,才能作改动。<br>指导性的设置: | |

| 运行状态 | 照明 | 空调 | 新风 |
| --- | --- | --- | --- |
| (1)摆台 | "摆台"照明状态 | 26℃<br>(18℃) | 无 |
| (2)客人使用中 | 根据需要 | 根据需要<br>大约 22℃<br>(20℃) | 适应人数和活动需要 |

续表

<table>
<tr><th colspan="4">行动事项</th><th>酒店的解决方案</th></tr>
<tr><td>(3)关闭(清洁)</td><td>同“摆台照明”状态</td><td>26℃<br>(18℃)</td><td>无</td><td rowspan="4"></td></tr>
<tr><td>(4)关闭</td><td>无</td><td>无</td><td>无</td></tr>
<tr><td>(5)其他</td><td></td><td></td><td></td></tr>
<tr><td colspan="4">注：<br>1.“摆台”过程中如果客人在场，亦要求较好的温度(只有在合同里有指定的情况下)，应当高于或者低于工作温度2℃左右(根据供暖或供冷而定)。<br>2. 缩短空调从“摆台”状态到“客人使用中”状态调整温差的时间。<br>3. 宴会部和工程部就如何控制所有的过程达成沟通的程序。<br>4. 开关空调应当由工程部完成(可能需要对现有的控制系统进行调整)。<br>5. 照明通常使用现场控制调光器，宴会部员工必须按“最佳操作规程”的要求使用调光器。<br>6. 对宴会前厅区域和功能厅洗手间，请参考“宴会厅最佳操作规程”。</td></tr>
</table>

### 4.7.2 餐饮营业部位

客人离开很长时间以后，照明和空调还持续运行，造成能源浪费的情况很多。要特别注意中餐厅（包括餐厅包间）的最佳操作规程程序和运行设置建议见表 4-4。

**餐饮营业部位的最佳操作规程程序和运行设置问题 表 4-4**

| 行动事项 | 酒店的解决方案 |
|---|---|
| 运行中需要处理的问题应包括：<br>(1)营业部位正常运行；<br>(2)营业部位的清洁和摆台；<br>(3)关闭营业部位；<br>(4)协调厨房运行(另见有关的“最佳操作规程”)；<br>(5)其他。<br>对于以上各项，考虑以下事项：<br>(1)各运行状态的时间范围；<br>(2)各运行状态对空调的要求；<br>(3)各运行状态对照明的要求。<br>员工对以上各种运行状态的运行要求，须经过检查和认可。<br>空调和照明也必须以最高效的方式使用。<br>这包括敞开式厨房餐厅和日式餐厅的通风和新风的供给。<br>“集思广益讨论”必须就每个活动的最合适的程序和时间达成一致。<br>工程部必须为这些活动提供最高效的支持方案。 | 增大这部分的篇幅，记录下集思广益讨论的要点，然后准备恰当的表格，列出“最佳操作规程”。 |

续表

| 行动事项 | 酒店的解决方案 |
| --- | --- |

典型的"餐饮营业部位"设置

必须认可这些规定，只有在具体的特殊的情况下，才能作改动。

指导性的设置：

| 运行状态 | 照明 | 空调 | 新风 |
| --- | --- | --- | --- |
| (1)摆台和清洁状态 | "摆台"照明方式预设场景 | 26℃（18℃） | 无（如可行） |
| (2)正常运行 | 预设场景 | 22℃（20℃） | 根据需要 |
| (3)关闭营业部位 | 只需保安照明预设场景 | 无 | 无 |

冬季采暖状态

预设场景要适应主餐厅照明和节能的需要。如有手动开关，餐厅包间的照明按照已认可的状态设定。

注：

1. 尽量缩短将空调从"摆台"温度 26℃（18℃）到运行温度22℃的时间。营业部位开餐之前，及时开启。

2. 营业部位员工和工程部就控制过程达成沟通的程序。

3. 特别要注意控制敞开式烹饪和铁板烧的送风和排烟，应当由工程部特别控制或由餐饮营业部位的经理直接控制。

4. 应当由工程部负责控制开关(除餐厅包间以外)。

5. 预设场景照明的修改由酒店确定的高级管理人员检查。

6. 确保装饰性照明，包括台灯和其他独立的灯，只有客人在场的时候才开。

7. 营业部位的培训和其他活动要限制在指定的区域。如只使用餐厅的一小部分，则不需整个餐厅100%的照明。

| 行动事项 | 酒店的解决方案 |
| --- | --- |

餐饮营业部位-工程部行动

(1)如有中央控制调光系统，与运行部门就正常运行的"场景设置"达成一致。清洁等其他程序需要使用不同的设置。确保摆台和清洁状态使用最便宜的照明。根据具体情况，适当安排"旁通"时间控制设置。不能让旁通控制成为正常运行状态。

(2)就保安照明状态达成一致。

(3)对不同状态的开关时间达成一致，缩短开灯和空调的时间。

续表

| 行动事项 | 酒店的解决方案 |
| --- | --- |
| (4)有 PL 灯(节能荧光灯)的中餐厅,摆台状态使用这些灯,是最便宜的运行照明。<br>(5)需要改进控制以易于操作的地方,要改善控制开关的分布。如成本过高或耗费时间,那就分步实施,先进行容易的部分。<br>(6)铁板烧排烟罩的排烟,必须能单独控制。<br>(7)安装计时器控制营业部位的水景(如果有水景的话)。<br>(8)调光器设到 100%时,应与设为 90%的电压相应,这将大大延长照明灯的使用寿命。<br>(9)改善空调的控制,以适应修改后的运行程序。 | |

## 4.7.3 餐厅和宴会部的厨房

厨房是能源的主要使用部门，有许多通过有效管理和正确操作设备，减少能源成本的机会，该部分的最佳操作规程程序和运行设置建议见表 4-5。

**餐厅和宴会部厨房的最佳操作规程程序和运行设置建议**

**表 4-5**

| 行动事项 | 酒店的解决方案 |
| --- | --- |
| 运行中需要解决的问题应包括:<br>(1)营业部位正常运行;<br>(2)营业部位清洁;<br>(3)"非正常时间"最低运行要求;<br>(4)保安状态;<br>(5)营业部位的运行协调(另见有关的最佳操作规程);<br>(6)其他。<br>对以上各项,考虑以下事项:<br>(1)各运行状态的时间范围(设定时间表);<br>(2)各运行状态对空调的要求;<br>(3)各运行状态对通风的要求;<br>(4)各运行状态对照明的要求。<br>员工对以上各种运行状态的运行需要,必须经过检查和认可。<br>空调和照明也必须以最高效的方式使用,强调减少运行成本。<br>集思广益讨论必须就每个运行状态最适合的程序和时间达成一致。<br>集思广益讨论必须针对厨房全方位的活动,有所创新!例如,能否把一个厨房"非正常时间"的运行需要转到另一个厨房,这样前面的那个厨房就可以提前完全关闭。<br>工程部必须对这些活动提供最高效的支持方案。 | 增大这部分的篇幅,记录集思广益讨论的要点,然后准备恰当的表格,列出认可的"最佳操作规程程序" |

续表

<table>
<tr><th colspan="5">行动事项</th><th>酒店的解决方案</th></tr>
<tr><td colspan="5">典型的“厨房”设置<br>必须认可各运行状态的这些规定，只有在特殊情况下，才能作改动。<br>指导性的设置：</td><td rowspan="8"></td></tr>
<tr><td>运行状态</td><td>照明</td><td>空调</td><td>排风</td><td>新风</td></tr>
<tr><td>(1)正常运行</td><td>根据需要</td><td>约 28℃<br>(18℃)</td><td>根据各厨房排烟的需要</td><td>根据需要以平衡排风</td></tr>
<tr><td>(2)清洁状态</td><td>清洁状态下认可的照明</td><td>无</td><td>无</td><td>无</td></tr>
<tr><td>(3)“非正常时间”的运行</td><td>只在需要的地方和保安照明状态</td><td>无</td><td>最小</td><td>最小</td></tr>
<tr><td>(4)保安状态</td><td>保安照明</td><td>无</td><td></td><td>无</td></tr>
<tr><td colspan="5">冬季采暖<br>保证绝对最小一需要详细分析。<br>“设备”运行时间(与“厨房”运行时间不同)。<br>必须评估设备在不同的运行状态下的使用情况。比如，什么时候要“开启”烤箱，什么时候可以“关上”。<br>正常的运行时间就一定需要一直“开启”吗？怎样控制设置？有多少分隔间？<br>设备设置：考虑主要设备的运行设置。比如，洗碗机的循环时间和温度设定是否符合工作最优化。</td></tr>
<tr><td colspan="5">注：<br>1. 厨房员工和工程部就如何控制过程和时间达成沟通程序。<br>2. 要特别注意控制厨房排烟罩排风和新风供给的使用。这是一个大量节约的好机会，尤其是“非正常时间”的运行状态，通风和照明往往造成巨大的浪费。<br>3. 通常由工程部设定运行时间的开关控制。</td></tr>
</table>

| 行动事项 | 酒店的解决方案 |
|---|---|
| 餐饮营业部位的厨房-工程部<br>工程支持系统可以通过许多有效的改善工作，协助运作部门节能和节水，考虑以下方面：<br>(1)改善照明开关控制以适应新的运行需要，尤其是正常时间以外的运行，可能只在指定的区域需要部分照明而已。<br>(2)改善厨房新风的供给和控制，便于分区运行。如果“非正常时间”的运行状态经常只需用一个排烟罩，那么改善控制系统，与其相适应。 | |

续表

| 行动事项 | 酒店的解决方案 |
|---|---|
| (3)燃气供给与厨房的排气和新风供给连在一起的，进行分区(分离控制)，避免"非正常时间"因少量使用燃气设备而不得不全部打开排风和新风供给设备。考虑安装一个小型电炉灶，供"非正常时间"使用。这样就可以避免使用燃气和相关的通风系统(耗能大的排风和新风的风机就可以关掉了。)<br>(4)决定谁有权改变运行的设置和运行时间，在什么样的基础上允许作这种改变。<br>(5)安装计时器控制风机或照明灯的开关。如有，用BMS(楼宇控制系统)控制。<br>(6)安排控制开关，不让非授权的员工擅自使用。<br>(7)检查空气平衡情况，有可能的情况下，减少厨房排风量(和新风供给量)。<br>(8)水龙头安装水流控制装置。 | |

### 4.7.4 客务部

客房数目多，对酒店整体的能源消耗有着重要的影响。如何关闭低入住率时期的客房和楼层已在其他部分阐述。该部分的最佳操作规程程序和运行设置建议见表4-6。

**客务部的最佳操作规程程序和运行设置建议　表4-6**

| 行动事项 | 酒店的解决方案 |
|---|---|
| 打扫客房<br>客房服务的很多程序是由员工自主实施的，他们对这些程序给节约能源的影响缺乏理解。必须重新评定以下方面：<br>(1)打扫客房程序；<br>(2)员工为客人入住准备好的客房的状况；<br>(3)客房"开床"状况。<br>集思广益讨论必须重新检查现有的程序并确定能更高效地利用能源的工作方法。<br>工程部将支持此讨论中所确定的所有过程。<br>打扫客房的程序：<br>(1)100%照明只在简要检查电灯泡是否正常工作时才需要打开。<br>(2)只在工作的地方使用电灯(即在卧室工作时，关闭洗澡间的电灯；反之亦然)。<br>(3)确定清洁时要开哪些灯。尽可能不开照画灯和MR16灯(卤素射灯)。尽可能使用PL灯(荧光节能灯)(向员工们解释，这是工作中最能高效利用成本的照明方式。) | 增人这部分的篇幅，记录下集思广益讨论的要点，然后准备恰当的表格，原则上根据本附件所包括的示例，列出认可的"最佳操作规程"。 |

续表

| 行动事项 | 酒店的解决方案 |
| --- | --- |
| (4)打扫客房时，客房温控开关夏季应设为 24℃，冬季采暖的酒店应设为 18℃。<br>(5)避免重新设定客人已经调好的温控开关。<br>(6)尽量减少清洁过程中的耗水量。除非用在清洁上，否则不要长流水。不做不必要的冲马桶动作。<br>(7)(清洁中)窗帘的设置：<br>1)合上纱帘，除非光线太暗，清洁时需要更多的光线；<br>2)打开遮光帘。<br>(8)其他项目：<br>1)电视，关(除非检查)；<br>2)衣橱门，合上(除非检查)；<br>3)风机盘管速度设定，低速。<br>准备客人入住时的客房状况<br>酒店和酒店之间将各不相同，要根据酒店的具体情况而定。同时也要根据酒店所使用的客房控制的方式，比如，床头控制板、主控制开关、插卡开关等等。<br>但是，下列原则应当遵守：<br>(1)纱帘合上。<br>(2)遮光帘合上 2/3。<br>(3)需要供冷时风机盘管温度设为 22℃，冬季需要采暖时设为 18℃。<br>(4)风机盘管的速度一般设为中速，但是设为低速是允许的。<br>(5)客房照明：<br>1)有主控制开关的，关闭主控制开关。<br>2)有插卡开关的，除非两人入住，不要发两张房卡。<br>3)关闭局部照明开关，如小吧台、落地灯、台灯，以便客人需要时打开。(豪华酒店允许有变更。)<br>(6)电视机设定为“待命”状态，即不播放音乐，除非豪华酒店允许有变更以外。<br>客房“开床”状况<br>这里经常发生大量的能源浪费，程序必须更有利于高效利用能源。<br>令人关注的是照明状况。目前很多酒店在实践中的做法是让所有的照明灯开着。<br>这种做法必须立刻停止，除非另有通知。客人进入客房以后，由客人开灯。<br>其他的设置依照准备客人入住时的状况规定。<br>客房-工程部活动<br>(1)副温控设置，夏季应当比供冷温度至少高 2℃，冬季应当比采暖温度至少低 2℃。换季时，温度经常变化，把副温控设定为与客房一样的温度。 | |

续表

| 行动事项 | 酒店的解决方案 |
| --- | --- |
| (2)工程部要检查及校准客房的主温控和副温控。<br>(3)必须检查电磁阀的运行情况。<br>注:步骤(1)、(2)、(3)是常规预防性维护保养的一部分,每年至少进行一次电磁阀及温控的校准检查,不能修理的要更换。<br>客房走廊-运行检查<br>照明可以根据以下标准调整:<br>(1)固定时间;<br>(2)是否有日光。<br>固定时间:<br>(1)非高峰时段,关闭装饰性照明,比如壁灯。<br>(2)正常时段,有日光的地方,减少或关闭照明。<br>(3)有日光光线灯,包括装饰性灯光,用感光器。<br>(4)控制开关可能是最佳的解决方法。<br>客房走廊-工程部行动<br>(1)工程部要建议哪种开关方案是最实惠的。<br>(2)空调控制要与环境相适应,客房走廊温度:<br>1)夏季,24℃;<br>2)冬季,18℃。 | |

## 4.7.5 洗衣房

洗衣房是能源使用密集的区域,有很多机会可以减少电、蒸汽和水的浪费。该部分的最佳操作规程程序和运行设置建议见表4-7。

**洗衣房最佳操作规程程序和运行设置建议　　表 4-7**

| 行动事项 | 酒店的解决方案 |
| --- | --- |
| 需要解决的问题:<br>(1)正常运行时间;<br>(2)"非正常时间"运行,只使用部分洗衣房;<br>(3)关闭洗衣房;<br>(4)其他。<br>对于以上各项,考虑以下事项:<br>(1)各运行状态的时间范围(制定时间表);<br>(2)各运行状态对空调和通风的要求;<br>(3)各运行状态对照明的要求;<br>(4)各运行状态对蒸汽的要求;<br>(5)高效使用各主要设备,比如:大烫平机、水洗机、烘干机和干洗机等。 | 增大这部分的篇幅,记下集思广益讨论的要点,然后准备恰当的表格,列出认可的"最佳操作规程"。 |

续表

| 行动事项 | 酒店的解决方案 |
|---|---|
| 洗衣房员工对于以上各运行状态的运行要求必须经过审查和认可。<br>各状态的局部小区供冷、照明、通风、蒸汽、冷热水必须以最高效的方式使用。<br>必须经过“集思广益讨论”，就各活动或者运行状态下的程序和时间达成一致。<br>工程部的解决方案是这个过程很重要的部分。 | |

| 行动事项 | 酒店的解决方案 |
|---|---|
| 典型的功能设置<br>对于洗衣房来说，要达到统一的运行温度是不太可能的。但是，对洗衣房员工而言，设置不能低于最低标准。<br>烘干和大烫平区的热点温度定为 28℃，循环风必须以此温度为主，最好使用局部小区供冷。<br>冬季任何区域的最低温度定为 10℃。<br>运行时间<br>尽量缩短运行时间对于减少能源成本和总成本是必要的。<br>检查“存货点”(Par Stock)是否允许缩至最短运行时间，“集思广益讨论”将重新考虑这方面的需要。<br>确定熨烫、压平、水洗、烘干等主要功能的运行时间，判断是否可以调整支持系统的运行时间，以适应此功能运行时间。例如，需要蒸汽的运行时间必定和锅炉的运行直接相关(洗衣房通常是蒸汽使用的关键部门，因为餐饮营业部位使用蒸汽，通常会关闭得较早)。<br>同样，空气压缩机的运行时间与洗衣房设备的使用密切相关。不需要时应当关闭。<br>可以重新设置照明灯的回路和开关，以独立控制照亮有活动的区域等。<br>洗衣房的运行时间必须由洗衣房经理仔细权衡，他对保证最低运行时间标准负责。应当辨认及分析对运行时间起到约束作用的因素，看可否改善以缩短运行时间。目前，入住率下降，工作量也相应地减少，必须达到更高效的节能目标。 | |

| 行动事项 | 酒店的解决方案 |
|---|---|
| 洗衣房设备运行<br>洗衣房员工对高效使用和充分利用设备负责，包括：<br>(1)洗衣机正确的负载，比如，如果只有部分负载，则使用小洗衣机；<br>(2)烘干机正确的负载；<br>(3)干洗机正确的负载；<br>(4)以正确的压力/速度操作大烫平机；<br>(5)其他。 | |

续表

| 行动事项 | 酒店的解决方案 |
| --- | --- |
| 以上所有事项需要有文件规定，员工需要接受培训，并确保他们真正理解。<br>洗衣房-工程部行动<br>工程部有很多机会支持洗衣房减少能源成本。高效的预防性维护保养是保持大型设备正常、高效地运行的关键。<br>工程部行动事项：<br>(1)维修蒸汽疏水阀，这必须定期检查和修理；<br>(2)维修冷凝水回送泵(如果已经安装)至关重要；<br>(3)确保所有的蒸汽管道和热水管保温良好；<br>(4)确保所有的截止阀开关有效；<br>(5)不让非授权员工擅自旁通疏水阀；<br>(6)保证经常清洁所有的过滤器，包括毛绒过滤器(过滤器背压过大会造成能源浪费)；<br>(7)重新设置照明回路，使“非正常时间”状态和保安状态的照明保持在最低；<br>(8)保持灯具清洁。减少不需要的灯管或照明；<br>(9)保证通风与运行需要对应。“非正常时间”运行要求减少时，关闭通风系统。 | |

### 4.7.6 主要办公区

尽管能源节约办法一般都很简单，但能源浪费量却经常是惊人的。该部分的最佳操作规程程序和运行设置建议见表 4-8。

**主要办公区的最佳操作规程程序和运行设置建议**

**表 4-8**

| 行动事项 | 酒店的解决方案 |
| --- | --- |
| 必须考虑的问题：<br>(1)正常运行时间；<br>(2)“非正常时间”运行(只在个别的小区域运行)；<br>(3)保安运行状态；<br>(4)节假日运行状态。<br>对于以上各项，考虑以下事项：<br>(1)各运行状态的时间范围(制定时间表)；<br>(2)各运行状态对空调的要求。<br>办公区员工对以上各运行状态的运行要求，必须经过审查和认可。<br>各运行状态下的空调、照明和电力必须以能源最高效的方式使用。确定具体事项，加到最佳操作规程清单里。 | 增大这部分的篇幅，记下集思广益讨论的要点，然后准备恰当的表格，列出认可的“最佳操作规程”。 |

续表

| 行动事项 | 酒店的解决方案 |
| --- | --- |
| 必须经过“集思广益讨论”，就各运行状态下的程序和时间达成一致。<br>工程部的解决方法和系统改善对提高过程的有效性是非常必要的。<br>值得注意的是，照明灯即使只关闭10min，也是会有回报的(灯管开关太频繁会缩短使用寿命，所以增加更换灯管的成本会抵销节约的能源) | |

| 行动事项 | 酒店的解决方案 |
| --- | --- |
| 典型的“办公室”设置<br>必须认可这些规定，只有在特殊的情况下，才能作改动。<br>指导性的设置： | |

| 运行状态 | 照明 | 空调 | 新风 |
| --- | --- | --- | --- |
| (1)正常运行时间 | 所有区域，除了有日光的区域之外 | 23℃<br>(18℃) | 根据设计 |
| (2)非正常运行时间 | 指定的区域 | 关闭 | 无 |
| (3)节假日运行状态 | 指定的区域 | 关闭 | 无 |
| (4)保安照明 | 极少的一般照明 | 关闭 | 无 |

注：

1. 与工程部就如何控制照明和空调达成沟通的程序。

2. 有独立开关的照明，一般都在办公室区域的周边，白天经常可以关闭照明灯。养成习惯！出去吃午饭的时候，关掉照明灯，一定要养成习惯！

3. 对办公设备的开关控制达成一致，包括：

(1)饮水机；

(2)复印机；

(3)计算机，打印机；

(4)各种办公设备。

| 行动事项 | 酒店的解决方案 |
| --- | --- |
| 办公室-工程部<br>(1)工程部最需要做的可能就是改善对照明灯的控制，以便可以在办公室的各小范围内，使用手动开关。<br>(2)其他还可以考虑的是，改善空调控制，允许各较小的区域能够独立控制自己的环境。<br>(3)根据情况，可能有必要安装新的保安照明电路。<br>(4)有日光的办公区，改善开关控制以允许靠近窗户的区域白天关掉照明灯。 | |

### 4.7.7 健身俱乐部

健身俱乐部对能源的使用量很大，有很多机会可以减少对电、空调、新风和冷热水的浪费。该部分的最佳操作规程程序和运行设置建议见表 4-9。

**健身俱乐部的最佳操作规程程序和运行设置建议**

**表 4-9**

| 行动事项 | 酒店的解决方案 |
|---|---|
| 必须考虑的问题：<br>(1)正常运行时间；<br>(2)清洁和维护状态；<br>(3)“非正常时间”运行状态。<br>对健身俱乐部整体有关，还要考虑的相关方面有：<br>(1)网球场的运行时间，尤其是室内、冬夏两季都能使用的网球场；<br>(2)室内游泳池；<br>(3)男女冲浪浴；<br>(4)男女桑拿；<br>(5)男女蒸汽浴；<br>(6)健身操室。<br>某些酒店还有额外的设施，比如：中国大饭店和香港阿伯丁俱乐部有保龄球场，香港阿伯丁俱乐部还有溜冰场。<br>必须评定所有设施的运行时间。<br>在健身俱乐部的各种运行状态下，员工进行维护和清洁时，对健身俱乐部整体和各种不同设施的运行要求，必须得到解决。<br>必须使用“集思广益讨论”，就所有运行状态的程序和时间达成一致意见。<br>工程部使用灵活的控制开关，适当地维护设备，找出减少运行成本的解决方法，对降低运行成本是必要的。<br>尤其要注意的是室内游泳池在天气冷时的运行状况，给游泳池水加温成本很高，到处冷凝结露的问题也是令人担忧的。 | 增大这部分的篇幅，记录下集思广益讨论的要点，然后准备恰当的表格，列出认可的“最佳操作规程”。 |

| 行动事项 | | | | 酒店的解决方案 |
|---|---|---|---|---|
| 典型的“健身俱乐部”设置 | | | | |
| 运行状态 | 照明 | 空调 | 水温 | |
| (1)正常运行状态 | | | | |
| 1)一般区域 | 根据需要 | 23℃<br>(18℃) | 无关 | |
| 2)室内游泳池区域 | 根据需要，也要根据采光情况。 | 24℃<br>(26℃) | 无关 | |

续表

| 行动事项 | | | | 酒店的解决方案 |
|---|---|---|---|---|
| 3)室内游泳池水 | 无关 | 无关 | 29℃（冬季） | |
| 4)热冲浪浴 | 无关 | 无关 | 39℃ | |
| 5)冷冲浪浴 | 无关 | 无关 | 16℃ | |
| 6)桑拿 | 根据需要 | 无关 | 70℃ | |
| 7)蒸汽室 | 根据需要 | 无关 | 65℃ | |
| 8)健身操室 | 根据需要 | 21℃（18℃） | 无关 | |
| 9)按摩室 | 根据需要 | 22℃ | 无关 | |
| 10)室外网球场 | 只有预订时开 | 多数无关 | 无关 | |
| 冬季采暖<br>(2)“下班后”一运行状态(维护)<br>1)在“根据需要”的基础上,有选择地启动设施。比如,不要仅仅为了方便就打开所有的灯。<br>2)如果可以的话,开小或者关闭空调和采暖。<br>3)通风一旦可以关闭,就马上关闭。<br>4)关闭需求有限、运行成本又高的个别设施。<br>(3)“下班后”-运行状态(保安)<br>1)只提供保安和安全照明。<br>2)较冷的地区,如中国北部地区的春秋两季,关闭或者尽可能地减小空调和供暖。<br>3)关闭通风或者减小到尽可能小的程度,比如,气候冷时的室内游泳池区域。所有的运行时间、温度等都要作记录。 | | | | |

| 行动事项 | 酒店的解决方案 |
|---|---|
| 健身俱乐部-工程部<br>虽然减少能源使用与运行时间息息相关,但工程部仍有很多机会可以协助减少健身俱乐部的能源成本,此机会包括:<br>(1)提供照明控制和时间控制,以更有效地控制开关。<br>(2)采用“正好时间”原则开启桑拿、蒸汽室和冲浪,使在正好的时间达到合适的运行温度,供给客人使用。<br>(3)与健身俱乐部员工协调开启的时间。<br>(4)适当地维护泵房、冷冻水、蒸汽和热水的输送管道。<br>(5)给冲浪浴的气泵安装定时器,客人在需要时启动,15min后自动停止,客人需要可再重新启动。 | |

## 4.8 宴会厅节能最佳操作规程示例

### 4.8.1 确定“最佳操作规程程序”的方法

确定“最佳操作规程程序”的方法如下：

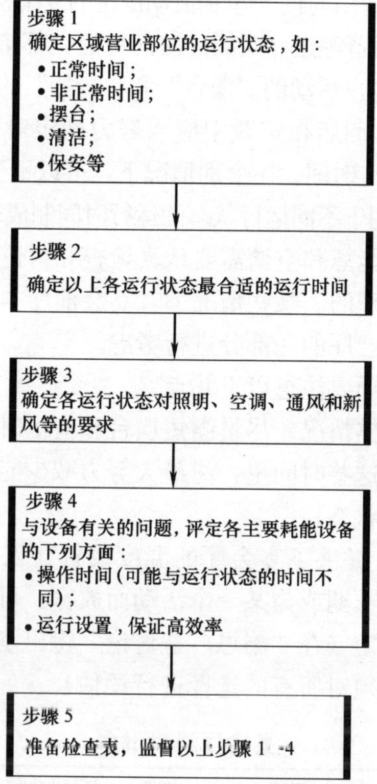


### 4.8.2 集思广益讨论

讨论议程必须要包括下列运行状态，要对每个宴会厅进行评定：

（1）客人活动进行中宴会厅的运行；

（2）“摆台”中宴会厅的运行；

（3）关闭（清洁）宴会厅的运行；

（4）关闭宴会厅；

（5）其他。

必须确定以上各运行状态最合适的运行时间。

当整个宴会厅只有 1/3 或 2/3 有活动时，必须仔细考虑如何避免宴会厅其余部分的能源浪费问题。

摆台时间和清洁时间与个别活动摆设的复杂程度密切相关。摆设的物品及音像设备等送到现场的时间可能也都错开，致使确定适用于广泛的各种客户活动的“摆台”和“清洁”的具体时间是不合乎实际的。但是，酒店在实践中应当努力确定对一般典型活动的“摆台”和“清洁”时间。在个别情况下，可以不受这些时间限制。把被认可的、适用于不同运行状态的运行时间制成表格。

宴会前厅的能源和空调需要认真检查和讨论，保证所确定的解决方案是最合理的。某些情况下，宴会前厅本身也充当活动场所，需要当成宴会厅的一部分进行考虑。

作为行动事项要注意以下几点：

(1) 根据具体情况，尽量缩短摆台和清洁时间。

(2) 确保在这些时间里，尽最大努力减少能源的浪费（包括所有其他的运行状态）。

(3) 表 4-10 提供了宴会厅的温度设置建议，但是，所显示的数据有时可以长期或为某一个活动而放宽。可以适用下列典型温度等项目的规定（在“集思广益讨论”得出宴会厅和宴会前厅的结论之前，必须对所有的选择进行评估）。

**宴会厅温度设置　　表 4-10**

| 区域 | | 照明 | 空调 | 新风控制 | 备注 |
|---|---|---|---|---|---|
| 摆台 | 1)使用的宴会厅部分 | 预设“摆台”照明状态，尽量减少舞台灯光 | 26℃ (18℃) | 无 | 工程部要研究怎样才能取得无新风的结果 |
| | 2)宴会前厅 | 预设“摆台”照明状态 | 26℃ (18℃) | 无 | 工程部要研究怎样才能取得无新风的结果 |
| | 3)未使用的宴会厅分隔间 | 预设“最小”照明状态 | 26℃以上 (16℃) | 无 | 在供冷状态，让未使用的分隔间的温度“自然飘浮” |

续表

| 区　域 | | 照明 | 空调 | 新风控制 | 备　注 |
|---|---|---|---|---|---|
| 客人活动进行中 | 1)使用的宴会厅部分 | 已设定的场景状态，加舞台灯光 | 22℃（20℃） | 根据人数 | 人数少时，减少新风量 |
| | 2)宴会前厅 | 已设定的场景状态 | 22℃（20℃） | 根据要求 | |
| | 3)未使用的宴会厅分隔间 | 保安/关闭 | 26℃以上（16℃） | 关闭 | |
| 清洁状态 | 1)使用的宴会厅部分 | 预设清洁状态。关闭舞台灯 | 26℃（18℃） | 无 | “清洁”状态可以与“摆台”状态相同或者不同 |
| | 2)宴会前厅 | 预设“清洁”照明状态 | 26℃（18℃） | 无 | |
| | 3)未使用的宴会厅分隔间 | 关闭 | 26℃以上（16℃） | 无 | 也许需少量照明，使用保安照明 |
| 关闭（保安）状态 | 1)使用的宴会厅部分 | 关闭 | 让温度“自然飘浮” | 无 | |
| | 2)宴会前厅 | 预设最小照明状态 | 让温度“自然飘浮” | 无 | 照明和空调根据酒店布局而定，比如与有“日光”的区域毗邻 |
| | 3)未使用的宴会厅分隔间 | 关闭 | 让温度“自然飘浮” | 无 | |

许多照明的设置应当在调光系统上预设为自动场景。

### 4.8.3 照明的预设运行状态

下列描述适用于各运行状态（酒店要自己评定，下面给出的只是典型资料）：

(1) 摆台照明（使用的宴会厅部分）

选择1：特殊的金属卤化灯具，只在“摆台”中使用（典型的宴会厅的各部分，一般只需4～6个400W金属卤化灯具，也就是说，1600m² 左右的宴会厅总共需要12～18个这种灯具）。

选择2：使用现有的灯具：

1）吊花灯，关；

2）照画灯，关；

3）装饰壁灯，关；

4）舞台灯，关；

5）冷阴极灯，如果奏效，可以使用；

6）环境照明一般是开，300W 的 PAR56 灯，电压不高于90%。大多数酒店都要先使用选择 2，之后再改用选择 1。

（2）摆台照明（宴会前厅）

选择 1：有日光

1）吊花灯，关；

2）照画灯，关；

3）台灯，关；

4）冷阴极灯，关；

5）环境照明一般是开，但只在光线暗的区域使用 120W 的PAR38 灯（工程部要改变电路）。

选择 2：无日光

1）吊花灯，关；

2）照画灯，关；

3）台灯，关；

4）冷阴极灯，如果奏效，可以使用；

5）环境照明，开，90%电压。

选择 3：与功能区或酒店公共区域共享照明

根据具体情况评定这些选择。记录下具体的照明状态，如果有时间表，把时间和照明运行状态的信息填到表格里，并添加到“最佳操作规程程序”中。

（3）关闭（保安状态）

宴会厅的照明将要“关闭”（除了安全出口指示灯）。

宴会前厅通常需要一小部分保安照明的，具体有：

1）吊花灯，关；

2）照画灯，关；

3）台灯，关；

4）冷阴极灯，关；

5）环境照明一般使用调光器，选择预设的少量照明，120W的PAR38灯，电压不高于80%。

### 4.8.4 空调预设运行状态

空调需设定好，建议温度已在表4-10中。地处热带地区的国家，新风预冷的成本很高，所以必须想尽一切办法，确保没有浪费。

“摆台”状态人的负荷（对新风的要求）是微不足道的，可以关掉新风。很多酒店在这方面没有自动控制。工程部要检查设计，改装可调新风阀，以关闭新风，除非对新风有具体要求，如表4-10所示（协调消防状态对排烟的要求）。春秋两季，可以直接使用外面未经处理的新风的酒店，也要修改新风设计。这一般适用于气温低于10℃，最好湿度也低的地方。

### 4.8.5 洗手间

认可并编制控制功能厅洗手间的照明和空调的时间表（这些时间应当被记录在“最佳操作规程程序”里）。

清洁时间：起始时间和结束时间。

运行时间：起始时间和结束时间。

控制人：工程部改善控制，以利于控制者调整时间。

### 4.8.6 自动扶梯

认可并编制自动扶梯运行时间表（将时间记录到这些“最佳操作规程中）。

### 4.8.7 工程部行动项目

（1）改善新风控制系统，以适用于表4-10所确认的参数。

（2）调整控制的位置并给予保护，不让非授权员工擅自调整。

（3）适当安装功能厅洗手间的照明（和供冷）时间控制器。

（4）监督并检查宴会厅摆台和运行的温度，以确保符合最佳操作规程。

（5）将新风的取风量刻度校准好，以方便宴会厅根据所容纳的人数进行调整，参见表4-10。

（6）稳定温度所需时间：

确定宴会厅从其他运行状态的温度调整到使用运行状态的温度所需的时间。记录以下项目，并作为摆台状态等的基础（记录下所有有关的温度稳定时间）：

摆台开始温度___℃，到运行温度___℃，运行时间___ min；关闭时温度___℃，再到摆台温度___℃，运行时间___ min。

### 4.8.8 其他项目

对能源费用有影响的其他项目包括：

（1）洗手间水龙头滴水。

（2）冲水阀冲水时间不正确。

（3）尿缸冲水循环和运行不正确：

1）电池弱；

2）漏水；

3）计时器。

（4）运进物资的大门一直敞开。

（5）空调区和非空调区之间的活动隔离墙被打开。

（6）控制音像室的照明和空调（制定适当的运行时间表，要考虑到此室的某个部分可能当修理设施用途）。

## 4.9 餐饮营业部位的节能最佳操作规程示例

必须评定营业部位的下列运行状态：

（1）正常运行时间；

（2）摆台运行状态；

（3）清洁运行状态；

（4）关闭（保安状态）。

对有敞开式厨房的餐厅，运行时间要与“厨房运行要求”规定的不同活动的时间协调一致。各餐饮营业部位确定不同状态下的最合适的运行时间，尽量减少“清洁”和“摆台”的时间。请参照表4-11～表4-14所总结的各运行状态的时间表。

**营业区运行状态的时间表　　　　表 4-11**

| 区　　域 | 时　　间 | 备　　注 |
|---|---|---|
| 主用餐区 | ______到______ | 减少时间 |
| 餐厅包间 | ______到______ | 尽量多地关闭包间① |
| 铁板烧单间 | ______到______ | 尽量多地关闭铁板烧单间① |

注：①入住率低和预订用餐少时，没有理由开启不使用的餐厅包间的照明和空调。

**摆台运行状态的运行表　　　　表 4-12**

| 区　　域 | 时　　间 | 备　　注 |
|---|---|---|
| 主用餐区 | ______到______ | 减少时间 |
| 餐厅包间 | ______尽快______ | 摆台后，马上关闭空调和照明 |
| 铁板烧单间 | ______尽快______ | 摆台后，马上关闭空调和照明 |

**清洁状态的运行　　　　表 4-13**

| 区　　域 | 时　　间 | 备　　注 |
|---|---|---|
| 主用餐区 | ______到______ | 减少时间 |
| 餐厅包间 | 尽快清洁并关闭 | 清洁后尽快关闭空调和照明 |
| 铁板烧单间 | 尽快清洁并关闭 | 清洁后尽快关闭空调和照明 |

**保安状态　　　　表 4-14**

| 区　　域 | 时　　间 | 备　　注 |
|---|---|---|
| 主用餐区 | ______到______ | 参照表 4-10 |
| 餐厅包间 | “关闭”所有系统 | |
| 铁板烧单间 | “关闭”所有系统 | |

对以上各运行状态的重要运行参数必须确定，如温度设定等，参考表 4-15。

**各运行状态的重要运行参数　　　　表 4-15**

| 区域 | 照明 | 空调 | 排风 | 新风 | 其他 | 备注 |
|---|---|---|---|---|---|---|
| 主用餐区 | 同认可的场景设置① | 22℃(20℃)② | 如果有 | 如果有 | 打开水景吗？（包括其他） | |

续表

| 区域 | 照明 | 空调 | 排风 | 新风 | 其他 | 备注 |
|---|---|---|---|---|---|---|
| 餐厅包间 | 手动场景设置（关闭选定的房间） | 22℃（关闭选定的房间） | 如果有 | 如果有 | 无关 | |
| 铁板烧单间 | 手动场景设置（关闭选定的房间） | 22℃（关闭选定的房间） | 需要时手动打开 | 需要时手动打开 | 无关 | |

注：①参见照明部分的注释；②冬季有采暖的地方。

摆台状态的运行参数见表4-16～表4-18。

**摆台状态的运行参数　　表4-16**

| 区域 | 照明 | 空调 | 排风 | 新风 | 其他 | 备注 |
|---|---|---|---|---|---|---|
| 主用餐区 | “摆台”照明状态 | 供冷设为25℃（18℃） | 关 | 关 | 关闭水景等 | |
| 餐厅包间 | “摆台”照明，除非包间没有计划使用 | 同上，除非包间没有计划使用 | 关 | 关 | 无关 | |
| 铁板烧单间 | 同上 | 同上 | 关 | 关 | 无关 | |

**清洁状态的运行参数　　表4-17**

| 区域 | 照明 | 空调 | 排风 | 新风 | 其他 | 备注 |
|---|---|---|---|---|---|---|
| 主用餐区 | 可与“摆台”照明状态一致 | 关 | 关 | 关 | 关闭水景等 | |
| 餐厅包间 | “摆台”照明 | 关 | 关 | 关 | 无关 | |
| 铁板烧单间 | “摆台”照明 | 关 | 关 | 关 | 无关 | |

**关闭状态的运行表　　表4-18**

| 区域 | 照明 | 空调 | 排风 | 新风 | 其他 | 备注 |
|---|---|---|---|---|---|---|
| 主用餐区 | 保安照明 | 关 | 关 | 关 | 关 | |
| 餐厅包间 | 关 | 关 | 关 | 关 | 无关 | |
| 铁板烧单间 | 关 | 关 | 关 | 关 | 无关 | |

工程部决定下列事项：

(1) 所有区域的空调系统从摆台、清洁和关闭状态到客人要求的温度所需的时间。记录以下项目的时间，并用来控制空调的运行时间，见表 4-19。

**工程部空调运行控制时间记录表　　表 4-19**

| 区域 | 客人要求的温度 | 从“摆台”到达到客人要求温度的时间 | 从“关闭”到达到客人要求温度的时间 |
| --- | --- | --- | --- |
| 主用餐区 | 参见表 4-10 | ______分钟 | ______分钟 |
| 餐厅包间 | 同上 | ______分钟 | ______分钟 |
| 铁板烧单间 | 同上 | ______分钟 | ______分钟 |

(2) 照明

1) 主用餐区的场景设置要由行政管理委员会成员等检查和认可。白炽灯不要设为 100%的亮度，调光器设为 100%应当与灯泡电压最大为 90%相适应，以延长灯泡的使用寿命。记录这些最佳操作规程的设定情况。

2) 摆台和清洁状态的场景设定不应当包括装饰壁灯、台灯和独立灯。摆台状态不要使用白炽灯的吊花灯。记录最佳操作规程的设定情况。

3) 对于餐厅包间，确定局部调光器的设置，并记录在“最佳操作规程”里。清洁和摆台状态同样也不允许使用装饰灯光。全电压只能在检查灯泡的工作状况时使用。

(3) 员工活动

培训和其他的活动要限定在一个单独的区域。将设施降低到摆台状态，并记录到最佳操作规程里。将培训用的区域记录在“最佳操作规程”里。

## 4.10 厨房的节能最佳操作规程示例

### 4.10.1 集思广益讨论

首先选择哪些厨房或厨房区域可以组成一个厨房，必须评定厨房的下列运行状态。

(1) 正常运行时间;

(2) 正常运行时间以外的清洁状态;

(3) 厨房带最低要求的运行;

(4) 保安状态。

确定各运行状态下,每个厨房(和被选作厨房的一部分的区域)最合适的运行时间。尽量缩短能源消耗大的运行时间。记录结果(见表4-20～表4-24)。完成之后,确定各种运行状态对支持系统的要求,即对照明、供冷和通风系统的要求。

**厨房正常运营时间记录　　表4-20**

| 区　域 | 时　间 | 备注 |
|---|---|---|
| 主厨房区 | 从______至______ | |
| 敞开式厨房 | 从______至______ | |
| 洗碗区 | 从______至______ | |
| 刷锅区 | 从______至______ | |
| 冷厨 | 从______至______ | |
| 烧烤厨房 | 从______至______ | |
| 贮藏室 | 从______至______ | |
| 厨师长办公室 | 从______至______ | |
| 其他区域 | 从______至______ | |

当以上工作完成之后,各厨房运行的要求也已确定。评定符合这些要求的检查表见4.12节。

### 4.10.2　清洁状态—非正常运行时间

注意清洁区域的顺序,确保正在进行的清洁工作的照明足够,关闭其他区域的照明。咨询工程部,怎样协助改善照明开关。

### 4.10.3　厨房区域最低要求的运行

在某个餐饮营业部位停止营业时,主厨房活动基本结束,厨房区域应进入最低要求的运行状态(如:照明、燃气消耗和通风

**厨房非正常运营时间记录** **表 4-21**

| 区　域 | 时　间 | 备注 |
| --- | --- | --- |
| 主厨房区 | 从______至______ | |
| 敞开式厨房 | 从______至______ | |
| 洗碗区 | 从______至______ | |
| 刷锅区 | 从______至______ | |
| 冷厨 | 从______至______ | |
| 烧烤厨房 | 从______至______ | |
| 贮藏室 | 从______至______ | |
| 厨师长办公室 | 从______至______ | |
| 其他区域 | 从______至______ | |

等减少到最低程度），以节省能源，或者进入零运行状态。厨房区域最低要求的运行时间记录表如表 4-22 所示。

**厨房区域最低要求的运行记录** **表 4-22**

| 区　域 | 时　间 | 备注 |
| --- | --- | --- |
| 主厨房区 | 从______至______ | |
| 敞开式厨房 | 从______至______ | |
| 洗碗区 | 从______至______ | |
| 刷锅区 | 从______至______ | |
| 冷厨 | 从______至______ | |
| 烧烤厨房 | 从______至______ | |
| 贮藏室 | 从______至______ | |
| 厨师长办公室 | 从______至______ | |
| 其他区域 | 从______至______ | |

### 4.10.4　保安状态

在大的开放区域，可能需要使用最低亮度的保安照明，比如，从厨房入口到厨房控制灯开关之间的区域。保安照明时间记录表见表 4-23。

**保安照明时间记录** 表 4-23

| 区　域 | 时　间 | 备注 |
|---|---|---|
| 主厨房区 | 从______至______ | |
| 敞开式厨房 | 从______至______ | |
| 洗碗区 | 从______至______ | |
| 刷锅区 | 从______至______ | |
| 冷厨 | 从______至______ | |
| 烧烤厨房 | 从______至______ | |
| 贮藏室 | 从______至______ | |
| 厨师长办公室 | 从______至______ | |
| 其他区域 | 从______至______ | |

最好通过时间控制器控制从一种运行状态到下一种运行状态的时间，或者由工程部控制 BMS。由于改变控制会需要一段时间，因此也可能需要其他的安排。为适应特殊情况，运行状态要从已经认可和已记录的时间转变到例外的时间，必须得到厨师长的同意，并通知工程部暂时“旁通”时间控制。注意：要优先考虑控制新风的供给和厨房排风，以尽量减少这两项的运行。

### 4.10.5　正常运行状态机电的供给和设置

正常运行状态机电的供给和设置如表 4-24 所示。

**正常运行状态机电的供给和设置** 表 4-24

| 区域 | 照明 | 空调 | 排风控制 | 新风控制 |
|---|---|---|---|---|
| 主厨房区 | 开 | 28℃<br>(20℃)② | 开 | 开 |
| 敞开式厨房 | 协调运行和营业部位的要求 | | | |
| 洗碗区 | 开 | 28℃<br>(20℃)② | 开 | 开 |
| 刷锅区 | 开 | 28℃<br>(20℃)② | 开 | 开 |
| 冷厨 | 开 | 19℃<br>(18℃)② | 无关 | 无关 |
| 烧烤厨房 | 开 | 无关 | 开 | 开 |
| 贮藏室 | 关① | 重新考虑个别的贮藏室 | 根据需要 | 根据需要 |
| 厨师长办公室 | 不在时，关 | 夏季 23℃<br>冬季 20℃ | 无关 | 无关 |
| 其他区域 | 集思广益讨论期间确定参数 | | | |

注：① 如果员工不经常在里面。
② 冬季需要采暖时。

如果使用经过处理的新风，工程部要与厨师长协调，确保冬天需要采暖时，厨房新风的温度要尽量保持偏低。新风经过预冷时，工程部要与厨师长协调，确保新风的温度要尽量保持偏高。检查厨房是否需要同时打开所有排烟罩，如果不是，进行调整。

### 4.10.6 清洁状态机电设备的供给和设置

有顺序、逐个地清洁不同的区域，这将允许照明得以依照此法控制，缩短开灯时间。集思广益，检查这些选择。清洁状态机电设备的供给和设置见表 4-25。

**清洁状态机电设备的供给和设置　　表 4-25**

| 区　域 | 照明 | 空调 | 排风控制 | 新风控制 |
|---|---|---|---|---|
| 主厨房区 | 需要时 | 关闭 | 关闭 | 关闭 |
| 敞开式厨房 | 需要时 | 关闭 | 关闭 | 关闭 |
| 洗碗区 | 需要时 | 关闭 | 关闭 | 关闭 |
| 刷锅区 | 需要时 | 关闭 | 关闭 | 关闭 |
| 冷厨 | 需要时 | 关闭 | 关闭 | 关闭 |
| 烧烤厨房 | 需要时 | 关闭 | 关闭 | 关闭 |
| 贮藏室 | 需要时 | 根据需要 | 根据需要 | 关闭 |
| 厨师长办公室 | 需要时 | 关闭 | 关闭 | 关闭 |
| 其他区域 | 需要时 | 关闭 | 关闭 | 关闭 |

### 4.10.7 高效使用厨房的主要设备

高效运行包括 4 个组成部分：

(1) 只在需要时使用，也就是要根据以上所述的厨房的运行状态，检查设备的运行时间。

(2) 保证运行设置正确，例如：洗碗机、循环计时器和热水温度等。

(3) 确保高效的预防性维修保养，例如：洗碗机热水温控器运行正确，或热水管保温未受到破坏。

(4) 检查装碗是否正确，例如：每次洗碗的数量是否正确。每个厨房都要列出主要设备，如可行，则设定运行时间；检查运行设置是否正确；为员工对设备的负载提供规范；确保有效的预防性维修保养。例如：

1）洗碗机：

运行时间：(插入最大限度的运行时间表)。

热水温度：(插入相关数据)。

循环时间设定：(插入相关数据)。

蒸气管保温破损：如有缺陷，请工程部检查。

热水管保温破损：如有缺陷，请工程部检查。

2）厨房排烟罩（分别列出）：

确认运行时间：参见前面的规定时间。

水洗不均衡：请工程部调整。

现场过滤有缝：请管事部处理。

现场过滤器脏：请管事部清洁。

3）燃气灶

子火还在燃烧：在这里建立并插入操作规范。

子火火苗过大：检查。

不使用时燃气还在开着：处理。

锅灶：检查。

炒锅灶：检查。

烤鸭：检查。

烤乳猪：检查。

其他（根据需要列出）：检查。

4）列出其他设备，制作具体的运行要求及时间表，包括：炸锅、电热盘、鱼缸的相关部分（水的浪费和水温，不需时加氧等）。

5）考虑冷库和冰箱，避免与其他计划重复。

6）尤其要监督蒸汽泄漏情况：如蒸锅（点心）、蒸箱、洗碗机等。

## 4.11 客房的节能最佳操作规程

### 4.11.1 集思广益讨论

适用下列情况：打扫房间、客房“开床”、客房状态、客房走廊、客房服务区、空房和关闭楼层等。

### 4.11.2 “打扫房间”的程序、行动事项和衡量措施

(1) 照明

1) 打开全部照明，查找坏的灯管。最多5min更换可以更换的灯管。不能更换的，报告给工程部。

2) 员工不工作时关闭所有照明，在客房或浴室工作时，打开以下照明：

① 客房列出认可的照明。白天，检查是否可以只用日光工作。

② 浴室列出认可的照明。

③ 关闭所有现场开关的台灯。

3) 离开客房时，主开关“关”，客房照明在“开”的位置上，以备客人使用（根据客房照明开关的设计进行安排）。

(2) 温度设定

工作时设定为24℃；

风速设定为低速；

离开客房时，供冷时温度设为22℃，采暖时温度设为20℃。

(3) 窗帘摆放要求

进入客房关闭纱帘，打开遮光帘，使光线充足。

离开客房关闭纱帘，遮光帘打开1/3。

(4) 电视机

进入客房检查运行（最多5min）。

清洁中关。

离开客房后待命，无音乐。

(5) 浴室淋浴开关和马桶

1) 进入客房检查有无漏水，报告给工程部。

2) 不要开水龙头、浴缸或淋浴，除非是清洁过程中所需要。

3) 使用马桶冲水阀的检查冲水时间。冲水时间是6s，如果超出限定时间，报告给工程部（按照预先安排的程序）。

(6) 衣柜照明

检查衣柜关门时，微动开关是否“关闭”照明。如果门关不严或开关失灵，报告给工程部（按照预先安排的程序）。

（7）“继续使用”毛巾或床单的（如果没有为客人安排继续使用毛巾或床单），建议卡是否放在显眼处，请作出相关安排。

（8）没有空调的走廊，清洁时要半关客房门，使用门楔子。

（9）阳台门必须关上（除了进、出阳台时）。

### 4.11.3 “开床”的程序和行动事项

（1）照明

1）“开床”中，鉴于几乎可能没有日光光线，“开床”时所开的照明可能与打扫客房时的不同。列出“集思广益讨论”所认可的照明。一般应当使用床头灯。程序与“打扫客房”的程序相同。

2）离开客房主开关关闭。

关闭所有照明；

“关闭”现场开关或落地灯。

（2）温度设定

需要供冷时设为22℃，采暖时设为20℃；

风速设定为低速。

（3）窗帘

纱帘拉下；

遮光帘拉下。

（4）电视

电视（包括VCD）处于待命、无音乐状态。

### 4.11.4 客房走廊和客梯间

（1）照明

1）确定以下运行状态：

全照明—运行状态1；

低度照明—运行状态2。

列出运行状态2要关闭哪些灯。向工程部咨询电路如何分和不同的开关控制选择。同时也要检查如何对这些电路和控制开关进行改善。就照明控制开关达成一致并作记录。

2）认可的运行时间：全照明（运行状态1），例如对有日光光线的，上午8至10点～下午5至10点进行调整；

低度照明（运行状态2），全照明以外的时间。

其他运行状态，最大限度地使用日光。

（2）空调

与工程部一起重新检查空调温度是否可以在非正常时间的运行中进行调整，例如：降低空调系统的供冷或采暖的温度设定点。

如果客房走廊既有空调，又与非空调区域相通，撤掉把这些房门停在开放的位置的机械装置。

### 4.11.5 客户服务区（包括服务间、贮藏室、洗手间）

（1）照明

认可的照明控制：

服务间：说明认可的控制措施，比如离开服务间时必须关闭照明。

洗手间：同上。

贮藏室：同上。

（2）制冰机

不使用时，盖子必须一直合上。

（3）卫生间

面盆水龙头：如果漏水，向工程部报告（如之前所认可的）。除了使用以外，任何时候都不能长流水，需要的地方，用阀门节流限制流量。

水箱或冲水时间：如果漏水，向工程部报告。如果冲水时间超过6s，向工程部报告（如之前所认可的）。

（4）空调（服务间）

风机盘管温度设定为26℃，为了避免非经授权的使用等，将温控开关移开是比较合适的。需要采暖的地方温度设定为16℃。靠近楼梯的门窗必须关上，避免外面的空气渗入。

### 4.11.6 “空房、未售出客房”的程序和行动事项

（1）照明

全部关闭。

（2）风机盘管设置

风速：低；

主温控：22℃；

次温控：供冷 24℃；

采暖 18℃；

换季期间 22℃（集思广益讨论时就重新设置次温控的时间达成一致）。

（3）窗帘

纱帘合上；

遮光帘合上。

## 4.12 最佳操作规程典型的检查表

### 4.12.1 宴会厅检查表

| 检　验　事　项 | 缺陷数 | 缺陷数占总检查数的比例(%) |
|---|---|---|
| 检查可适用于下列情况：<br>摆台中；<br>使用中；<br>清洁中；<br>关闭(保安状态)。<br>1. 照明设置不正确<br>(1)使用的宴会厅部分<br>(2)未使用的宴会厅部分<br>(3)宴会前厅<br>(4)洗手间<br>2. 空调设置不正确<br>(1)使用的宴会厅部分<br>(2)未使用的宴会厅部分<br>(3)宴会前厅<br>(4)洗手间<br>1)水龙头滴水，如果漏水，是工程部的缺陷。<br>2)冲水阀<br>3)小便池 | | |

续表

| 检　验　事　项 | 缺陷数 | 缺陷数占总检查数的比例(%) |
| --- | --- | --- |
| 3. 其他方面<br>(1)室外大门的渗透风<br>(2)可移动隔离墙渗透风<br>(3)音像室照明控制<br>(4)音像室空调控制<br>4. 其他 | | |
| 总计 | | |

## 4.12.2　餐饮区域检查表

| 检　验　事　项 | 缺陷数 | 缺陷数占总检查数的比例(%) |
| --- | --- | --- |
| 检查可适用于下列情况：<br>营业中；<br>摆台中；<br>清洁中；<br>关闭(保安状态)。<br>1. 设定时间以外照明的运行<br>(1)主用餐区<br>(2)餐厅包间<br>(3)铁板烧单间<br>2. 设定时间以外空调的运行<br>(1)主用餐区<br>(2)餐厅包间<br>(3)铁板烧单间<br>3. 设定时间以外排风的运行铁板烧单间<br>4. 设定时间以外新风的运行<br>(1)主用餐区<br>(2)铁板烧单间<br>5. 设定时间以外空调运行的温度<br>(1)主用餐区<br>(2)餐厅包间<br>(3)铁板烧单间<br>6. 按最佳操作规程的正确的布景设置<br>(1)主用餐区<br>(2)餐厅包间<br>(3)铁板烧单间<br>7. 使用未被认可的区域做培训 | | |

### 4.12.3 厨房区域检查表

| 检 验 事 项 | 缺陷数 | 缺陷数占总检查数的比例(%) |
|---|---|---|
| 检查可适用于下列情况：<br>营业中；<br>摆台中；<br>清洁中；<br>关闭(保安状态)。<br>1. 设定时间以外新风的供给<br>(1)主厨房区<br>(2)敞开式厨房<br>(3)洗碗区<br>(4)刷锅区<br>(5)冷厨<br>(6)铁板烧单间<br>(7)贮藏室<br>(8)厨师长办公室<br>(9)其他区域<br>2. 设定温度以外空调的运行<br>(1)主厨房区<br>(2)敞开式厨房<br>(3)洗碗区<br>(4)刷锅区<br>(5)冷厨<br>(6)铁板烧单间<br>(7)贮藏室<br>(8)厨师长办公室<br>(9)其他区域<br>3. 洗碗机<br>(1)负载<br>(2)热水温度<br>(3)循环时间<br>4. 燃气灶<br>(1)子火<br>(2)煮锅燃烧情况<br>5. 设定时间以外新风的供给<br>(1)主厨房区<br>(2)敞开式厨房<br>(3)洗碗区<br>(4)刷锅区<br>(5)冷厨 | | |

续表

| 检验事项 | 缺陷数 | 缺陷数占总检查数的比例(%) |
| --- | --- | --- |
| (6)铁板烧单间 | | |
| (7)贮藏室 | | |
| (8)厨师长办公室 | | |
| (9)其他区域 | | |
| 6. 设定温度以外空调的运行 | | |
| (1)主厨房区 | | |
| (2)敞开式厨房 | | |
| (3)洗碗区 | | |
| (4)刷锅区 | | |
| (5)冷厨 | | |
| (6)铁板烧单间 | | |
| (7)贮藏室 | | |
| (8)厨师长办公室 | | |
| (9)其他区域 | | |
| 7. 洗碗机 | | |
| (1)负载 | | |
| (2)热水温度 | | |
| (3)循环时间 | | |
| 8. 燃气灶 | | |
| (1)子火 | | |
| (2)煮锅燃烧情况 | | |
| 9. 电烤箱 | | |
| (插入集思广益确定的需要检查的事项) | | |
| 10. 电扒板 | | |
| (插入集思广益确定的需要检查的事项) | | |
| 11. 保温箱 | | |
| (插入集思广益确定的需要检查的事项) | | |
| 12. 烹制点心 | | |
| (插入集思广益确定的需要检查的事项) | | |
| 13. 蒸箱 | | |
| (插入集思广益确定的需要检查的事项) | | |
| 14. 冰箱 | | |
| (1)冷凝器脏 | | |
| (2)门封损坏 | | |
| 15. 水龙头 | | |
| 炒锅上的(中餐厅)(如果漏水,则记为工程部的缺陷) | | |
| 16. 其他 | | |

### 4.12.4 客房区域检查表

| 检验事项 | 缺陷数 | 缺陷数占总检查数的比例(%) |
|---|---|---|
| 1. 卧室照明 | | |
| 2. 浴室照明 | | |
| 3. 风机盘管风速 | | |
| 4. 风机盘管温度设置 | | |
| 5. 窗帘设置不正确 | | |
| 6. 电视状态不正确(CD、VCD等) | | |
| 7. 水龙头开着 | | |
| 8. 水龙头漏水 | | |
| 9. 淋浴开着 | | |
| 10. 淋浴漏水 | | |
| 11. 马桶冲水损坏 | | |
| 12. 阳台门打开 | | |
| 13. 客房门打开(没有空调的走廊) | | |
| 14. 客房走廊 | | |
| 15. 客房窗户打开 | | |
| 16. 楼层服务间、洗手间和小库的照明 | | |
| 17. 空调风速和温度 | | |
| 18. 门窗 | | |
| 19. 水龙头 | | |
| 20. 洗手间水箱或者冲水阀 | | |
| 21. 制冰机 | | |

# 第 5 章　酒店食品安全清洁生产方案

酒店食品卫生管理体系重点是针对酒店餐饮服务全过程提出的。由于各个酒店的管理模式不同，许多酒店没有规范化的食品卫生管理体系，特别是餐饮服务全过程造成软件产品服务经济—能源—环境系统的指标差异十分显著。1995 年 10 月 30 日，我国正式出台《食品卫生法》，并相继出台食品安全标准，这套食品卫生法和食品质量安全标准对大型酒店来说，内容不够、标准太低。因此，急需推出规范化的食品卫生管理体系供我国酒店业参考使用。

酒店食品卫生管理体系应包括与食品卫生质量相关的政策体系、标准体系和监督体系三个方面，重点针对食品进货检查、食品贮藏（冷冻、冷藏及干品贮藏）、货物操作、食品加工与制作、餐后清洗、垃圾处理等提出清洁生产方案。

## 5.1　食品进货检查

### 5.1.1　风险

全部货品必须有适当的包装，货品本身没有受到过任何外来污染，必须标注有效使用时间和贮存条件，否则应全部退货。

### 5.1.2　收货检查

（1）包装不能有任何破损。

（2）在有效使用日期内。

（3）食物温度：

冷冻食物温度≤－12℃；

冷藏食物≤5℃。

将冷冻、冷藏及容易腐烂的食物迅速送到库中。

（4）等候退货的货品必须与检查合格的货品分开贮存。

## 5.2 食品贮藏

### 5.2.1 风险

生的食物应放在高危食物下面，避免任何被污染的机会。在冷冻库内细菌处于休眠状态，每遇有适当的生长条件时，它便再生长起来。冷藏库是用来减慢微生物生长的工具，普通食品的毒微生物一般不能在5℃以下繁殖或产生毒素，但是仍然有些好寒性的原病体可以在5℃以下生长，例如李斯特病菌。

### 5.2.2 冷冻库贮藏原则

（1）食物应包裹好，放在清洁的食物安全容器内，离地面15cm以上，离顶棚15cm以上，离风扇底30cm以上，离墙面5cm以上，离架间2.5cm以上；

（2）库温在－18℃以下。

### 5.2.3 冷藏库贮藏原则

空气温度必须保持在1～4℃之间才能保持食物温度在5℃以下。

### 5.2.4 干品库贮藏原则

（1）温度保持在20℃以下，相对湿度保持在65%以下；

（2）保持空气流畅，离地面15cm以上，离顶棚15cm以上，离风扇底30cm以上，离墙面5cm以上，离架间2.5cm以上。

### 5.2.5 真空包装

真空包装适用于将生肉、家禽或鱼的分配，必须有包装当日的日期标签，储存在5℃以下或冷冻。

### 5.2.6 第二储存生命限期

第二储存生命限期适用于所有储存在冷冻库、冷藏库中已打开包装的食物，产品应附有生产日期标签，食物在厨房中生产日期的标签，打开货品的日期。加工食品应在48h使用，加热食品应在72h内使用，如表5-1所示。

**第二储存生命限期的示例　　　　表 5-1**

| 危险程度 | 食品种类 | 第二储存生命限期 |
| --- | --- | --- |
| 高度 | 软体动物类、甲壳类和鱼类 | |
| 高度 | 煮熟的甲壳类（小虾、龙虾等） | 48h |
| 高度 | 腌制鱼类（切成薄片） | 12h |
| 高度 | 腌制鱼类（整条） | 72h |
| 高度 | 软体植物类（淡菜） | 72h |
| 高度 | 活的软体动物类（蚝等） | 7 天 |
| 高度 | 肉类、家禽 | |
| 高度 | 冻肉（切成片） | 24h |
| 高度 | 冻肉（已经打开包装的整条冻肉） | 72h |
| 高度 | 生的肉类（碎肉） | 48h |
| 高度 | 生的肉类（部分分配） | 48h |
| 高度 | 生的肉类（整块肉） | 72h |
| 高度 | 生的家禽类（部分分配） | 48h |
| 高度 | 生的家禽类（整块肉） | 72h |
| 高度 | 汤类 | |
| 高度 | 汁酱（蛋黄汁状液体，如荷兰汁等） | 4h |
| 高度 | 汁酱（鱼类、肉类、家禽汤底） | 24h |
| 高度 | 蔬菜汤 | 48h |

## 5.3　食品加工与制作

### 5.3.1　风险

处理热食保温和运送不当，将会导致大量细菌繁殖，控制温度非常重要。

### 5.3.2　原则

（1）热食物必须保持在 63℃以上。

（2）储存在 63℃以上的热食，最多储存 4h。

（3）如果储存在 54～60℃之间，最多摆放 2h，然后翻热至 75℃以上，才能再摆放 2h，之后就不能再使用。

（4）所有工作台表面必须在使用前后都消毒，或在接触生食物后立即消毒。

（5）储存加工配料用容器在使用前后必须清洁消毒。

（6）所有自助餐的即食海鲜食品、烟熏鱼类、贝壳类、冷盘、混合色拉及糕点等，都必须保持在8℃以下。

## 5.4 货物操作

### 5.4.1 风险

厨师在货物流转操作过程中，必须按照操作规程执行，否则会降低食品安全、卫生和品质。

### 5.4.2 原则

（1）采用先进先出的原则；

（2）所有产品应注明制造日期和生产日期；

（3）在摆放冷藏品、冷冻品和干货时，旧货应放在前面，保证先来的货品先被选用。

## 5.5 餐后清洗

### 5.5.1 风险

洗碗处应该与处理食物的地方分开，以防止物理性和生物性交叉污染。

### 5.5.2 政策

（1）每个厨房设置独立的洗碗机；

（2）热水供应；

（3）自动供应清洁剂和消毒剂；

（4）有盖垃圾箱；

（5）所有用具都需要翻转储存吹干。

## 5.6 垃圾处理

### 5.6.1 风险

不良的废物处理系统可能导致虫鼠横行和增加交叉污染的危险。

### 5.6.2 政策

（1）酒店垃圾房的设置问题

酒店餐饮垃圾要求室温小于 16℃、换气次数不低于 10 次/h、垃圾存放时间在 6h 以下，设在便于向外输送的地方。

（2）垃圾分拣处理

通常使用上口径为 600mm、下口径为 500mm、高度为 1100mm 的带盖塑料容器（低部带有拖车）内，内衬塑料袋装入垃圾，普通餐饮垃圾平均每桶重量为 50kg 左右，能够明确掌握每日的垃圾重量。在餐饮服务的四个过程中将工作区产生的垃圾进行分类拾拣和集中处理是必要的操作程序。目前各个酒店只是将体积大的固体垃圾（油桶、纸箱包装等）单独分拣，其他垃圾全部混杂放入垃圾容器中，盛满后送到综合垃圾房存放，垃圾容器中的垃圾种类多，特别是鱼肉类、动物内脏等易腐烂的垃圾混放对以后的垃圾分拣工作带来不利的影响。

（3）载满的垃圾袋必须压缩处理后及时运出。

# 第6章 酒店软件产品服务清洁生产绩效评估体系

本章在总结国内外其他行业在创建清洁生产绩效评估指标体系研究的基础上，提出符合酒店行业自身特点的清洁生产绩效评估指标体系。

## 6.1 酒店软件产品服务清洁生产绩效评估指标体系

### 6.1.1 清洁生产绩效评估指标按性质分类

清洁生产绩效评估指标分定性和定量两种，但是还没有一套被行业公认。根据其性质可以分为三类[1]：宏观性指标、微观性指标和为环境设计指标（Design for Environment），如表6-1所示。

清洁生产指标按性质分类　　表6-1

| 宏观性指标 | 微观性指标 | 为环境设计指标 |
|---|---|---|
| 相对性<br>每年遭受周围居民抗议的次数(与所处区域有关)；<br>能否与ISO 9000或ISO 14001系统进行对照比较；<br>有无减量计划 | 绝对性<br>有害废弃物年产率；<br>能耗指标；<br>清洗水再利用率；<br>功能性包装材料所占比例 | 地域性<br>以各种原材料对环境的影响分析结果为依据,计算各种原材料的环境影响指标 |
| 可以显示对环境的承诺,但不宜仅凭此类指标下结论 | 需用实际的真实数据进行计算,其结果可以用来发掘减废潜力或展现环境绩效 | 使用者无需输入任何数据即可直接引用,可以作为环境设计的参考 |

可见，清洁生产指标与ISO 14031中的环境绩效指标相吻合，宏观性指标与环境绩效指标中的管理绩效指标（Management Performance Indicator）相近，微观性指标与操作绩效指标

（Operation Performance Indicator）相似。

为环境设计指标[2]是为研发人员在选择原材料、能源、工艺和污染物处理技术时提供参考依据，如表 6-2 所示。以产品生命周期模式将产品分成制造、销售、使用和弃置四个阶段，每个阶段再依其特性设计出适用的清洁生产指标。在产品开发阶段考虑不同阶段的环境影响，例如考虑避免使用禁用的原材料或使用废物回收技术，就是考虑生产后要降低对环境的负面影响。

**各阶段为环境设计指标　　表 6-2**

| 阶段 | 清洁生产指标 |
|---|---|
| 生产销售阶段 | 是否考虑原辅材料的耗竭情况以及开采对环境的破坏情况 |
| | 是否考虑避免使用下列化学物质：<br>公告为有毒化学物质；<br>美国法案 33/50 中的 17 项；<br>瑞典优先减废清单 13 项；<br>对工序有毒有害的废弃物；<br>废弃的化学物质 |
| | 是否考虑新的产品包装的繁易 |
| | 是否考虑原材料及能源的回收再用 |
| | 厂内回收技术是否纳入设计 |
| | 是否考虑污染排放的种类、浓度、总量 |
| | 有无废物处理技术 |
| | 有无回收的可能性，若有，是否提供配套的技术 |
| | 是否进行物料能量平衡计算 |
| 使用阶段 | 耗能情况，有无节能装置 |
| | 资源耗损情况，如锅炉的燃煤量 |
| | 产品中耗材的更替：<br>周期长短；<br>耗材材料的可回收性 |
| 弃置阶段 | 是否考虑产品材料的弃置：<br>可回收性；<br>单一性；<br>易拆解；<br>易处理处置 |

### 6.1.2 国外常用的清洁生产指标

国外常用的清洁生产指标[3]如表 6-3 所示。

国外常用的清洁生产指标　　表 6-3

| 指标名称 | 内容简述 | 备　注 |
|---|---|---|
| 生态指标（Eco-indicator） | 从生态周期评估的观点出发，将所排放的污染物对环境的影响进行量化评价，共建立 100 个指标 | 由荷兰 National Reuse of Waste Research Program 完成。这些指标根据当地环境标准、气候、天文、水力状况而定，区域性很强，对亚洲地区不一定适用 |
| 气候变化指标（Climate Change Indicator） | 污染物的排放量，所选择的标准物质，逐年纪录以评估对气候变化的影响 | 对政府对全国的温室气体控制能提供明确的指引，却无法指导个别企业清洁生产的进行 |
| 环境绩效指标 EPI（Environmental Performance Indicator） | 针对铝冶炼业、油气勘探与制造业、石化、造纸等行业，开发出能源指标、空气排放指标、废水排放指标、废弃物指标以及意外事故指标 | 由欧盟提出，对我国并不完全适用，但是针对行业特性发展清洁生产指标的原则，对于我们建立各行业的指标体系具有极高的参考价值 |
| 环境负荷因子 ELF（Environmental Load Factor） | ELF＝废弃物重量/产品重量 | 供化工工艺开发人员评估新工艺的指标，“废弃物”没有有害、无害之分，只以总当量指标值表示，不能真正表示其对环境的影响程度 |
| 废弃物产生率 WR（Waste Ratio） | WR＝废弃物重量/产出量 | ELF 以产品为基准，WR 以总产出（包括产品、副产品和废弃物）为基准，与 ELF 相同，废弃物产生率的值也无法真正表示其对环境的影响程度 |
| 减废情况交换所 PPIC（Pollution Prevention Information learinghouse） | 比较使用清洁生产工艺前后的废弃物产生量、原材料消耗量、用水量以及能源消耗量，来判断是否属于清洁生产 | 只适用于同一工厂在工艺改进前后的比较 |

### 6.1.3 我国常用的清洁生产指标

我国自 1993 年开始清洁生产试点示范和相关研究以来，在清洁生产评价指标方面也进行了大量的探索和尝试[4~8]。目前我国较常用的清洁生产评价指标是依据生命周期分析的原则进行分类的，主要有四大类：原材料指标、产品指标、资源指标和污染物产生指标，如表 6-4 所示。其中，前两者是定性指标，后两者主要为定量指标。

**我国较常用的清洁生产评价指标　　表 6-4**

| 指标名称 | 内容简述 | 备注 |
|---|---|---|
| 原材料指标 | 体现了原材料的获取、加工、使用等各方面对环境的综合影响，从毒性、生态影响、可再生性、能源强度以及可回收利用性五个方面建立指标 | 比较宏观，主要是靠专家打分，得出各项指标的权重值，然后与相应的国际/国内标准进行比较，以确定相应的等级。这两类指标与欧盟的生态指标比较相似，区域性较强，不同行业、不同地区难以比较 |
| 产品指标 | 涉及销售、使用过程、报废后的处置以及寿命优化问题四个方面 | |
| 资源(消耗)指标 | 正常操作情况下，生产单位、产品对资源的消耗程度 | 可以部分地反映一个企业的技术和管理水平，即反映生产过程的状况。只适用于同一工厂在工艺改进前后的比较，难以发现对生态环境的直接损耗 |
| 污染物产生指标 | 基于对一般的污染问题的考虑，分为三类，即废水、废气和固体废物指标 | 污染物产生指标代表着生产工艺先进性和管理水平的高低。与英国 ICI 公司的环境负荷指标及美国 3M 公司的废弃物产生率类似，无法表明真正的环境影响程度 |

国内外清洁生产评估指标体系的建立既有相似又有不同，但是针对能源与环境方面的指标要求是一致的。

### 6.1.4 酒店软件产品服务清洁生产绩效评估指标体系的建立原则

#### 6.1.4.1 科学性原则

酒店软件产品服务系统清洁生产绩效评估指标体系应具有科

学的内涵，反映出以下几点：1）绿色产品建设情况；2）酒店经济—能源—环境系统以3R行为准则所达到的目的要求；3）体现预防为主、源头削减。

6.1.4.2 可比性和实用性原则

各项评价指标既能对同一单位纵向比较，也能对不同单位横向比较，具有通用性和可比性。中间生产过程和最终服务过程的指标数据易于监测采集。

6.1.4.3 层次性原则

酒店软件产品服务清洁生产绩效评价是一个复合的大系统，由多个子系统组成。各个子系统由多个分项指标集成，应采用层次系统设计方法，将总指标分解成次级指标，再分解成第三层次级指标，形成指标体系。通常将上述三个层次称为目标层、准则层、指标层。

### 6.1.5 酒店软件产品服务清洁生产绩效评估指标体系层次分析

6.1.5.1 目标层

目标层是指酒店产品服务系统实施清洁生产的绩效。

6.1.5.2 准则层

由于清洁生产以3R作为行动准则，重点实施于经济—能源—环境系统中，所以酒店清洁生产的准则层指标应充分反映酒店经济—能源—环境系统实施3R行动将要达到的目的，同时包括相应的管理指标成分。

（1）绿色产品建设指标

绿色产品建设指标用于分析酒店所提供的产品数量达到绿色化标准要求的比例。遵循可持续发展原则，按照规定的原则使用绿色原材料，经专业机构认定、许可使用绿色食品标志的无污染、安全、优质、营养的食品。

（2）减量化经济指标

减量化经济指标用于分析应用清洁生产技术过程中各种物资资源投入的费用，以确定该项技术在经济上的可盈利性或可承受性；使用人均物资资源消耗量（反映了一定使用水平的消耗量）

和物资资源消耗系数（反映了单位产值的物资资源的消耗量，定额）作为考核指标。

（3）减量化能源、水资源指标

减量化能源、水资源指标用于分析应用清洁生产技术过程中各种能耗和水消耗的合理性，使用人均能耗量和能源资源消耗系数（定额）作为考核指标。

（4）减量化环境指标

减量化环境指标用于分析应用清洁生产技术过程中产生的环境废物对大气环境的影响；使用人均污染物、垃圾等环境废物产生量和单位产值环境废物产生系数作为考核指标。

（5）再循环废物回收利用指标

再循环废物回收利用指标用于分析应用清洁生产技术过程中固体废物和中水回用的数量比例，使用固体废物回收利用率和中水利用率作为考核指标。

（6）再使用物品利用指标

再使用物品利用指标用于分析应用清洁生产技术过程制造产品和包装容器以原始的形式反复使用中固体废物和中水回用的数量比例，使用物品反复百分率作为考核指标。

（7）管理指标

管理指标是指产品中间生产和最终服务全过程清洁生产方案、操作规程的完善程度、中间生产过程能耗比例控制及操作规范执行程度、文件管理、员工执行参与程度、酒店和客人自评等。

6.1.5.3 指标层

指标层将准则层指标分解为多个具体的基本指标，全面反映出每个准则层指标的内涵，详见表 6-5。

### 6.1.6 酒店软件产品服务系统清洁生产绩效评估指标体系框架[9]

针对酒店软件产品服务系统特点，给出 7 项准则层指标，形成指标体系构建框架，见表 6-5。

**酒店软件产品服务系统清洁生产绩效评估指标体系**

**表 6-5**

| 目标层指标 | 准则层指标 | 指　标　层 |
|---|---|---|
| 酒店软件产品服务系统清洁生产绩效 | 绿色化产品指标 | 绿色产品种类 C1 |
| | | 绿色产品建设情况 C2 |
| | 减量化经济指标 | 人均物资资源成本(元/人)C3 |
| | | 物资资源直接消耗系数 C4 |
| | 减量化能源环境指标、水环境指标 | 人均垃圾产生量(kg/人)C5 |
| | | 人均环境废物产量(kg/人)C6 |
| | | 人均 $CO_2$ 产生量(kg/人)C7 |
| | | 总排水 COD 浓度(mg/L)C8 |
| | | 垃圾直接产生系数(kg/万元)C9 |
| | | 环境废物直接产生系数(kg/万元)C10 |
| | | $CO_2$ 直接产生系数(kg/万元)C11 |
| | 减量化能源指标 | 人均水资源消耗量(L/人)C12 |
| | | 人均能耗量(MJ/人)C13 |
| | | 水资源直接消耗系数($m^3$/万元)C14 |
| | | 能源资源直接消耗系数(GJ/万元)C15 |
| | 再使用物品指标 | 再使用物品种类 C16 |
| | | 再使用物品种类建设情况 C17 |
| | 再循环指标(废物回收利用) | 固废物回收再利用系数 C18 |
| | | 再生能源资源利用率 C19 |
| | | 中水回用系数 C20 |
| | 管理指标 | 中间生产过程能耗比例控制要求 C21 |
| | | 清洁生产操作规程完善程度 C22 |
| | | 员工执行参与程度 C23 |
| | | 酒店自我评价 C24 |
| | | 顾客对最终服务的评价 C25 |

上述 7 大方面的准则层指标对应 25 项指标构成指标层，需

要对应各自的等级标准，构成清洁生产绩效评估标准体系。其中绝大部分还没有形成标准，需要对酒店产品服务全过程所构成的经济—能源—环境系统投入产出现状进行调查分析，研究制定相应标准。酒店三大主要服务项目的生产方式和工艺存在较大区别，特别是餐饮服务区域的建筑面积仅为全楼的3%～5%左右，但是耗能却占酒店总能耗的50%左右，产生的环境废物最多、污染最严重，应作为重点调查分析对象。

## 6.2 酒店软件产品服务清洁生产绩效评估指标标准体系

2003年3月，中国饭店协会起草的“绿色酒店标准”(SB/T 10356—2002) 由原国家经贸委颁布并正式实施。这是我国酒店行业第一个关于绿色酒店的国家行业标准[10]。该标准重点针对房务和餐饮两大服务系统，以“安全、健康、环保”这一理念构成绿色酒店的主体内容，但是并没有体现出以预防为主以及中间生产过程的源头削减，该标准定性的政策占据主要部分，严重缺少定量化可反映使用水平的经济指标、能源指标和环境指标标准和单位产值的经济指标、能源指标和环境指标标准。本章根据前几章的讨论结果，重点针对餐饮服务、房屋服务系统和酒店整体制定清洁生产效绩指标标准体系。

### 6.2.1 制定原则

#### 6.2.1.1 从我国国情出发

重点考虑我国酒店的平均水平、市场需求、社会发展以及清洁生产的要求。以国内酒店统计资料中的平均数据为依据，作为清洁生产绩效必备条款。

#### 6.2.1.2 重点突出减量化

突出节约物资资源、节约能源资源、节约水资源和环保要求。

#### 6.2.1.3 体现过程控制

体现中间生产过程和最终服务过程的控制，重视源头削减控制。

6.2.1.4 定量化反映营业水平和使用水平

用来比较不同地区、不同规模、不同营业水平和使用水平的清洁生产绩效。

6.2.1.5 起到激励作用

控制标准要考虑现有的服务水准和管理水平，同时还要考虑相对性，通过一定的努力可以实现。将标准分为三个等级。

（1）三级标准：指达到国内同行业统计资料中的平均数据，是清洁生产绩效必备条款。

（2）二级标准：指达到国内同行业清洁生产先进水平，其依据为国内该行业统计数据中的先进企业的数据。

（3）一级标准：指达到国际上同行业清洁生产先进水平，其依据为国际上酒店业统计资料中的先进数据和公开报道的国际先进水平数据。

### 6.2.2 酒店餐饮服务系统清洁生产绩效指标标准

前面讨论了国内有代表性的八家酒店餐饮服务系统单位使用水平（人均）和单位产值（定额）的物资资源成本、能耗量、环境废物产量问题，并给出了国内平均水平数据和国内先进水平数据，将其分别确定为三级标准和二级标准。

6.2.2.1 绿色产品种类

绿色产品种类是以目前酒店业日常的平均使用数量为依据，确定为三级标准。

6.2.2.2 准则层管理指标

准则层管理指标的分解指标——中间生产过程能耗比例，其控制要求如下：

（1）各类能源能耗量所占比例

餐饮服务全过程耗电能量比例，以最低的大连 D 酒店为标准，小于 23%；蒸汽锅炉燃料以天然气作为首选，燃油作为次选，所有燃料能耗量比例大于 77%。

（2）单位使用水平能耗量、水消耗量

国内餐饮服务各个过程年均能耗比例的参考数据，见表 6-6。

餐饮服务各个过程年均能耗参考标准[9]　表 6-6

| 内　容 | | 单位 | 参考比例 | 参考标准 |
|---|---|---|---|---|
| 准备过程 | 用水量 | L/人 | 0 | 0 |
| | 用电量 | kWh/人 | 24.69% | 2.25 |
| | 用蒸汽量 | kg/人 | 0 | 0 |
| 制作过程 | 用水量 | L/人 | 63.48% | 124.55 |
| | 用气量 | $m^3$/人 | 100% | 1.2 |
| | 用电量 | kW/h | 40.88% | 3.72 |
| | 用蒸汽量 | kg/人 | 59.17% | 10.89 |
| 服务过程 | 用水量 | L/人 | 36.52% | 71.65 |
| | 用电量 | kW/h | 34.43% | 3.14 |
| | 用蒸汽量 | kg/人 | 40.83% | 7.51 |

（3）单位使用水平垃圾产出控制参考标准

确定餐饮服务各个过程产生垃圾数量比例标准，见表 6-7。

餐饮服务各个过程产生垃圾数量参考标准[9]　表 6-7

| 酒店名称 | 原材料准备过程 | 食品制作过程 | 餐中服务过程 | 餐后清洗过程 | 合计 |
|---|---|---|---|---|---|
| 人均数量（kg/人） | 0.06 | 0.23 | 0.19 | 0.04 | 0.52 |
| 占比例数 | 11.54% | 44.23% | 36.53% | 7.7% | 100% |

（4）未食用食品倒掉控制参考标准

以餐中服务的人均垃圾数量标准的 60% 为参考标准，即 0.19×0.6=0.114kg/人。

6.2.2.3　酒店餐饮服务系统清洁生产绩效指标标准分值的确定

第三级标准为清洁生产必备条款，所有标准数据均为八家酒店餐饮业平均水平（代表了国内酒店餐饮业的平均水平），称为绿色酒店必须全部达标，得分为 60 分；二级标准为八家酒店餐饮业先进水平（代表了国内酒店餐饮业的先进水平），得分为 80 分；一级标准是通过不断努力，向上攀登的世界先进水平目标，得分为 100 分，见表 6-8。

**酒店餐饮服务系统清洁生产绩效指标标准及分值**[9]

**表 6-8**

| 准则层指标 | 指　标　层 | 三级标准 60 分 | 二级标准 80 分 | 一级标准 100 分 |
|---|---|---|---|---|
| 绿色化产品指标 | 绿色产品种类 | 150 | 210 | 270 |
| | 绿色产品建设情况 | 50% | 70% | 90% |
| 减量化经济指标 | 人均物资资源成本(元/人) | 54.7 | 48.5 | 40 |
| | 物资资源直接消耗系数 | 44.4% | 34% | 30% |
| 减量化能源环境指标、水环境指标 | 人均垃圾产生量(kg/人) | 0.75 | 0.4 | 0.3 |
| | 人均环境废物产生量(kg/人) | 0.4 | 0.29 | 0.2 |
| | 人均 $CO_2$ 产生量(kg/人) | 29.8 | 25.1 | 20 |
| | 隔油池出口排水 COD 浓度(mg/L) | 600 | 500 | 400 |
| | 垃圾直接产生系数(kg/万元) | 65.1 | 45.1 | 40 |
| | 环境废物直接产生系数(kg/万元) | 37.2 | 17.06 | 15 |
| | $CO_2$ 直接产生系数(kg/万元) | 2453 | 1433 | 1000 |
| 减量化能源指标 | 人均水资源消耗量(L/人) | 231.3 | 196.2 | 150 |
| | 水资源直接消耗系数($m^3$/万元) | 19.04 | 11.04 | 8 |
| | 人均能耗量[MJ/(人·次)] | 124.9 | 119.2 | 100 |
| | 能源资源直接消耗系数(GJ/万元) | 12.32 | 7.32 | 5 |
| 再使用物品指标 | 再使用物品种类 | 33 | 40 | 45 |
| | 再使用物品种类建设情况 | 65% | 75% | 85% |
| 再循环(废物回收利用)指标 | 固废物回收再利用系数 | 10% | 15% | 20% |
| | 再生能源资源利用率 | 10% | 15% | 20% |
| | 中水回用系数 | 15% | 25% | 50% |
| 管理指标 | 最佳节能操作规程完善度 | 20% | 50% | 90% |
| | 清洁生产操作规程完善程度 | 20% | 50% | 90% |
| | 员工执行参与程度 | 70% | 80% | 90% |
| | 酒店自我评价 | 50% | 80% | 90% |
| | 顾客对最终服务的评价 | 60% | 70% | 80% |

### 6.2.3 酒店房务服务系统清洁生产绩效指标标准体系

由于酒店房务服务全过程的经济—能源—环境系统远远优于餐饮服务，所以个别清洁生产绩效评估指标作相应的调整不用列入评估范围。在准则层减量化环境指标层中，重点考察洗衣机房的排水含磷成分和清扫用的清洁剂使用情况，不必考察客房排水水质。至于人均垃圾产量、人均环境废物产量等都非常少，不制定相应的标准。酒店房务服务系统清洁生产绩效指标标准见表 6-9。

**酒店房务服务系统清洁生产绩效指标标准[9]　　表 6-9**

| 准则层指标 | 指　标　层 | 三级标准<br>60 分 | 二级标准<br>80 分 | 一级标准<br>100 分 |
|---|---|---|---|---|
| 绿色化产品指标 | 绿色产品种类 | 23 | 32 | 40 |
| | 绿色产品建设情况 | 50% | 70% | 90% |
| 减量化经济指标 | 人均物资资源成本(元/人) | 150 | 120 | 100 |
| | 物资资源直接消耗系数 | 18% | 15% | 12% |
| 减量化环境指标 | 洗衣机房的排水含磷成分 | | | |
| | 清扫用的清洁剂 | | | |
| 减量化能源指标 | 人均水资源消耗量(L/人) | 300 | 250 | 200 |
| | 水资源直接消耗系数($m^3$/万元) | 30 | 20 | 15 |
| | 人均能耗量(MJ/人) | 80 | 65 | 50 |
| | 能源资源直接消耗系数(GJ/万元) | 2 | 1.8 | 1.3 |
| 再使用物品指标 | 再使用物品种类 | 32 | 36 | 40 |
| | 再使用物品种类建设情况 | 70% | 80% | 90% |
| 再循环(废物回收利用)指标 | 固废物回收再利用系数 | 10% | 20% | 30% |
| | 再生能源资源利用率 | 5% | 10% | 20% |
| | 中水回用系数 | 15% | 25% | 50% |
| 管理指标 | 最佳节能操作规程完善度 | 20% | 50% | 90% |
| | 清洁生产操作规程完善程度 | 20% | 50% | 90% |
| | 员工执行参与程度 | 70% | 80% | 90% |
| | 酒店自我评价 | 50% | 80% | 90% |
| | 顾客对最终服务的评价 | 60% | 70% | 80% |

### 6.2.4　酒店整体清洁生产绩效指标标准体系

酒店整体清洁生产绩效是所有软件产品服务系统清洁生产绩效的综合表现，相应的标准见表 6-10。

**酒店整体清洁生产绩效指标标准[9]　　表 6-10**

| 准则层指标 | 指　标　层 | 三级标准 60分 | 二级标准 80分 | 一级标准 100分 |
|---|---|---|---|---|
| 绿色化产品指标 | 绿色产品种类 | 250 | 300 | 400 |
| | 绿色产品建设情况 | 50% | 70% | 90% |
| 减量化经济指标 | 人均物资资源成本(元/人) | 65 | 60 | 55 |
| | 物资资源直接消耗系数 | 50% | 45% | 40% |
| 减量化能源环境指标、水环境指标 | 人均垃圾产生量(kg/人) | 4.25 | 2.5 | 2 |
| | 人均环境废物产量(kg/人) | 2.13 | 1.5 | 1.2 |
| | 人均 $CO_2$ 产生量(kg/人) | 29.8 | 25.1 | 20 |
| | 总排水口 COD 浓度(mg/L) | 400 | 200 | 150 |
| | 垃圾直接产生系数(kg/万元) | 51.5 | 24 | 20 |
| | 环境废物直接产生系数(kg/万元) | 27.6 | 8.56 | 8 |
| | $CO_2$ 直接产生系数(kg/万元) | 1733 | 697 | 600 |
| 减量化能源指标 | 人均水资源消耗量(L/人) | 600 | 500 | 400 |
| | 水资源直接消耗系数($m^3$/万元) | 15 | 12.8 | 10 |
| | 人均能耗量(MJ/人) | 700 | 650 | 550 |
| | 能源资源直接消耗系数(GJ/万元) | 6.9 | 3.5 | 3 |
| 再使用物品指标 | 再使用物品种类 | 100 | 120 | 150 |
| | 再使用物品种类建设情况 | 30% | 40% | 50% |
| 再循环(废物回收利用)指标 | 固废物回收再利用系数 | 5% | 10% | 15% |
| | 再生能源资源利用率 | 5% | 10% | 15% |
| | 中水回用系数 | 15% | 25% | 50% |
| 管理指标 | 中间生产过程能耗比例匹配 | 50% | 80% | 90% |
| | 清洁生产操作规程完善程度 | 20% | 50% | 90% |
| | 员工执行参与程度 | 70% | 80% | 90% |
| | 酒店自我评价 | 50% | 80% | 90% |
| | 顾客对最终服务的评价 | 60% | 70% | 80% |

## 6.3　酒店清洁生产绩效评估

权重是指标体系中各指标对综合评价的影响程度，确定各指标的权重需要采用科学的方法。目前赋权方法很多，可分为主观赋权方法和客观赋权方法，常见的主观赋权方法有专家评估法、循环打分法、两项系数法和层次分析法[11~13]；客观赋权方法有主成分分析法、频数统计代表计数分析法、模糊逆方程法、均方差法、基点法等等[14~16]。主观赋权方法中的层次分析法被广泛用于多准则、多目标复杂问题的决策分析，但它毕竟依赖于强烈的主观判断，所以权重结论容易产生争议；客观赋权方法中的基点法物理表述明确、计算步骤清晰，但是必须选择正确的基点，否则结论也是错误的。由于文中的许多指标标准还是初步的探讨阶段，作为绝对正确的基点尚不成熟，所以还是采用层次分析法分析。

### 6.3.1 采用层次分析法确定权重

层次分析法（Analytic Hierarchy Process，AHP）是美国T. L. Saaty在20世纪70年代提出的，20世纪80年代初开始引入我国。它是一种整理和综合人的主观判断，综合定性分析和定量计算相结合的系统性分析方法，广泛用于多准则、多目标复杂问题的决策分析。AHP法分以下几个步骤进行：1）首先把研究的问题看作是一个大系统，通过对系统的多个因素分析，将问题分解为不同的要素，再将各因素分为不同的层次，建立一个多层次的分析结构模型；2）对每一层次的各因素指标通过两两比较重要程度逐层进行判断评分，给出相对重要性的定量表示，建立判断矩阵；3）通过计算判断矩阵的最大特征值及相应的特征向量，得出每一层次全部因素的相对重要性的权重，加以排序；4）利用计算特征向量确定下层指标对上层指标的贡献程度，从而得出基层指标对总体指标或综合指标重要性的排列结果；5）最后根据排序结果进行规划决策和选择解决问题的措施。它的主要特点是定性与定量分析相结合，将人的主观判断用数量形式表达出来并进行科学处理，克服了主观性，同时也适于按照层次结构建立的指标体系。

#### 6.3.1.1 构建递阶层次结构模型

按照清洁生产绩效评价指标体系的结构特点，递阶层次结构由三层构成。

6.3.1.2 构造判断矩阵

根据递阶层次结构构造判断矩阵。构造判断矩阵的方法是：每一个具有向下隶属关系的元素作为判断矩阵的第一个元素，位于左上角，隶属于它的各个元素依次排列在其后的第一行和第一列。判断矩阵构造完毕后，请专家填写判断矩阵。填写判断矩阵的方法是：向填写人反复询问，针对判断矩阵的准则，其中两个元素比较哪个重要，重要多少，对重要程度按 1～9 赋值，见表 6-11。判断矩阵表见表 6-12。

**重要性标度含义表** **表 6-11**

| 重要性标度 | 含 义 |
|---|---|
| 1 | 表示两个元素相比，具有同等重要性 |
| 3 | 表示两个元素相比，前者比后者稍重要 |
| 5 | 表示两个元素相比，前者比后者明显重要 |
| 7 | 表示两个元素相比，前者比后者强烈重要 |
| 9 | 表示两个元素相比，前者比后者极端重要 |
| 2,4,6,8 | 表示上述判断的中间值 |
| 倒数 | 若元素 $i$ 与元素 $j$ 的重要性之比为 $a_{ij}$，则元素 $j$ 与元素 $i$ 的重要性之比为 $a_{ji}=1/a_{ij}$ |

**判断矩阵表** **表 6-12**

| A | $B_1$ | $B_2$ | $B_3$ | $B_4$ | $B_5$ | $B_6$ | $B_7$ |
|---|---|---|---|---|---|---|---|
| $B_1$ | 1 | | | | | | |
| $B_2$ | | 1 | | | | | |
| $B_3$ | | | 1 | | | | |
| $B_4$ | | | | 1 | | | |
| $B_5$ | | | | | 1 | | |
| $B_6$ | | | | | | 1 | |
| $B_7$ | | | | | | | 1 |

| $B_1$ | $C_1$ | $C_2$ |
|---|---|---|
| $C_1$ | 1 | |
| $C_2$ | | 1 |

| $B_2$ | $C_3$ | $C_4$ |
|---|---|---|
| $C_3$ | 1 | |
| $C_4$ | | 1 |

| $B_3$ | $C_5$ | $C_6$ | $C_7$ | $C_8$ |
|---|---|---|---|---|
| $C_5$ | 1 | | | |
| $C_6$ | | 1 | | |
| $C_7$ | | | 1 | |
| $C_8$ | | | | 1 |

| $B_4$ | $C_9$ | $C_{10}$ | $C_{11}$ | $C_{12}$ | $C_{13}$ |
|---|---|---|---|---|---|
| $C_9$ | 1 | | | | |
| $C_{10}$ | | 1 | | | |
| $C_{11}$ | | | 1 | | |
| $C_{12}$ | | | | 1 | |
| $C_{13}$ | | | | | 1 |

| $B_5$ | $C_{14}$ | $C_{15}$ |
|---|---|---|
| $C_{14}$ | 1 | |
| $C_{15}$ | | 1 |

| $B_6$ | $C_{16}$ | $C_{17}$ |
|---|---|---|
| $C_{16}$ | 1 | |
| $C_{17}$ | | 1 |

| $B_7$ | $C_{18}$ | $C_{19}$ | $C_{20}$ | $C_{21}$ | $C_{22}$ |
|---|---|---|---|---|---|
| $C_{18}$ | 1 | | | | |
| $C_{19}$ | | 1 | | | |
| $C_{20}$ | | | 1 | | |
| $C_{21}$ | | | | 1 | |
| $C_{22}$ | | | | | 1 |

### 6.3.1.3 咨询工作

咨询结果见表6-13～表6-18。

**咨询结果1　　表6-13**

| 序号 | $B_1/B_2$ | $B_1/B_3$ | $B_1/B_4$ | $B_1/B_5$ | $B_1/B_6$ | $B_1/B_7$ | $B_2/B_3$ | $B_2/B_4$ | $B_2/B_5$ | $B_2/B_6$ | $B_2/B_7$ |
|---|---|---|---|---|---|---|---|---|---|---|---|
| 1 | 1/3 | 1/7 | 1/7 | 2 | 1 | 2 | 1/2 | 1/2 | 5 | 4 | 4 |
| 2 | 1/5 | 1/5 | 1/5 | 2 | 2 | 2 | 1/3 | 1/5 | 2 | 2 | 1 |
| 3 | 1/2 | 1/3 | 1/5 | 1 | 1 | 2 | 1/2 | 1 | 3 | 3 | 3 |
| 4 | 1/5 | 1/3 | 1/5 | 1 | 1 | 3 | 1/3 | 1/5 | 1 | 2 | 1 |
| 5 | 1/3 | 1/5 | 1/7 | 3 | 2 | 2 | 1/2 | 1/2 | 3 | 3 | 2 |
| 6 | 1/3 | 1/7 | 1/5 | 2 | 2 | 3 | 1/2 | 1/3 | 2 | 3 | 5 |
| 7 | 1/5 | 1/5 | 1/5 | 1 | 1 | 1 | 1/2 | 1/2 | 4 | 5 | 5 |

**咨询结果2　　表6-14**

| 序号 | $B_3/B_4$ | $B_3/B_5$ | $B_3/B_6$ | $B_3/B_7$ | $B_4/B_5$ | $B_4/B_6$ | $B_4/B_7$ | $B_5/B_6$ | $B_5/B_7$ | $B_6/B_7$ |
|---|---|---|---|---|---|---|---|---|---|---|
| 1 | 1 | 3 | 2 | 3 | 3 | 2 | 3 | 1/2 | 1/3 | 1 |
| 2 | 1/2 | 3 | 3 | 2 | 4 | 2 | 2 | 1 | 1/2 | 2 |
| 3 | 1/2 | 3 | 2 | 3 | 3 | 1 | 2 | 1/2 | 1/3 | 1 |
| 4 | 1 | 3 | 2 | 3 | 3 | 3 | 3 | 1/3 | 1/3 | 1 |
| 5 | 1 | 4 | 2 | 3 | 4 | 2 | 2 | 1 | 1/2 | 1 |
| 6 | 1 | 4 | 3 | 3 | 3 | 2 | 2 | 1/2 | 1/2 | 1 |
| 7 | 1/2 | 2 | 2 | 2 | 3 | 2 | 3 | 1/2 | 1/2 | 1/2 |

咨询结果 3　　　　　　　　　　　　　　　表 6-15

| 序号 | $C_1/C_2$ | $C_3/C_4$ | $C_5/C_6$ | $C_5/C_7$ | $C_5/C_8$ | $C_5/C_9$ | $C_5/C_{10}$ | $C_5/C_{11}$ | $C_6/C_7$ | $C_6/C_8$ |
|---|---|---|---|---|---|---|---|---|---|---|
| 1 | 1 | 1/4 | 1/2 | 2 | 1 | 1 | 1/2 | 3 | 5 | 3 |
| 2 | 2 | 1/3 | 1/3 | 3 | 2 | 2/1 | 1/3 | 2 | 3 | 2 |
| 3 | 1 | 1/5 | 1/3 | 1 | 1 | 1 | 1/3 | 2 | 5 | 3 |
| 4 | 1 | 1/5 | 1/3 | 2 | 3 | 1 | 1/3 | 3 | 3 | 3 |
| 5 | 1/2 | 1/3 | 1/2 | 2 | 1 | 2/1 | 1/2 | 3 | 2 | 4 |
| 6 | 1 | 1/3 | 1/2 | 3 | 1 | 1 | 1/3 | 2 | 4 | 2 |
| 7 | 1 | 1/6 | 1/3 | 3 | 3 | 1 | 1/3 | 3 | 6 | 5 |

咨询结果 4　　　　　　　　　　　　　　　表 6-16

| 序号 | $C_6/C_9$ | $C_6/C_{10}$ | $C_6/C_{11}$ | $C_7/C_8$ | $C_7/C_9$ | $C_7/C_{10}$ | $C_7/C_{11}$ | $C_8/C_9$ | $C_8/C_{10}$ | $C_8/C_{11}$ | $C_9/C_{10}$ | $C_9/C_{11}$ |
|---|---|---|---|---|---|---|---|---|---|---|---|---|
| 1 | 3 | 1 | 5 | 1/3 | 1 | 1/9 | 1 | 1/2 | 1/5 | 3 | 1/3 | 2 |
| 2 | 2 | 1/2 | 3 | 1/2 | 1 | 1/7 | 1 | 1 | 1/2 | 2 | 1/2 | 3 |
| 3 | 3 | 1 | 5 | 1 | 1/3 | 1/6 | 1 | 1/2 | 1/5 | 2 | 1/4 | 1 |
| 4 | 4 | 1 | 3 | 1/3 | 1 | 1/3 | 1 | 1 | 1/3 | 3 | 1/3 | 2 |
| 5 | 3 | 1/2 | 2 | 1/2 | 1/2 | 1/7 | 1/2 | 1 | 1/3 | 2 | 1/2 | 2 |
| 6 | 3 | 1 | 4 | 1/2 | 1/2 | 1/6 | 1 | 1 | 1/2 | 2 | 1/4 | 2 |
| 7 | 3 | 1/2 | 6 | 1/3 | 1 | 1/7 | 1 | 1 | 1/5 | 3 | 1/3 | 3 |

咨询结果 5　　　　　　　　　　　　　　　表 6-17

| 序号 | $C_{10}/C_{11}$ | $C_{12}/C_{13}$ | $C_{12}/C_{14}$ | $C_{12}/C_{15}$ | $C_{13}/C_{14}$ | $C_{13}/C_{15}$ | $C_{14}/C_{15}$ | $C_{16}/C_{17}$ | $C_{18}/C_{19}$ | $C_{18}/C_{20}$ |
|---|---|---|---|---|---|---|---|---|---|---|
| 1 | 1/3 | 1/2 | 1/2 | 1 | 1/2 | 1/3 | 1/3 | 1/2 | 13 | 1 |
| 2 | 1/2 | 1/3 | 1/3 | 1/2 | 2/1 | 1/2 | 1/5 | 1/2 | 1/2 | 1/2 |
| 3 | 1 | 1/3 | 1/3 | 1/3 | 1/3 | 1/3 | 1/3 | 1/2 | 1 | 1 |
| 4 | 1/3 | 1/2 | 1/2 | 1/3 | 1/3 | 1/3 | 1/3 | 1/3 | 1 | 1 |
| 5 | 1/2 | 1/2 | 1/4 | 1/2 | 1/2 | 1/2 | 1/2 | 1/2 | 1/2 | 1 |
| 6 | 1/2 | 1/2 | 1/2 | 1/2 | 1/2 | 1/2 | 1/3 | 1/2 | 2 | 1 |
| 7 | 1/3 | 1/3 | 1/3 | 1/3 | 1/3 | 1/3 | 1/3 | 1/3 | 1 | 1/3 |

**咨询结果 6** **表 6-18**

| 序号 | $C_{21}/C_{22}$ | $C_{21}/C_{23}$ | $C_{21}/C_{24}$ | $C_{21}/C_{25}$ | $C_{22}/C_{23}$ | $C_{22}/C_{24}$ | $C_{22}/C_{25}$ | $C_{23}/C_{24}$ | $C_{23}/C_{25}$ | $C_{24}/C_{25}$ |
|---|---|---|---|---|---|---|---|---|---|---|
| 1 | 1 | 1/3 | 3 | 1 | 1/3 | 2 | 1 | 3 | 2 | 1/3 |
| 2 | 1/2 | 1/2 | 1/2 | 1/2 | 1/4 | 3 | 1/2 | 5 | 2 | 1/2 |
| 3 | 1 | 1/3 | 3 | 1 | 2/1 | 3 | 1/3 | 3 | 3 | 1/2 |
| 4 | 1 | 1/3 | 3 | 1 | 1/3 | 5 | 2/1 | 5 | 3/1 | 1/4 |
| 5 | 1 | 1/2 | 12 | 1 | 1 | 2 | 1 | 2 | 2 | 1/2 |
| 6 | 2/1 | 1 | 2 | 1 | 1/2 | 2 | 1/2 | 2 | 3 | 1/2 |
| 7 | 1/2 | 1/3 | 3 | 1 | 1/2 | 3 | 2/1 | 4 | 3 | 1 |

6.3.1.4 计算权重向量

（1）用特征向量法求每个判断矩阵的权重向量

$\omega_l=(\omega_{l1}, \omega_{l2}, \cdots, \omega_{ln})^T$，$l=1, 2, \cdots, m$；$n$ 是矩阵阶数；$m$ 是专家总数。

（2）对每个判断矩阵进行一致性检验

计算每个矩阵的一致性比率 $CR$：

$$CR=CI/RI, CI=(\lambda_{\max}-n)/(n-1)$$

其中 $CI$ 是矩阵的一致性指标；$\lambda_{\max}$是各矩阵的最大特征值；$RI$ 是矩阵的随机一致性指标，按矩阵阶数查表得到。

当 $CR<0.1$ 时，检验通过，矩阵满足一致性；否则矩阵需要调整。

（3）用权重向量综合法，求多人同准则下判断矩阵群的权重向量

对判断矩阵计算得到的权重向量加权平均：$\overline{\omega}_i=\sum_{l=1}^{m}\frac{1}{m}\omega_{li}$

$i=1, 2, \cdots, n$

进行规范化处理：$\omega_i=\overline{\omega}_i/\sum_{j=1}^{n}\overline{\omega}_j \quad i=1, 2, \cdots, n$

得到综合权重向量 $\omega=(\omega_1, \omega_2, \cdots, \omega_n)^T$。

（4）求合成权重向量

这一权重的计算采用从上而下的方法，逐层合成。假定已经

算出第 $k-1$ 层 $n_{k-1}$ 个元素相对于总目标的权重 $\omega^{(k-1)}=(\omega_1{}^{(k-1)}, \omega_2{}^{(k-1)}, \cdots, \omega_{n-1}{}^{(k-1)})^T$，第 $k$ 层 $n_k$ 个元素对于上一层（第 $k-1$ 层）第 $j$ 个元素的权重是 $p_j^{(k)}=(p_{1j}{}^{(k)}, p_{2j}^{(k)}, \cdots, p_{n k j}{}^{(k)})^T$，其中不受 $j$ 支配的元素的权重为零。令矩阵 $P^{(k)}=(p_1^{(k)}, p_2^{(k)}, \cdots, p_{n(k-1)}{}^{(k)})$，则第 $k$ 层元素对于总目标的权重为：

$$\omega^{(k)}=(\omega_1^{(k)},\omega_2^{(k)},\cdots,\omega_n^{(k)})^T=P^{(k)}\omega^{(k-1)}$$

依照上述方法，得到第二层和第三层对目标层的权重向量，记为 $\omega^{(2)}$、$\omega^{(3)}$。

$$\omega^{(2)}=(\omega_{B1},\omega_{B2},\cdots\omega_{B7})^T$$
$$=(0.1293,0.1849,0.2021,0.2074,0.0773,0.1029,0.0961)^T$$

$$\omega^{(3)}=(\omega_{C1},\omega_{C2},\cdots\omega_{C25})^T$$
$$=(0.0582,0.0712;0.0555,0.1294;0.0222,0.0586,0.0101,0.0202,0.0222,0.0586,0.0101;0.0311,0.0415,0.0519,0.0830;0.0348,0.0425;0.0309,0.0360,0.0360;0.0192,0.0192,0.0288,0.0096,0.0192)^T$$

上述权重值如表 6-19 所示。

**酒店清洁生产绩效评价指标权重　　表 6-19**

| | | | | |
|---|---|---|---|---|
| 绿色化产品指标 | 0.1293 | 绿色产品种类 | 0.45 | 0.0582 |
| | | 绿色产品建设情况 | 0.55 | 0.0712 |
| 减量化经济指标 | 0.1849 | 人均物资资源成本(元/人) | 0.3 | 0.0555 |
| | | 物资资源直接消耗系数 | 0.7 | 0.1294 |
| 减量化能源环境指标、水环境指标 | 0.2021 | 人均垃圾产生量(kg/人) | 0.11 | 0.0222 |
| | | 人均环境废物产量(kg/人) | 0.29 | 0.0586 |
| | | 人均 $CO_2$ 产生量(kg/人) | 0.05 | 0.0101 |
| | | 隔油池出口排水 COD 浓度(mg/L) | 0.10 | 0.0202 |
| | | 垃圾直接产生系数(kg/万元) | 0.11 | 0.0222 |
| | | 环境废物直接产生系数(kg/万元) | 0.29 | 0.0586 |
| | | $CO_2$ 直接产生系数(kg/万元) | 0.05 | 0.0101 |

续表

| | | | | |
|---|---|---|---|---|
| 减量化能源指标 | 0.2074 | 人均水资源消耗量(L/人) | 0.15 | 0.0311 |
| | | 水资源直接消耗系数($m^3$/万元) | 0.20 | 0.0415 |
| | | 人均能耗量(MJ/人) | 0.25 | 0.0519 |
| | | 能源资源直接消耗系数(GJ/万元) | 0.40 | 0.0830 |
| 再使用物品指标 | 0.0773 | 再使用物品种类 | 0.45 | 0.0348 |
| | | 再使用物品种类建设情况 | 0.55 | 0.0425 |
| 再循环(废物回收利用)指标 | 0.1029 | 固废物回收再利用系数 | 0.30 | 0.0309 |
| | | 再生能源资源利用率 | 0.35 | 0.0360 |
| | | 中水回用系数 | 0.35 | 0.0360 |
| 管理指标 | 0.0961 | 中间生产过程能耗比例匹配 | 0.20 | 0.0192 |
| | | 清洁生产操作规程完善程度 | 0.20 | 0.0192 |
| | | 员工执行参与程度 | 0.30 | 0.0288 |
| | | 酒店自我评价 | 0.10 | 0.0096 |
| | | 顾客对最终服务的评价 | 0.20 | 0.0192 |

### 6.3.2　插值法评估

将各项指标的实际值与标准值相比，运用插值法计算各项指标的实际得分，再加权叠加，最后得到一个综合评分。

数学表达式为：$P=\Sigma P_i W_i$　　$(i-1, 2, \cdots, n)$

式中　$P$——综合评分值；

$P_i$——第 $i$ 项具体指标的评价得分；

$W_i$——第 $i$ 项具体指标的权重；

$n$——指标总数。

#### 6.3.2.1　八家酒店得分计算

依据插值法，按照三级标准 60 分、二级标准 80 分、一级标准 100 分，对八家酒店清洁生产 25 项指标进行打分，低于三级标准 10％以内的得分为 50 分，其他不得分。八家酒店清洁生产效绩评估指标得分结果见表 6-20。

**8 家酒店清洁生产效绩评估指标得分　　表 6-20**

| 指标权重及得分 | | 大连A | 大连B | 大连C | 大连D | 南京E | 上海F | 北京G | 上海H |
|---|---|---|---|---|---|---|---|---|---|
| 绿色化产品指标(0.1293) | 绿色产品种类(0.0582) | 3.568 | 3.819 | 4.035 | 4.002 | 3.573 | 4.521 | 4.206 | 4.656 |
| | 绿色产品建设情况(0.0712) | 4.288 | 4.678 | 5.025 | 5.138 | 4.992 | 5.045 | 4.037 | 5.696 |
| 减量化经济指标(0.1849) | 人均物资资源成本(元/人)(0.0555) | 4.665 | 4.430 | 0 | 4.444 | 3.693 | 3.971 | 3.726 | 3.610 |
| | 物资资源直接消耗系数(0.1294) | 9.317 | 6.046 | 5.884 | 9.058 | 9.202 | 7.078 | 6.207 | 10.352 |
| 减量化能源环境指标、水环境指标(0.2021) | 人均垃圾产生量(kg/人)(0.0222) | 1.776 | 1.288 | 1.276 | 0 | 1.687 | 0 | 1.376 | 0 |
| | 人均环境废物产量(kg/人)(0.0586) | 3.924 | 0 | 0 | 4.688 | 4.017 | 3.926 | 0 | 3.633 |
| | 人均 $CO_2$ 产生量(kg/人)(0.0101) | 0.640 | 0.517 | 0.505 | 0.563 | 0.662 | 0.508 | 0.722 | 0.808 |
| | 总排水口 COD 浓度(mg/L)(0.0202) | 0 | 0 | 0 | 0 | 0 | 1.212 | 0 | 1.616 |
| | 垃圾直接产生系数(kg/万元)(0.0222) | 0 | 0 | 1.554 | 1.509 | 1.538 | 1.475 | 1.421 | 1.776 |
| | 环境废物直接产生系数(kg/万元)(0.0586) | 3.930 | 3.002 | 0 | 4.102 | 3.258 | 4.006 | 0 | 4.688 |
| | $CO_2$ 直接产生系数(kg/万元)(0.0101) | 0.601 | 0.505 | 0 | 0.537 | 0.662 | 0.508 | 0.606 | 0.808 |
| 减量化能源指标(0.2074) | 人均水资源消耗量(L/人)(0.0311) | 1.572 | 0 | 1.928 | 2.333 | 0 | 1.565 | 0 | 2.488 |
| | 水资源直接消耗系数($m^3$/万元)(0.0415) | 2.075 | 2.095 | 2.683 | 15.01 | 0 | 0 | 2.976 | 3.320 |
| | 人均能耗量(MJ/人)(0.0519) | 2.595 | 0 | 0 | 3.996 | 0 | 3.269 | 0 | 4.152 |
| | 能源资源直接消耗系数(GJ/万元)(0.0830) | 0 | 4.791 | 5.635 | 6.225 | 0 | 5.810 | 0 | 6.640 |
| 再使用物品指标0.0773 | 再使用物品种类(0.0348) | 0 | 2.127 | 2.632 | 2.249 | 2.038 | 2.784 | 1.932 | 1.914 |
| | 再使用物品种类建设情况(0.0425) | 2.125 | 2.125 | 0 | 2.125 | 3.450 | 0 | 0 | 2.556 |

续表

| 指标权重及得分 | | 大连A | 大连B | 大连C | 大连D | 南京E | 上海F | 北京G | 上海H |
|---|---|---|---|---|---|---|---|---|---|
| 再循环(废物回收利用)指标(0.1029) | 固废物回收再利用系数(0.0309) | 1.638 | 1.545 | 1.545 | 2.071 | 0 | 2.472 | 1.854 | 1.854 |
| | 再生能源资源利用率(0.036) | 0 | 0 | 0 | 0 | 0 | 0 | 0 | 0 |
| | 中水回用系数(0.0360) | 0 | 2.180 | 1.800 | 0 | 0 | 0 | 0 | 2.520 |
| 管理指标(0.0961) | 中间生产过程能耗比例匹配(0.0192) | 0.960 | 0 | 0 | 1.450 | 0 | 1.248 | 0 | 1.536 |
| | 清洁生产操作规程完善程度(0.0192) | 0 | 0 | 0.960 | 0 | 1.152 | 1.152 | 0 | 0.960 |
| | 员工执行参与程度(0.0288) | 1.440 | 1.683 | 2.075 | 1.836 | 1.470 | 1.925 | 1.925 | 2.100 |
| | 酒店自我评价(0.0096) | 0 | 0 | 0 | 0 | 0 | 0.480 | 0.480 | 0.480 |
| | 顾客对最终服务的评价(0.0192) | 0 | 1.152 | 1.248 | 1.152 | 1.152 | 1.248 | 1.315 | 1.344 |
| 合计得分 | | 45.11 | 41.98 | 38.79 | 60.58 | 42.55 | 54.20 | 32.78 | 74.16 |
| 排序 | | 4 | 6 | 7 | 2 | 5 | 3 | 8 | 1 |

#### 6.3.2.2 评估结果等级划分

绩效评估结果，即绩效评估的最后综合评分，以综合评分和评估结果类型及类型级别来表示，如表 6-21 所示。

**酒店软件产品服务清洁生产绩效等级划分 表 6-21**

| 综合评分 | 评估结果类型 | 类型级别 |
|---|---|---|
| 90 分以上(含 90 分) | 优 | Ⅰ |
| 80～90 分(含 80 分) | 良 | Ⅱ |
| 70～80 分(含 70 分) | 中 | Ⅲ |
| 60～70 分(含 60 分) | 及格 | Ⅳ |
| 60 以下 | 不及格 | Ⅴ |

依据表 6-20 的统计结果和表 6-21 的等级划分规则，可知上海 H 酒店属于中、3 级；大连 D 酒店属于及格、4 级；其他六家酒店尚未达到及格。用同样的方法可以对各个服务系统的清洁生产绩效分别进行评估，这里不进行重复进行计算。

## 参考文献


[1] W. Lee Kuhre. ISO 14031-Environmental Performance Evaluation. Upper Saddle River，N. J.：Prentice Hall PTR，1997

[2] Paul L. Bishop. Pollution Prevention：Fundamentals and Practice [M]. Boston：McGrawHill，2000

[3] Rob Gray，Jan Bebbingbon. Accounting for the Environment. London [M]：Sage Publication of London，2003

[4] 张凯，崔兆杰．清洁生产理论与方法 [M]．北京：科学出版社，2005

[5] 主沉浮，孙良，魏云鹤，林秀丽．清洁生产的理论和实践 [M]．济南：山东大学出版社，2003

[6] 徐新阳．环境评价教程 [M]．北京：化学工业出版社，2004

[7] 朱坦．战略环境评价 [M]．天津：南开大学出版社，2005

[8] 付亚和，许玉林．绩效管理 [M]．上海：复旦大学出版社，2003

[9] 高兴．酒店软件产品服务清洁生产效绩评估体系研究 [J]．建筑科学，2008，24（4）：38～43

[10] 中国饭店协会．绿色饭店标准．http//www. ep. net. cn/cgi-bin/dbbz/doc. cgi? id=271

[11] 程建权．城市系统工程．武汉：武汉大学出版社，1999

[12] 秦寿康．综合评价原理与应用．北京：电子工业出版社，2003

[13] 何锡兴．生态建筑技术经济分析初探．http：//www. topenergy. org/show. php? newsid=568，2005，8，10

[14] 胡毓达．实用多目标最优化．上海：上海科技出版社，1999

[15] 宣家翼．多目标决策．长沙湖南科技出版社，1999

[16] 王宗军．多目标权系数赋值方法及选择策略．系统工程与技术，2003，25（6）：35～41

# 第 7 章　绿色酒店评估

根据绿色酒店的表达式为 $B=\dfrac{Q_1\overline{\omega}_1+Q_2\overline{\omega}_2}{S+H}$，评估指标体系应由这四大影响因素的相关内容构成。其中，酒店建筑环境性能质量 $Q_1$，重点考察室内空气质量，依据文献［1～6］给出的室内空气质量评价指标、我国室内空气质量标准 GB/T 18883—2000 的评价标准，进行评价；对清洁生产绩效 $Q_2$、自然资源消耗 $S$ 和对环境的影响破坏 $H$ 的评估，前面已经给出。

## 7.1　酒店获得的质量评估指标体系

酒店获得的质量评估指标体系见表 7-1，其中室内空气质量评估指标 9 项，清洁生产绩效评估指标 25 项。

**酒店获得质量评估指标体系　　　表 7-1**

| | | |
|---|---|---|
| 清洁生产绩效评估指标 | 绿色化产品指标 | 绿色产品种类 |
| | | 绿色产品建设情况 |
| | 减量化经济指标 | 人均物资资源成本(元/人) |
| | | 物资资源直接消耗系数 |
| | 减量化能源环境指标、水环境指标 | 人均垃圾产生量(kg/人) |
| | | 人均环境废物产量(kg/人) |
| | | 人均 $CO_2$ 产生量(kg/人) |
| | | 隔油池出口排水 COD 浓度(mg/L) |
| | | 垃圾直接产生系数(kg/万元) |
| | | 环境废物直接产生系数(kg/万元) |
| | | $CO_2$ 直接产生系数(kg/万元) |
| | 减量化能源指标 | 人均水资源消耗量(L/人) |
| | | 水资源直接消耗系数($m^3$/万元) |
| | | 人均能耗量(MJ/人) |
| | | 能源资源直接消耗系数(GJ/万元) |

续表

| | | |
|---|---|---|
| 清洁生产绩效评估指标 | 再使用物品指标 | 再使用物品种类 |
| | | 再使用物品种类建设情况 |
| | 再循环(废物回收利用)指标 | 固废物回收再利用系数 |
| | | 再生能源资源利用率 |
| | | 中水回用系数 |
| | 管理指标 | 中间生产过程能耗比例匹配 |
| | | 清洁生产操作规程完善程度 |
| | | 员工执行参与程度 |
| | | 酒店自我评价 |
| | | 顾客对最终服务的评价 |
| 室内空气质量评估指标 | | 温度 |
| | | 相对湿度 |
| | | 吸入尘 |
| | | 二氧化碳 |
| | | 一氧化碳 |
| | | 二氧化氮 |
| | | 二氧化硫 |
| | | 甲醛 |
| | | 菌落 |

## 7.2 酒店获得的质量评估指标权重的确定

酒店业运营主要依托软件产品服务系统和硬件产品服务系统，二者缺一不可。目前权重系数的确定方法较多，哪一种都不是被人们公认的权威方法，所以本书采用向专家咨询的方法，结果为软件产品服务系统权重系数为 0.7，硬件产品服务系统权重系数为 0.3 处理。

## 7.3 八家酒店室内空气质量评估

依据文献［3］的评价方法（目前最常用），将室内空气质量的 5 个等级进行打分，见表 7-2。

室内空气质量等级划分　　表 7-2

| 综合指数 | 等级 | 打分 |
|---|---|---|
| ≤0.499 | Ⅰ | 90 分以上(含 90 分) |
| 0.50～0.99 | Ⅱ | 80～90 分(含 80 分) |
| 1.00～1.49 | Ⅲ | 70～80 分(含 70 分) |
| 1.5～1.99 | Ⅳ | 60～70 分(含 60 分) |
| ≥2.00 | Ⅴ | 60 分以下 |

八家酒店室内空气质量检测数据见表 7-3。

八家酒店室内污染物的监测数据及等级评估　　表 7-3

| 指标 | 大连 A | 大连 B | 大连 C | 大连 D | 南京 E | 上海 F | 北京 G | 上海 H |
|---|---|---|---|---|---|---|---|---|
| $CO_2$(ppm) | 953.6 | 854.4 | 740.7 | 933.2 | 728.6 | 790.3 | 885.3 | 721.9 |
| CO(ppm) | 3.51 | 3.40 | 1.9 | 3.16 | 2.04 | 1.8 | 3.37 | 1.97 |
| 吸入尘(μg/m³) | 0.051 | 0.089 | 0.054 | 0.041 | 0.111 | 0.047 | 0.091 | 0.105 |
| 菌落[cfu/(9cm.5min)] | 3.52 | 5.1 | 5.79 | 3.48 | 4.9 | 5.62 | 5.22 | 4.8 |
| 甲醛(ppb) | 80.7 | 72.9 | 65.7 | 81.1 | 35.3 | 65.3 | 70.4 | 36.9 |
| $NO_2$(ppb) | 14.7 | 18.9 | 11.5 | 13.8 | 4.95 | 11.7 | 17.8 | 4.41 |
| $SO_2$(ppb) | 4.62 | 5.05 | 4.44 | 4.36 | 4.69 | 4.51 | 5.11 | 4.28 |
| 综合指数 | 0.644 | 0.631 | 0.519 | 0.588 | 0.502 | 0.511 | 0.615 | 0.498 |
| 等级 | Ⅱ | Ⅱ | Ⅱ | Ⅱ | Ⅱ | Ⅱ | Ⅱ | Ⅰ |
| 得分 | 86.99 | 87.25 | 89.52 | 88.12 | 89.65 | 89.58 | 87.01 | 90 |

## 7.4 八家酒店硬件和软件产品服务质量综合评估

将软件产品服务系统清洁生产绩效和硬件产品服务系统室内空气质量的评估得分，按照权重分配打分，总得分及等级划分见表 7-4。

酒店产品服务质量等级划分　　表 7-4

| 综合评分 | 评估结果类型 | 类型级别 |
|---|---|---|
| 90 分以上(含 90 分) | 优 | Ⅰ |
| 80～90 分(含 80 分) | 良 | Ⅱ |
| 70～80 分(含 70 分) | 中 | Ⅲ |
| 60～70 分(含 60 分) | 及格 | Ⅳ |
| 60 分以下 | 不及格 | Ⅴ |

八家酒店软件和硬件产品服务质量得分见表 7-5。

**八家酒店软件和硬件产品服务质量综合评估　表 7-5**

| 指　　标 | 大连 A | 大连 B | 大连 C | 大连 D | 南京 E | 上海 F | 北京 G | 上海 H |
|---|---|---|---|---|---|---|---|---|
| 软件产品服务系统 | 45.11 | 41.98 | 38.79 | 60.58 | 42.55 | 54.20 | 32.78 | 74.16 |
| 赋权得分(70%) | 31.57 | 29.39 | 27.15 | 42.41 | 29.79 | 37.94 | 22.95 | 51.91 |
| 硬件产品服务系统 | 86.99 | 87.25 | 89.52 | 88.12 | 89.65 | 89.58 | 87.01 | 90 |
| 赋权得分(30%) | 26.097 | 26.21 | 26.86 | 26.44 | 26.89 | 26.87 | 26.10 | 27 |
| 赋权得分合计 | 57.66 | 55.6 | 54.01 | 68.85 | 56.68 | 64.81 | 49.05 | 78.91 |
| 排序 | 4 | 6 | 7 | 2 | 5 | 3 | 8 | 1 |
| 等级 | Ⅴ级，不及格 | Ⅴ级，不及格 | Ⅴ级，不及格 | Ⅳ级，及格 | Ⅴ级，不及格 | Ⅳ级，及格 | Ⅴ级，不及格 | Ⅲ级，中 |

单从产品服务质量来考察，上海 H 酒店达到了Ⅲ级，大连 D 和北京 G 达到了Ⅳ级，其他六家都属于Ⅴ级，不及格。

## 7.5　八家酒店能源消耗 *S* 和对环境影响 *H* 的评估分值

以八家酒店综合环境影响比较系数 $I_z$ 的平均值作为合格的基准，定为Ⅴ级；以八家酒店综合环境影响比较系数 $I_z$ 的先进数据作为优良的基准，定为Ⅱ级；以低于优良分数的 10%作为优秀的基准，定为Ⅰ级；其他级别插值均分。评估结果如表 7-6 和表 7-7 所示。

**综合环境影响等级划分及得分　表 7-6**

| 综合环境影响指数 | 等　级 | 打　分 |
|---|---|---|
| ≤1.85 | Ⅰ | 90 分以上 |
| 1.86～3.12 | Ⅱ | 89～80 分 |
| 3.13～4.39 | Ⅲ | 79～70 分 |
| 4.4～5.65 | Ⅳ | 69～60 分 |
| ≥5.66 | Ⅴ | 计为 50 分 |

**八家酒店综合环境影响比较系数得分　　表 7-7**

| 内容 | 大连 A | 大连 B | 大连 C | 大连 D | 南京 E | 上海 F | 北京 G | 上海 H |
|---|---|---|---|---|---|---|---|---|
| 矿物燃料消耗比较系数 $I_d$ | 1.285 | 1.896 | 2.658 | 1.279 | 1.435 | 1.454 | 1.909 | 1.193 |
| 大气环境影响比较系数 $I_f$ | 1.676 | 3.267 | 3.692 | 1.532 | 2.171 | 2.286 | 2.905 | 1.466 |
| 城市环境影响比较系数 $I_e$ | 4.710 | 39.982 | 41.735 | 4.743 | 5.991 | 5.127 | 27.056 | 3.985 |
| 变暖潜力比较系数 $I_\infty$ | 1.527 | 2.424 | 2.501 | 1.538 | 1.801 | 1.763 | 2.345 | 1.552 |
| 比较系数合计 $I_d+I_f+I_e+I_\infty$ | 9.198 | 47.569 | 50.586 | 9.092 | 11.398 | 10.63 | 34.219 | 8.196 |
| 综合环境影响比较系数 $I_z$ | 2.299 | 11.892 | 12.647 | 2.273 | 2.849 | 2.658 | 8.555 | 2.049 |
| 百分制得分 | 85.93 | 50 | 50 | 86.05 | 81.94 | 83.3 | 50 | 87.65 |
| 影响值 $S+H$ | 1.164 | 2 | 2 | 1.162 | 1.22 | 1.2 | 2 | 1.14 |

## 7.6　酒店收益 *B* 的计算

依据绿色酒店表达式，计算得到八家酒店收益 $B$ 值，如表 7-8 所示。

**8 家酒店收益　　表 7-8**

| 内容 | 大连 A | 大连 B | 大连 C | 大连 D | 南京 E | 上海 F | 北京 G | 上海 H |
|---|---|---|---|---|---|---|---|---|
| $B$ 值 | 0.495 | 0.278 | 0.270 | 0.592 | 0.464 | 0.539 | 0.245 | 0.692 |
| 级别 | 不合格 | 不合格 | 不合格 | 不合格 | 不合格 | 不合格 | 不合格 | Ⅳ合格 |

可见，只有上海 H 酒店收益超过 0.6，到达绿色酒店标准；大连 D 和上海 F 酒店收益接近 0.6，稍有改进可以达到绿色酒店标准；其他六家酒店距离绿色酒店标准（0.6）还有很大的差距。

## 7.7　本章总结

通过对国内有代表性的酒店评估，可总结以下几点：

（1）我国酒店行业仍属于传统的线性开放式经济发展模式，

现行的绿色酒店评估体系没有针对传统经济模式下的技术支撑体系存在的问题进行评估；所以不可能改变落后的经济发展模式和创建绿色酒店的本质问题。

（2）建立循环经济发展模式基础之上的绿色酒店评估体系强调预防策略，将清洁生产绩效纳入评估体系，具有一定的科学意义和现实应用价值。

（3）以酒店建筑环境性能反映了酒店硬件产品质量，以酒店清洁生产绩效反映了酒店软件产品质量，使用酒店能源消耗能量全寿命周期环境负荷反映酒店服务全过程的付出；以能质系数（酒店收益 $B$ 值）定量衡量酒店收益能够科学地反映出绿色化程度，达到 0.6 以上（含 0.6）称为绿色酒店。

（4）对我国有代表性的八家酒店试评估，酒店收益 $B$ 值（能质系数）在 0.2～0.7 之间，差异非常大，半数酒店获得的质量不达标或服务全过程的付出过多，改进潜力巨大。

## 参考文献

[1] 沈普明．室内污染物与空气品质的评价 [J]．通风除尘，1995，15（4）：10～13

[2] 沈普明．室内空气品质的评价 [J]．暖通空调，1997，26（4）：22～25

[3] 沈普明．上海办公大楼空气品质的客观评价 [J]．通风除尘，1995，15（4）：14～17

[4] 沈普明．上海办公大楼空气品质的客观评价 [J]．通风除尘，1996，16（2）：8～12

[5] 李念平．室内空调环境数值预测和测定方法 [J]．通风除尘，1997，17（1）：1～3

[6] 陶爱荣．关于室内环境舒适性指标评价的研究 [J]．通风除尘，1998，18（2）：32～34

# 尊敬的读者：

感谢您选购我社图书！建工版图书按图书销售分类在卖场上架，共设22个一级分类及43个二级分类，根据图书销售分类选购建筑类图书会节省您的大量时间。现将建工版图书销售分类及与我社联系方式介绍给您，欢迎随时与我们联系。

★建工版图书销售分类表（见下表）。

★欢迎登陆中国建筑工业出版社网站www.cabp.com.cn，本网站为您提供建工版图书信息查询，网上留言、购书服务，并邀请您加入网上读者俱乐部。


★中国建筑工业出版社总编室

电　话：010—58934845

传　真：010—68321361

★中国建筑工业出版社发行部

电　话：010—58933865

传　真：010—68325420

E-mail：hbw@cabp.com.cn

# 建工版图书销售分类表

| 一级分类名称（代码） | 二级分类名称（代码） | 一级分类名称（代码） | 二级分类名称（代码） |
|---|---|---|---|
| 建筑学（A） | 建筑历史与理论（A10） | 园林景观（G） | 园林史与园林景观理论（G10） |
| | 建筑设计（A20） | | 园林景观规划与设计（G20） |
| | 建筑技术（A30） | | 环境艺术设计（G30） |
| | 建筑表现·建筑制图（A40） | | 园林景观施工（G40） |
| | 建筑艺术（A50） | | 园林植物与应用（G50） |
| 建筑设备·建筑材料（F） | 暖通空调（F10） | 城乡建设·市政工程·环境工程（B） | 城镇与乡（村）建设（B10） |
| | 建筑给水排水（F20） | | 道路桥梁工程（B20） |
| | 建筑电气与建筑智能化技术（F30） | | 市政给水排水工程（B30） |
| | 建筑节能·建筑防火（F40） | | 市政供热、供燃气工程（B40） |
| | 建筑材料（F50） | | 环境工程（B50） |
| 城市规划·城市设计（P） | 城市史与城市规划理论（P10） | 建筑结构与岩土工程（S） | 建筑结构（S10） |
| | 城市规划与城市设计（P20） | | 岩土工程（S20） |
| 室内设计·装饰装修（D） | 室内设计与表现（D10） | 建筑施工·设备安装技术（C） | 施工技术（C10） |
| | 家具与装饰（D20） | | 设备安装技术（C20） |
| | 装修材料与施工（D30） | | 工程质量与安全（C30） |
| 建筑工程经济与管理（M） | 施工管理（M10） | 房地产开发管理（E） | 房地产开发与经营（E10） |
| | 工程管理（M20） | | 物业管理（E20） |
| | 工程监理（M30） | 辞典·连续出版物（Z） | 辞典（Z10） |
| | 工程经济与造价（M40） | | 连续出版物（Z20） |
| 艺术·设计（K） | 艺术（K10） | 旅游·其他（Q） | 旅游（Q10） |
| | 工业设计（K20） | | 其他（Q20） |
| | 平面设计（K30） | 土木建筑计算机应用系列（J） | |
| 执业资格考试用书（R） | | 法律法规与标准规范单行本（T） | |
| 高校教材（V） | | 法律法规与标准规范汇编/大全（U） | |
| 高职高专教材（X） | | 培训教材（Y） | |
| 中职中专教材（W） | | 电子出版物（H） | |

注：建工版图书销售分类已标注于图书封底。